图书在版编目（CIP）数据

朝起朝落：一个古老大国的由来 / 北京日报社理论部主编. -- 北京：北京日报出版社, 2022.5（2024.1重印）
（古代中国百家谈）
ISBN 978-7-5477-4244-0

Ⅰ. ①朝… Ⅱ. ①北… Ⅲ. ①中国历史－文集 Ⅳ. ①K207-53

中国版本图书馆CIP数据核字(2022)第034668号

朝起朝落：一个古老大国的由来

出版发行：北京日报出版社
地　　址：北京市东城区东单三条8-16号东方广场东配楼四层
邮　　编：100005
电　　话：发行部：（010）65255876
　　　　　总编室：（010）65252135
印　　刷：三河市华东印刷有限公司
经　　销：各地新华书店
版　　次：2022 年 5 月第 1 版
　　　　　2024 年 1 月第 6 次印刷
开　　本：880 毫米 × 1230 毫米　1/32
印　　张：12
字　　数：250 千字
定　　价：59.80元

玉斧 新石器时代含山文化。玉斧是新石器时代常见的玉质工具，其为仿石质斧形器而来。石斧既是生产工具，又是一种兵器，而玉斧更多的是一种权力的象征或礼仪的表达。从生产工具到兵器进而成为权力的象征，可见斧在当时社会中的重要性，由此盘古神话中以斧劈开天地也就顺理成章了。现藏于故宫博物院。

船形彩陶壶 新石器时代半坡文化。此船形彩陶壶为盛水器，属于随身携带的水壶类物品。古史相传，在黄帝以前没有衣裳屋宇，从黄帝伊始才有了衣服、房屋、舟车、耕作和蒸谷为饭、采药为医、创字为文等等。船形彩陶壶是一个独木舟的模型，是人们制造原始舟船、网具并掌握捕鱼技术的真实写照。现藏于中国国家博物馆。

琉璃龙吻建筑构件　龙吻也称大吻，是置放在宫殿屋顶正脊之上、封固正脊前后两坡及山面一坡交汇点的建筑构件，既有稳定结构、防止漏水的实用功能，又有美观好看的装饰作用。龙是中国古代传说中的神异动物，是中华民族的象征，中国人都以自己是“龙的传人”而骄傲，亚洲其他国家和民族亦受到中华龙文化影响。现藏于故宫博物院。

“盂”青铜鼎 大盂鼎，西周早期青铜礼器中的重器，因作器者是康王时大臣名盂者而得名，与之同出的小盂鼎已佚。铭文共二百九十一字，记述了西周康王二十三年（约公元前1003年）九月作器者盂所受之“册命”，系西周康王向盂讲述文王、武王立国之勤勉与商内、外之臣僚因沉湎于酒以致亡国之教训。现藏于中国国家博物馆。

曾侯乙编钟　1978年出土于湖北随州曾侯乙墓，年代为战国早期。钟架长7.48米、高2.65米。全套编钟共六十五件，分三层八组悬挂在呈曲尺形的铜木结构钟架上，上层为三组共十九件钮钟、中下层五组共四十五件甬钟，及一件楚惠王赠送给曾侯乙的镈钟所组成。钟及架、钩上共有铭文三千七百五十五字，内容为编号、记事、标音及乐律理论。每件钟均能奏出呈三度音程的双音，整套编钟音域可跨五个半八度，中心音区十二个半音齐备，能演奏五声、六声或七声音阶的乐曲。现藏于湖北省博物馆。

大良造鞅镦　镦呈圆筒状，平底，中空，有节，节下有相对的二穿孔。器身刻画铭文四行十三字："十六年，大/良造庶长/鞅之造。雍/黽。"其大意是：记在十六年，大良造（"大良造"为官名）庶长（"庶长"为爵名）鞅（即史书所载"商鞅"）监造此镦，雍是铸造地或存放地，黽是人名。商鞅变法之后，秦国鼓励耕战，因此对兵器的要求也比较高，此物就是商鞅监造的兵器配件。现藏于故宫博物院。

阳陵虎符 秦始皇调动军队的凭证。虎的左、右颈背各有相同的错金篆书铭文十二字："甲兵之符，右在皇帝，左在阳陵。"阳陵为秦地名。虎符能分成左右两半，要调动军队时，皇帝将右边一半交给使臣拿去和带兵将帅手中的左边一半扣合完整，验证可信，方能调动军队。虎符盛行于战国、秦、汉，都是专符专用，一地一符，一个兵符不可能同时调动两个地方的军队。直至唐朝，改用鱼符或兔符，后来又恢复使用虎符。现藏于中国国家博物馆。

“汉并天下”瓦当 秦朝被推翻后，项羽和刘邦之间展开了长达四年的争夺统治权的楚汉战争。经过大小数十次战役的较量，最后于公元前202年，刘邦的汉军联合反项的力量，围困项羽的楚军于垓下(今安徽省固镇县濠城乡)，项羽兵败援绝，自刎而死，刘邦取得胜利，建立汉朝。“汉并天下”瓦当，就是为纪念刘邦战胜项羽，统一天下，建立汉朝而作。这种瓦当还曾出土于汉武帝时修建的建章宫遗址中。现藏于中国国家博物馆。

白玉夔凤纹卮　卮本是周秦汉晋之际广泛使用的饮食器，最主要特点就是圆筒形器身，直壁，深腹，有环形鋬耳或半环耳，有些有盖，有些无盖。铜卮、漆卮在汉代较为常见，以玉为卮则十分少见。《汉书·高帝纪下》有：“上奉玉卮为太上皇寿。”《史记·项羽本纪》：“项伯即入见沛公，沛公奉卮酒为寿。”表明玉卮为饮酒器，但不同于普通酒器，一般用于隆重的场面或酒宴。现藏于故宫博物院。

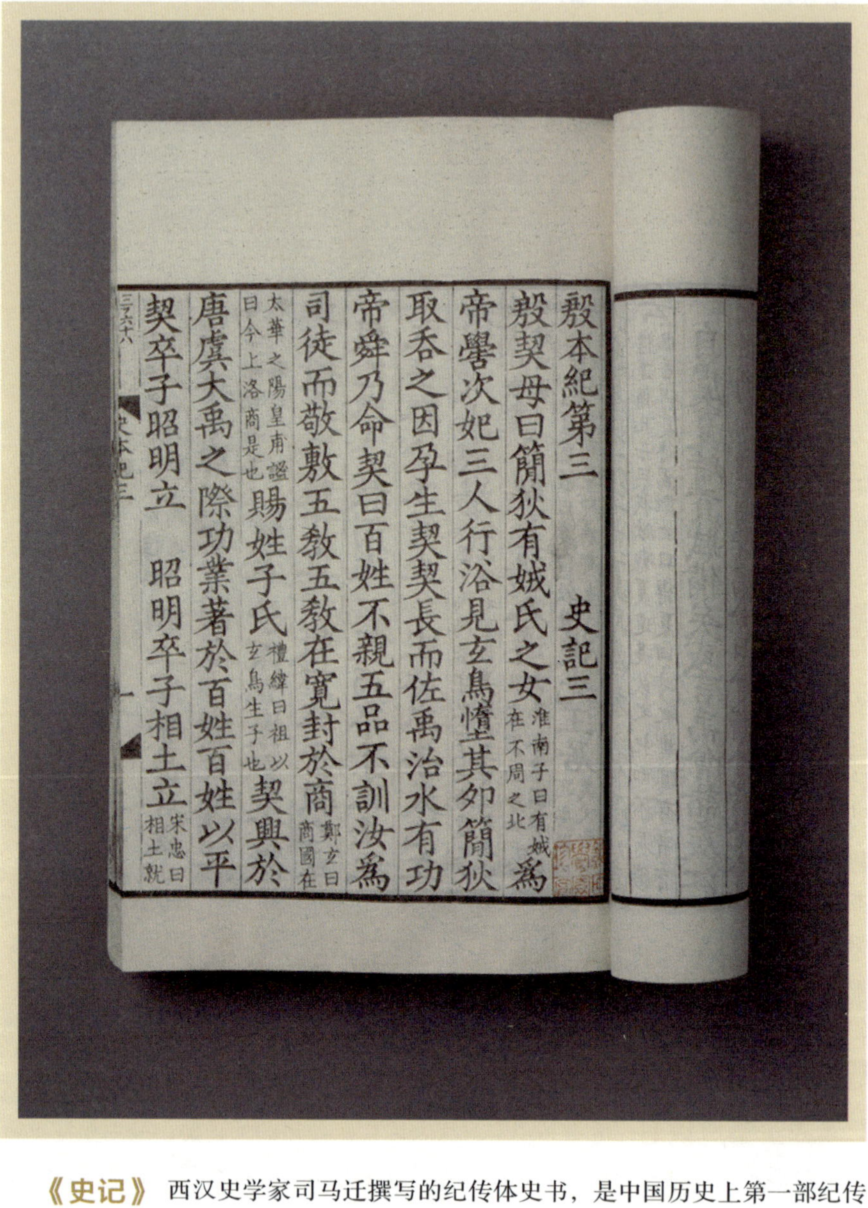

《史记》 西汉史学家司马迁撰写的纪传体史书，是中国历史上第一部纪传体通史，记载了上至上古传说中的黄帝时代，下至汉武帝太初四年（公元前101年）间共三千多年的历史。其首创的纪传体编史方法为后来历代“正史”所传承。《史记》还被认为是一部优秀的文学著作，在中国文学史上有重要地位，被鲁迅誉为“史家之绝唱，无韵之《离骚》”，有很高的文学价值。现藏于中国国家博物馆。

《步辇图》卷（局部） 唐朝画家阎立本所绘。这是一幅历史画，它反映了唐代初年的一个重大历史事件。贞观八年（634年），吐蕃三十二世赞普松赞干布遣使臣到长安（今陕西西安），向唐王朝求婚联姻，唐太宗李世民答应了他的请求，决定将宗室女文成公主许配给松赞干布。贞观十五年（641年）春天，松赞干布派使臣禄东赞到长安来迎接文成公主。阎立本以此为题，绘制了这幅歌颂古代汉、藏民族友好交往的作品。画幅描绘的是太宗皇帝在宫内接见禄东赞的情景。现藏于故宫博物院。

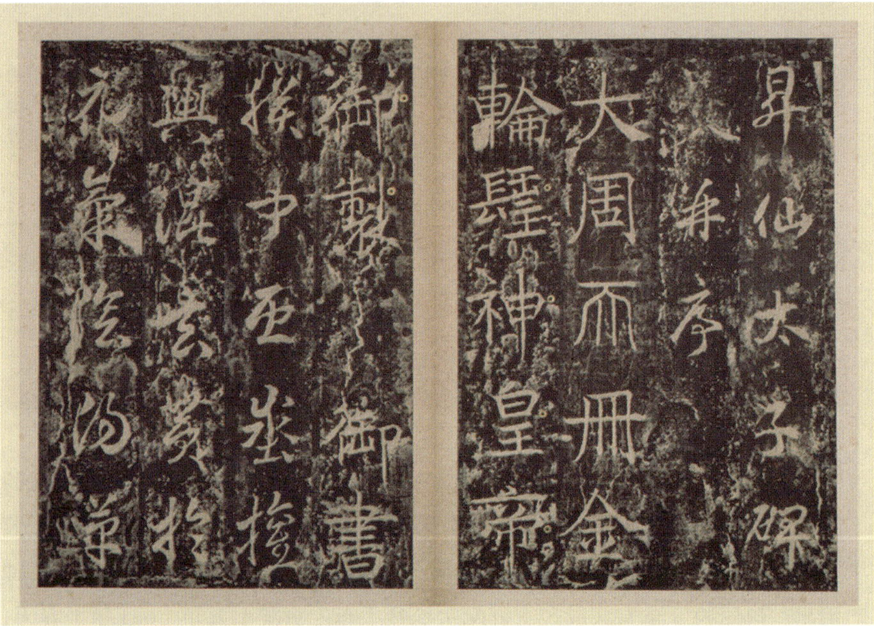

升仙太子碑拓本　武周圣历二年（699年）二月初四，武则天从东都洛阳去登封封禅，途中留宿缑山，游览刚竣工的升仙太子庙，遂撰写此碑文，记述了周灵王的太子晋（字子乔）升仙的故事，比附自身。现藏于中国国家博物馆。

唐代骑驼乐舞三彩俑 1957年出土于陕西省西安市鲜于庭诲墓。骆驼昂首挺立，驮载了五个汉、胡成年男子。中间一个胡人在跳舞，其余四人围坐演奏。骆驼载乐陶俑巧妙地夸张了人与驼的比例，造型优美生动，釉色鲜明润泽。唐代骑驼乐舞三彩俑既是唐代文化艺术、制作工艺发达昌盛的重要物证，也见证了丝绸之路上的交流与融合。现藏于中国国家博物馆。

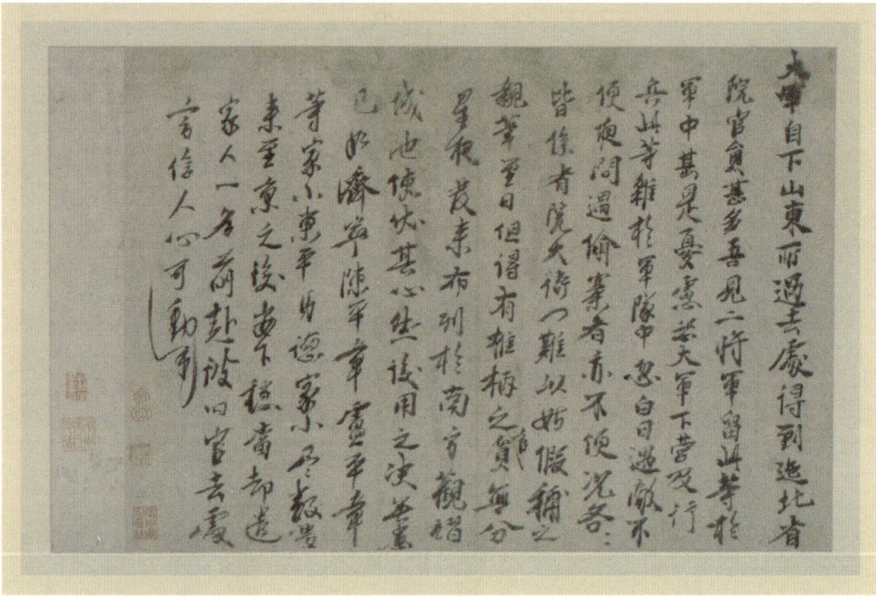

朱元璋行书《大军帖》 此帖是朱元璋写给部将的一封信。从内容分析，此时朱氏已消灭陈友谅、张士诚等势力，正全力攻打北方，战事频仍。大军所过之处，收降元朝官员甚多。朱元璋就如何妥善处置这些官员写信告谕部下。信文明白晓畅，对研究元末明初军事形势和朱元璋政治方略颇具参考价值。朱元璋此帖点划稚拙流畅，书风瘦劲健拔，得自然生动之趣。现藏于故宫博物院。

《永乐大典》 明成祖朱棣敕纂，姚广孝、解缙等编，永乐五年(1407年)完成，收国内各种书籍，分类编纂为22877卷，约3.7亿字。可惜在1860年英法联军、1900年八国联军入侵北京时，遭到侵略军毁灭性的野蛮破坏，有的被兵马践踏或焚烧，有的被掠往外国，现仍藏于国外的图书馆、博物馆。这部无价的文化瑰宝被摧毁殆尽。据近数十年寻觅，存世者仅有810卷，其中有大半尚在日本、美国、英国、德国等国家。图中为故宫博物院所藏影印本。

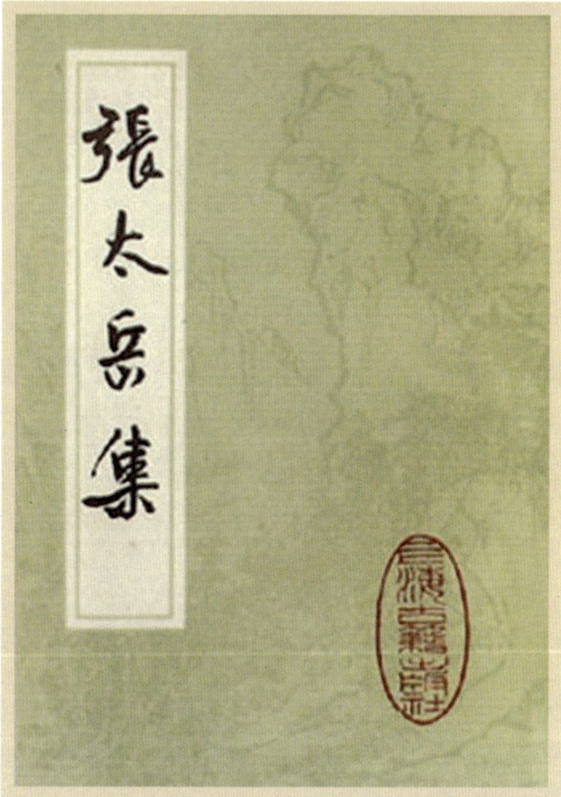

《张太岳集》 明朝宰相张居正所著。张居正，字叔大，别号太岳，明朝政治家、改革家、内阁首辅，辅佐明万历皇帝朱翊钧实行“万历新政”，史称“张居正改革”。他以“尊主权、课吏治、信赏罚、一号令为主”，以“强公室，杜私门”为改革方针，把权力集中于国家，使经济利益控制在政府手中，借以加强封建专制主义集权统治。张居正死后葬故乡江陵。有《张太岳集》传世。现藏于故宫博物院。

编者的话

五千年的中华文明灿若星河，悠久的古代中国，给予了它最深厚的积淀。讲好中国故事，自然要讲好古代中国，在这条绵长的、纷繁的、变幻的、多彩的历史长河中，有太多影响深远的、令人沉思的、众说纷纭的事和人，讲史者众，求知者众。

不妨换一种思路讲历史：择重点、选热点、解疑点，以点带面、以点带线，对重点做精准的解析，进而勾画出古代中国的大轮廓、关键点；同时，从专业的视角和功力出发，以尽量通俗的讲法让广大读者朋友看明白、有兴致、长知识、开眼界。这是我们策划这套《古代中国百家谈》（全三册）的初衷。

如此的初衷得以实现，得益于《北京日报·理论周刊》文史版，全书的内容是文史版十余年来发表的中国古代史文章的精粹。文史版的办刊风格很明确，内容特色也很鲜明：大家写小文，文风清正，谈学术不艰涩，揭秘闻不猎奇，求新见不戏说，析事理不玄虚，有知识，有思想，有趣味，有深度，有新意。这种风格特色，与我们换一种思路讲古代中国的想法高度契合，两者一拍即合。文史版精彩丰富的内容，使我们的想法得以实现，让“内容为王”的道理，在这套书中得到了生动充分的展现。有一点需要特别说明，这套“百家谈”中的“百家”，可不是寻常人物，全书汇集了全国近二百位历史学家、知名学者的二百四十余篇文章，大学者写小文章，古代中国通俗讲，有权威，有分量。

古代中国的事和人浩如烟海，这套《古代中国百家谈》围绕三个主题展开：《朝起朝落：一个古老大国的由来》（第一册）讲中华文明的起源、朝代更替和历史演进、大事件的来龙去脉及重要人物的功过是非。《天下有治：长治久安，几千年的不变追求》（第二册）讲治国理政，为了长治久安，各式各样的想法和办法，评其成败，析其因果。《自古繁华：人文百态与大国气派》（第三册）讲古代中国缤纷多彩的社会文化生活，以及中华文明的广泛影响，衣食住行、文人墨客、流行时尚、丝路古道……这些都从不同侧面鲜活展现出一个生生不息的文明古国。全三册以“古代中国”为总主题，又各持重点、相互关联，整体、立体地回望了古代中国的大面貌。同时，全书每篇都是专题文章，是对一个个历史话题的专讲精讲，史实与观点为一体，知识点集中，说得深、讲得透。“大家写小文”面向广大读者，通俗不费解，易学易懂，更具普及价值。

这里需要说明的是，全书所收入的篇目，出于图书编辑体例和便于读者阅读的考虑，我们适当地做了一些文字上的改动。

感谢《北京日报·理论周刊》，文史版创办二十余年，篇篇好文在眼前。感谢北京日报社理论部的编辑老师，他们为本书出版辛勤付出。换一种思路讲历史，这套《古代中国百家谈》是我们做的积极尝试，希望读者朋友们喜欢。

北京日报出版社

目 录

第一章 溯 源

第二章 盛 衰

第三章 高 人

第一章

溯源

盘古：中国神话中最古老的祖先神

段宝林

“自从盘古开天地，三皇五帝到如今。”这个历史常识是家喻户晓的。但盘古神话的丰富内涵，则不一定为人们所了解，一般人只知其名而不详其事，对于盘古神话的思想和盘古精神则更感茫然。这就需要我们进行研究与普及。盘古是中国神话中开天辟地的英雄祖先，是最古老的祖先神。但是，关于盘古的记载却比较晚，这是为什么呢？盘古神话的内涵很丰富，它具备了世界上众多的创世神话的诸项内容，其社会内涵与哲学内涵都值得研究。

前人对盘古文化已作过许多研究与考证，主要有茅盾《中国神话研究ABC》，吕思勉《盘古考》，饶宗颐《安荼论与吴晋间之宇宙观》，杨宽《中国上古史导论》，袁珂《中国神话通论》，张振梨《中原神话流变论考》，何新《盘古神话之谜的阐释》，叶舒宪《从盘古之谜到中国原始创世神话之谜》，祁连休、程蔷《中华民间文学史》，马卉欣《盘古之神》，覃乃昌等《盘古国与盘古神话》，过伟《人文精神的基石（广西人文始祖）》，余云华《重庆民间盘古文化及其考古学支持》等著作和论文。这些文章虽然做了各种论证，但仍有许多问题值得进一步研究探讨。

因为盘古是中国神话体系中最古老的神，他的产生很古老，长期流传在人们口头上，直到三国时才由吴国文人徐整记录下来，离他的产生已有了很长时间，盘古传说的内容与作者、时代等，就很难弄清。用过去的文献法去考证肯定是不够的。好在民间尚有许多活态的盘古神话与崇拜习俗，必须用民俗学、人类学的理论与方法才能实现新的突破。

“盘古开天辟地”的记载与流传

开天辟地的盘古，在先秦西汉的文献中无明确记载，直到三国时才在徐整的《三五历纪》(《艺文类聚》卷一引文)、《五运历年纪》(《绎史》卷一引文)中有两段记录，主要情节是：

(1) 天地浑沌如鸡子，盘古生其中。

(2) 经过一万八千岁，天地开辟，阳清为天，阴浊为地。盘古在其中，一日九变，神于天，圣于地。

(3) 天日高一丈，地日厚一丈，盘古日长一丈，如此一万八千岁。天数极高，地数极深，盘古极长。

(4) 以后乃有三皇……

(5) 首生盘古，垂死化身：气成风云，声为雷霆，左眼为日，右眼为月，四肢五体为四极五岳，血液为江河，筋脉为地里（理），肌肉为田土，发须为星辰，

▲盘古传说由来已久，民间有许多关于盘古的习俗与遗迹。图为南阳汉墓中出土的汉代画像砖上的盘古。

皮毛为草木，齿骨为金石，精髓为珠玉，汗流为雨泽，身之诸虫，因风所感，化为黎甿。

民间口传文学是活的立体的文学。它是不断发展的。其创作不是一次完成，它的流传过程，就是创作过程。

在另外的记载中，我们还可以看到盘古神话的其他内容，如，盘古是“龙首蛇身”的伟大君主，“盘古化夫妻，阴阳之始也”（梁任昉《述异记》）等。

从这些记述中可以看出盘古神话流传的情况，时间上从秦汉时代就有流传（当然其实可能更早），而流传的主要地区在南方。更重要的是盘古神话不仅在民间流传，而且已经有了许多习俗，深入人们生活——以盘古为姓，说明他们把盘古作为祖先神进行祭祀。由此可见，盘古神话如此深入民间绝非几百年的事，而是自古而然的。

盘古神话“外来说”站不住脚

事实证明，盘古神话从古至今，已流传了好几千年。但近代曾流行“外来说”。其主要观点有：

（1）印度是世界上神话、故事的重要发源地，盘古神话的两大母题（卵生神话母题、尸体化生母题）在印度《吠陀》神歌中都可找到。

（2）东汉所译《摩登伽经》等佛经里的大神安荼义为鸡卵，安荼神话中包括此两大母题。徐整写作时可能看过此经。

（3）印度婆罗门教创世大神梵天（简称“梵”，其读音与

“盘”或“盘古”相近）。

这些观点似乎有一定的道理，但仔细分析一下，是不大可能的。在汉代即有记载的《六韬》“大明”篇（传为周初姜太公子牙所著），早已记载“盘古之宗”，这是不可动摇的。早已有的盘古，怎么会忽然成为印度“进口”的？这当然是绝无可能的。

《六韬》中的“盘古之宗”不只是一个神名问题，而且关系到“天道清净、地德生成、人事安宁”等天地人和谐统一的问题，其思想是正宗的中国传统观念，没有什么佛教思想。“外来说”显然是站不住脚的。

盘古神话的科学内核与思想内涵

神话是远古人们口传的文学，同时包含历史、科学、文化等极其丰富的内容，它是古人综合性的意识形态，其中蕴含原始的科学、哲学与历史记录。这已是国际人类学、神话学的常识。但是近些年来，却受到一些学者的否定，他们以“反传统”“反实证”自诩，说什么“神话是科学吗？回答显然是否定的。”

在他们眼中，似乎神话只是原始人的胡思乱想，是一种幻想的虚构，其中怎么会有科学成分、哲理思想呢？这不但无视国际上把神话传说作为“严肃故事”的分类理论，而且妨碍了对神话内涵的深入研究。我以为这是不符合科学要求的，因而是错误的。这种随便否定前人的“反传统”做法是要不得的。

我们仔细分析盘古神话的丰富内涵就会发现，它们虽然幼稚，却是古人对宇宙起源、人类起源和万物起源的一种科学探索，其中当然充满幻想与夸张的成分，但也不乏科学与哲学的因子，从中还可以看到一些历史事实的影子。这里试做一具体分析。

1.盘古神话中的唯物论思想

世界各国的创世神话，大致可分为两类，一类是“无中生有”，认为世界是由某个大神（如上帝等）“从无到有”创造出来的；另一类则认为世界是由物质的改造、变化而创造出来的。从无到有的创世，是唯心的，而有物质基础、物质根据的创世则是唯物的。

▲刻本类书《金璧故事》中的盘古形象，据研究者判断，其底本可能出自元代。

盘古神话显然属于后者。它说宇宙原为混沌一团，像鸡蛋一般，天地人均生于其中，万物由它变化而来。这种“卵生神话”，许多国家都有，可能有同源互传的，但也可能是根据神话思维的规律各自创造出来的，因为在相同的社会历史发展环境中，往往会产生相似的想象。

人们看到从鸡蛋中可

以生出小鸡来，就自然地想到宇宙万物也会从蛋一样的物体中产生出来。这是一种类比思维，有很大的主观幻想成分，但比“无中生有”的唯心论更符合科学。

在天文学的最新成果中，对宇宙起源有多种假说，有一种假说越来越受到科学家们的认同，这就是宇宙原为一团混沌，经过突然爆炸而产生了无数星球，逐渐演化出人类社会。这种“混沌说”在先秦文献（如《庄子》等书）中多有记述，是中国土生的。这也是盘古神话出自中国本土的一个旁证。

“尸体化生说”也是世界上许多国家都有的神话母题。由盘古的身体变成世间万物，而不是“无中生有”，这当然也是一种唯物主义思想。

科学研究的根本要求是从事实出发展开研究，以掌握事物的发展规律，而绝不是空对空，只从思想到思想，从无到有，凭空捏造。

唯物主义的科学本质就在于它始终认为世界万物由物质构成，由物质产生，人的思想感情也是物质的产物、物质的反映，绝非无中生有。

由此可知，盘古神话的“卵生混沌说”与“尸体化生说”都是从物质出发的唯物主义的思维产物，是原始科学思维的萌芽。如此步步深入，就会使对事物本质的探索走上科学的道路，这是毫无疑义的。

2. 盘古神话中的辩证法思想

盘古神话中有辩证法思想：盘古生于混沌，是混沌变化的产物。“一日九变”，“九”为“多”之概数，说明变化之频繁。

不只变化多，而且经过了长期的变化，宇宙才会产生人类万物，以“一万八千岁”作一甲子，这思想与考古学、人类学研究的结论，竟不谋而合。宇宙变化的进程缓慢，时间是以万年计算的。

不只变化多而久，而且变化极其广泛，什么都在变，日月星辰、山河草木、人类社会，一切都在变化，“盘古兄妹，阴阳之始也”，而盘古之后，又有了三皇五帝……

3. 盘古神话的人文观念

盘古神话的人文观念是很丰富的。

首先，盘古神话表现了一种人本主义思想。一切以人为本，宇宙由人开辟，由盘古顶天立地，天日高一丈，地日厚一丈，而盘古日长一丈，如此一万八千年，盘古巨人长得多么高大，说他“神于天，圣于地”，表现了人类是自然的主人这一人本主义的宝贵思想。这是很有意义的。这是一种生命意识，人的生命不息、劳动不息，就可以创造一切，这正是盘古神话所显示出的思想光辉。

其次，人的本质在劳动，正是劳动使人类区别于一切动物，高于一切动物，盘古神话实质上正是对人类劳动的一曲最壮丽的赞歌。劳动创造世界，劳动创造万物，正是盘古神话最深刻的思想内涵。

例如，明代《开辟衍绎》补充了盘古开天辟地的细节。说天地被盘古撑开之后，还有一些地方相连着，于是盘古“左手执凿，右手持斧，或用斧劈，或以凿开。自是神力，久而天地乃分”。写出了盘古以斧凿工具开天辟地的细节，比过去更具体了。这种劳动，正是当时社会中劳动人民最平常的日常劳动。不但木匠用斧凿，就是农村劈柴也离不开斧头。

最后，盘古兄妹的结合是为“阴阳之始”，反映了远古血缘婚的历史，这是盘古神话与伏羲女娲神话相结合的一种发展。如今在桐柏山地区仍然非常流行（《桐柏文史资料》第六辑）。马卉欣、韩芳主编的《万代盘古论》所附的《盘古神话选》中讲的几乎都是“盘古兄妹”或“盘古爷”“盘古奶”的故事，说明这个母题流传既广泛又久远。它突出了盘古作为人类祖先——人祖的地位，盘古就是人祖爷，是中华民族最古老的祖先。

《补衍开辟》(《古今图书集成·岁功典》卷八十三引文）说盘古氏就是浑敦氏（混沌氏），同时也是“初天皇氏也。龙首人身，神灵，一日九变，一万八千岁为一甲子……”

盘古氏在后代传说中又成了“天皇氏”，为三皇之首，比地皇、人皇都大，都古老，而且说他是“龙首人身”，比《五运历年纪》所说的“龙首蛇身”又进了一步。

盘古精神的现实意义

由以上分析可知，盘古神话的思想内涵是非常丰富的，至今仍有巨大的现实意义，值得我们重视。我们创建美好和谐的新社会，仍然需要继承发扬盘古精神。

究竟什么是盘古精神呢?

首先，盘古精神可以概括为开天辟地的开创精神、创新精神，这对于我们改革开放创造和谐幸福的新世界是非常有必要的。

其次，盘古精神包含唯物辩证法的实事求是精神。同时，盘古精神就是劳动创造世界、劳动创造一切的信念，就是不怕困难、刻苦坚持、长期奋斗、自我牺牲、为民造福的精神。

本文发表于2013年1月14日《北京日报·理论周刊》文史版，
原题为《盘古新考》，
作者时任北京大学教授

“北方炎帝”之外，可能另有“南方炎帝”

李尚英

炎帝和黄帝一样，同为中华民族的始祖。然而，正如历史学家杨向奎先生所说，我们常自称是炎黄子孙，久而久之，这“炎”字却成了具文。其实，这种局面早在西汉司马迁的时代就已经定型了。司马迁根据一些世谱、牒记、传说，在《史记》中首列《五帝本纪》，断自黄帝，使本来来源各异的各民族从此都整整齐齐地排列在黄帝一系之下。这五帝中，只有黄帝、尧、舜三人是不缺席的，炎帝就很难定了。

20世纪以来，顾颉刚、徐旭生、郭沫若、杨向奎等先生开创了炎帝研究的新局面，功不可没。炎帝是旧石器时代进入新石器时代的氏族部落首领。他开创了中国农耕文明。其主要贡献是：发明刀耕火种，教民耕种五谷；遍尝百草，发明医药；首创“日中为市”，使天下之民得以交易，互通有无，各得其所。

20世纪80年代以后，炎黄二帝及其时代的研究欣欣向荣，开始呈现一派繁荣景象。这对于增强整个中华民族的向心力和凝聚力而言，其功甚伟。

炎帝的发祥地及其活动区域

关于炎帝的发祥地及其活动区域，有陕西、湖北、湖南、山西、甘肃、山东、河南、河北等说法。其中，就发祥地而言，影响较大的有陕西宝鸡说、湖北随州说、湖南九嶷山说，还有一说，即炎帝生于“黔中”，即今湖南沅陵西，包括今会同。

陕西宝鸡说的主要依据是《国语·晋语》“炎帝以姜水成”，《水经注·渭水》“岐水又东迳姜氏城南，为姜水”；炎帝死后黄帝在宝鸡常羊山祭祀炎帝。另外，还有在宝鸡地区发现的大量的包括北首岭文化在内的仰韶文化遗址，以及广泛的民间传说。

湖北随州说的主要依据是郑玄所注《礼记》：“厉山氏，炎帝也，起于厉山，或曰烈山氏。”《帝王世纪》：“神农氏，……故曰炎帝，其起本于烈山，又号烈山氏。”晋杜预在其《左传·昭公二十九年》注中更确切地指出，厉山在“湖北随州四十里”。

▲炎帝，是中国上古时期姜姓部落的首领尊称，号神农氏。相传炎帝亲尝百草，发展用草药治病；教民垦荒种植粮食作物；制造出了饮食用的陶器和炊具。华人自称炎黄子孙，将炎帝与黄帝共同尊奉为中华民族人文初祖。图为明朝文献学家、藏书家王圻及其子王思义撰写的百科式图录类书《三才图会》（又名《三才图说》）所载炎帝神农氏像。

湖南九嶷山说的主要依据是屈原的《远游》：“指炎神而直驰兮，吾将往乎南疑。”张守节的《史记正义》说“神农氏，……又曰连山氏”。而九嶷山地区古称连山县（郡）。

这三说均有一定的道理。因为，它们至少可以使我们从一个侧面了解炎帝部落的一些活动轨迹。另据《世本》所载，炎帝后裔曾分出百余国，遍布于上述所说地区和四川、安徽，如再加上他们向华南、西北、西南等部分地区的迁徙活动，那么，古代炎帝的活动区域达大半个中国。

炎帝的传说与遗迹

随着炎黄文化研究的不断深入与发展，有关炎帝的传说与历史遗迹也在一些地区不断得到发现和发掘，有力地促进了炎帝、炎帝文化的研究向前发展。

在中国辽阔的大地上，黄河流域和长江流域虽然相距遥远，但各地有关炎帝的传说与历史遗迹几乎如出一辙，颇有异曲同工之妙。

在有关炎帝的传说中，传说资料可谓大同小异。例如，炎帝的诞生地，陕西宝鸡称姜水，湖北随州称漻水；炎帝的居住地，宝鸡称常羊山，高平称羊头山，随州称厉山（厉山南又有重山）；炎帝尝百草、获嘉谷之地，宝鸡称天台山，高平称羊头山，随州、湖南酃县也有具体处所；炎帝的死因，有关各地都传说系在“遍尝百草”中“一日而遇七十毒”，最后终于中毒而亡，具体是何种草，宝鸡、高平、随州、酃县等地都称为“断肠草”，其中宝鸡地区又称“断肠草”为“王药”，高平称为“火焰子”。

在有关炎帝的遗迹中，有关各地几乎都有神农井、神农泉、神农庙、神农祠、神农洞等，不过各地炎帝遗迹的时间长短、分布范围大小、集中程度与体系的完整程度是有较大区别的。

历史学家王俊义教授曾指出：从山西长治、高平一带“现存有关炎帝的遗址、遗迹看，其时间之久远、范围之广阔、密度之集中、体系之完整，都令人叹为观止”。在长治、高平两市中，著名的百谷山、羊头山留存有大量的有关炎帝生平活动的详细记录。例如，北宋地理总志《太平寰宇记》记载，百谷山“昔神农氏尝百谷于此”。今长治市黎城县宝泰寺（今废）所存隋代的一块石碑称，羊头山为“炎帝获嘉谷之地”。该石碑是全国范围内现存有关炎帝文化最早的一块，具有极高的史料和文物价值。羊头山神农庙中一块唐天授二年（691年）的《清化寺碑》更说：羊头山“炎帝之所居也。……（炎帝）遍陟群山，备尝庶草；届斯一所，获五谷焉。……于是创制耒耜，始兴稼穑”。

高平神农镇更是炎帝遗址、遗迹群落的集中地。神农镇有炎帝陵、炎帝庙（神农庙）、炎帝行宫。其中神农庙又有炎帝上庙、炎帝中庙和炎帝下庙之分。神农镇北的羊头山和长治市的百谷山、黎城县也有神农庙、神农城、神农井以及炎帝与其一家的活动遗迹。还有两块值得注意的碑文：一块是炎帝中庙的碑文，其中说，此庙“奉敕建立其来远矣，而创兴之始查不可考。重修则于（元朝世祖）至元元年（1264年）……”。这说明炎帝中庙至迟“奉敕建立”于宋代，这在全国也是罕见的。另一块是高平市团池乡于1995年发现的刻有“高平县神农乡团池村”九个大字的碑文，说明早在北宋时期，高平市团池乡一带即被北宋定为“神农乡”。

以上事实至少说明，炎帝在山西古上党地区的生产活动使炎帝部落进入了繁荣发展阶段。

炎帝发祥地的研究，“恰似满天星斗”

根据苏秉琦等老一辈学者和杨东晨等新一代学者的研究，我们知道中华民族是按“多元一体”的模式发展的，而中国文明的起源又“恰似满天星斗”。那么，在炎帝发祥地和炎帝故里的研究中，我们同样可以做“恰似满天星斗”的解释。

就炎帝发祥地而言，正如前面所说，“宝鸡说”证据确凿，论证充分，应该说是很难推翻的。但我们应充分注意到这样一个事实：陕西宝鸡的炎帝，是以粟作农业为主，因此，他是北方粟作农业的代表和北方农业文明的奠基人，可称为“北方炎帝”。由于炎帝时代没有文字，更谈不上史籍记载，于是，中国各地农耕文明的奠基人，只有北方的炎帝依据传说而名垂千古，南方由于开化相对晚于北方，加之各种原因，其奠基人也就名不见经传。但该人肯定存在，因为湖南发现了早于炎帝数千年距今1.2万年的人工栽培的稻谷，那么南方的农耕文明肯定有自己的首领（此人或可称为“南方炎帝”）。

说到这里，人们自然要问：“南方炎帝”的发祥地在哪里？根据史籍记载和2009年5月一些专家在湖南会同的考察，可以初步断定，湖南民俗学者阳国胜提出的“炎帝故里会同说”是有一定根据的，湖南会同就是“南方炎帝”的发祥地。《晋书》卷九十二《文苑传·伏滔》说炎帝生于“黔中之地”，炎帝又号“连山氏”，为炎帝出生地提供了史籍上的证据。再根据阳国胜提供的《“炎帝故里会同新说”证据材料》，参以2009年5月一些专家在湖南会同的实地考察，“炎帝故里会同说”的证据则更充分了。

会同境内也有常羊山，它既是炎帝的出生地，也是炎帝的居住地，更是炎帝尝百草、获嘉谷之地。炎帝所尝“断肠草”，据阳国胜说，该草“据《本草纲目》记载即‘钩吻’，钩吻只适宜生长在长江以南部分地区”。阳国胜还根据自己对古籍和古地名的研究和考证，认为连山就是今会同的连山；炎帝所出生的华阳之常羊山，其“华阳”指巴蜀地区（会同在其地望内），“常羊山”则指会同连山境内的常羊山。与连山一山之隔的马鞍乡境内有“神农山”“神农庙”。相传炎帝发明了“茶饮”，连山至今还完整地保存着一个“茶亭庵”（“茶亭庵”的遗迹在北方炎帝故里似未见到，会同保存的“茶亭庵”正好说明了“南方炎帝”的特色）。炎帝“日中为市”的传说广为流传，会同连山地区称“日中为市”为“赶连山”。如此种种，都为炎帝研究打开了一条新思路。

本文发表于2012年10月22日《北京日报·理论周刊》文史版，
原题为《关于炎帝发祥地的研究述评》，
作者时任中国社会科学院研究生院教授

为什么说黄帝是中华民族的“人文初祖”

韩　震　刘志琴　赵馥洁

人们常说黄帝是中华民族的“人文初祖”，为什么称黄帝为“人文初祖”？“人文初祖”这一称号是怎么来的？其真正含义是什么？

“人文初祖”一词的由来

所谓“人文初祖”，是指黄帝是中华民族物质文明、制度文明和精神文明的开创者，他开创了中华民族灿烂文明的先河，在铸造中华文明的历史上起了奠基作用。自古以来，人们对黄帝的推崇就是充分肯定黄帝时代在中华文明开创史上的地位，所以黄帝才被称为“人文初祖”。

古史相传，在黄帝以前没有衣裳屋宇，从黄帝伊始才有了衣服、房屋、舟车、耕作和蒸谷为饭、采药为医、创字为文等，这就说明黄帝不仅是中华民族的祖先，也是中华文明及生活方式的缔造者。这些传说虽然是半虚半实，却是人类生存历程的反映。“人文初祖”确切地表述了祖先与生命同在、文化与生活共存的原始意识。

“人文初祖”一词，见于国民党元老、书法家程潜于1938年在黄陵的题词，1980年第一次大规模祭黄的公告中明确使用

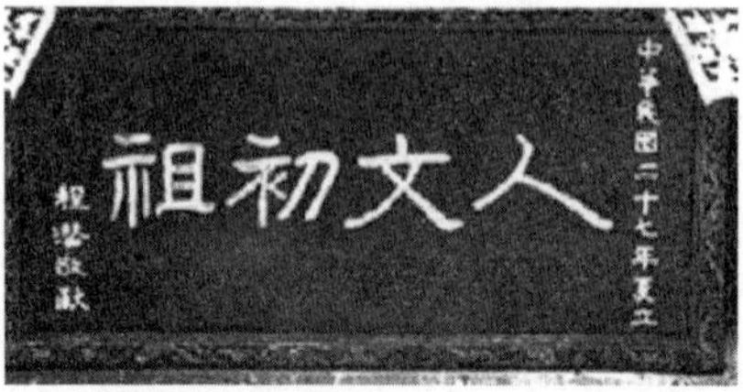

▲位于陕西省黄帝陵内、由程潜题写的“人文初祖”匾额。

这一概念，1983年邮电部发行的“人文初祖殿”邮票，使得这一题词传播到全国。“人文”与“初祖”作为词汇，古已有之，但两者并未合成词组。在出土的东汉铭文中已有“黄帝初祖”的记载，人文则始于《易传》：“观乎天文以察时变，观乎人文以化成天下。”把二者结合起来，创造出“人文初祖”的新理念，不是两个词汇的简单相加，而是现代精神对接传统观念的化合，这种化合具有天然性，因为中华民族从初祖黄帝开始，就凸显了强烈的生命和生活意识。

黄帝作为中华民族的祖先形象，既是“民族始祖”，又是“人文初祖”。史载的黄帝时代的很多文明创造成就，虽然既不能毕其功于一个时代，也不能归其功于黄帝一人，但称黄帝为“人文初祖”却表达了中华民族对文明创造的赞美，对文明创造者的崇敬，对文明创造精神的崇尚。所谓“观乎人文以化成天下”的实质就是进行文明创造。黄帝既奠定了中华文明的基础，又培育了中华民族崇尚文明的人文精神。正如于右任先生1918年在谒黄帝陵诗中赞云：“独创文明开草昧，高悬日月识天颜。”黄帝在很多文献中被作为中华民族的代名词使用。鲁迅的《自题小像》中所说的“我以我血荐轩辕”一句，实际上就是以对轩辕的尊崇来指代对中华民族的深爱。

黄帝文化中蕴含丰富的民族精神

首先是一种“养性爱民”的道德精神。黄帝不但是中华伟大文明的奠基者，而且是高尚道德的典范。他不但个人道德高尚，而且着力实行德治，“修德抚民”，从而使社会上形成了良好的道德风尚。所以，追念祖先的目的不只是血缘上的认同，更重要的是为了学习和继承祖先的高尚道德，以优化民众的道德风尚。然后还有一种追求统一和谐的社会理想精神。在关于黄帝的历史记述和神话传说中，蕴含很多中华民族对美好社会的追求和向往。黄帝梦游华胥的神话就充分表达了人们对民风淳朴，没有爱憎之分，没有亲疏之别，没有利害冲突和斗争杀戮，天下大治，国泰民安的美好生活的向往。这些文献记述和神话传说，虽未免有后人理想化和夸张的成分，但其中所蕴含的乃是中华民族追求政治清明、天下和谐的美好社会理想。

“黄帝文化”中蕴含的崇尚道德、追求和谐和振兴中华等丰厚的精神内涵，乃是中华民族所共同认可的价值，从而也就成为凝聚中华民族的精神纽带、团结中华民族的精神力量、激励中华民族的精神动力。因而也是我们今天构筑中华民族共有精神家园的宝贵资源。

纪念黄帝是为了延续中华的民族精神

祭祀黄帝、纪念黄帝由来已久，源远流长。据考，汉武帝祭祀位于陕北的阳周（汉代地名）桥山黄帝冢，这是帝王拜谒黄帝冢的最早记载。至元代，对黄帝的祭祀进入一个新阶段，黄帝从古族的“初祖”逐步演变成更多民族的“共祖”，尤其是元、清等王朝的建立，这标志着逐步形成了对黄帝是中华民族“人文初祖”的认同。我们祭祀黄帝、纪念黄帝的根本意义就在于从黄帝文化中发掘、汲取宝贵的民族精神资源，为不断延续这些精神血脉而努力。

自20世纪以来，祭黄有三次高潮，第一次是在1908年辛亥革命前夕，国民党的前身同盟会在陕西黄陵，告祭黄帝。参加公祭者痛感于华夏沦丧，九州陆沉，人人泪流满面，有的失声痛哭，此次祭黄实际上成为反满的誓师大会，祭文也被称为“誓墓文”。但其中的一些种族主义的偏颇，并不利于建立民主共和国的理想，所以清朝统治被推翻后，孙中山一就任临时大总统，就宣告平等对待汉、满、蒙、回、藏各族同胞，以五族共和代替反满，成立“中华民族大同会”，并将“中国境内各民族一律平等”载入《中华民国临时约法》，从宪法上保障团结各族人民共同完成反帝反封建的大业。第二次高潮是在抗日战争时期，国共两党公祭黄帝陵达六次之多，中国共产党两次发表《祭黄帝陵文》，毛泽东同志亲笔起草，强调“万里崎岖，为国效命”“匈奴未灭，何以家为”“各党各界，团结坚固。不论军民，不分贫富。民族阵线，救国良方。四万万众，坚决抵抗”。第三次高潮是在改革开放以后，与前两次不同的是，祭黄的规模空前盛大，吸引了大量的海外华人，世界各地的侨胞每年都派有祭祖团回国参祭。很显然，祭祀的主体已从中华民族扩展到全世界的华裔，这充分显示了黄帝作为共祖已为全世界华人所信仰，这是超越了不同社会制度的最大范围的文化认同，是团结华人最具有凝聚效应的精神力量。

在漫长的历史过程中形成的大量祭词、祭文、颂诗、赞语中，其内容大体包括两方面，一方面是追述黄帝伟大的历史功绩，赞颂黄帝的崇高人格；另一方面则表达了当时祭祀者和人们的价值追求，体现了当时人们从黄帝文化中所汲取的民族精神。由于不同时期人们身处的历史条件不同，所面临的历史主题、历史任务有别，所以在祭祀中所表达的价值观念和体现的精神取向是随着时代的变迁而变化的。但总体观之，祭祀黄帝时所体现和弘扬的精神主旋律则是繁荣祖国、振兴中华的民族精神，这一点在近现代表现得尤为显著和突出。

“多元一体”格局为当今中华民族伟大复兴奠定了集体认同的基石

在中国漫长的历史发展进程中，各族人民密切交往、相互交融、相互依存，形成了休戚与共的“多元一体”文化格局。这种格局，不仅奠定了中国在古代的辉煌历史，而且为中华民族在当今的伟大复兴确立了集体认同的基石。因为地理的、经济的和文化的原因，中华民族形成了很强的文化向心力，中国人数最多的汉族，就是在这种向心力的推动下民族不断融合的产物。譬如，炎帝与黄帝的传说，就是不同部落融合的表征。在历史中，各民族相互吸纳，经过征服、杂居、通婚、迁徙和融合，逐渐形成“汉族”。汉族的文化共同性要超越其血缘的共同性。这种把多元融合为一的力量，造就了中华民族的主体。显然，在汉族中吸纳了许许多多的民族血脉。

与此同时，不同的民族之间只要接触得多了，必定有文化融合。文化融合得越多，文化认同与国家认同的重叠部分就越大。其他少数民族对统一国家的认同也非常强，这主要是文化融合与文化认同的结果，这对保持边疆的稳定起了很好的作用，“多元一体”的民族文化格局是中国国家认同的历史基础。

中华民族是一个“多元一体”的概念。在其中，不同民族都有自己独特的文化，但是既然任何一个民族都是中国和中华民族的平等成员，所有不同民族之间的文化共同性应该大于差异性。统一国家内部的民族，有着共同的利益和共同的政治制度。所以，我们一方面相互承认和尊重差异，另一方面应该建立国家内部所有民族之间的共同性。在中国，这个价值共同体就是由五十六个民族共同构成的中华民族。现在，在统一国家的框架内，进一步增强文化共性基础，同时塑造出明晰的有别于其他国家的中华民族特性是摆在我们面前的任务。

弘扬“人文初祖”的新理念是建设中华民族精神家园的重要资源

“人文初祖”突出的是对“人”的观念。“人”是什么？人是自然性与社会性的统一。21世纪是人的世纪，是高扬人文精神的世纪，这是人类社会持续发展的主流。追寻先祖的活动只有遵循“以人为本”的诉求，才能进入新的高度。当前的改革开放处在第三次思想解放的新阶段。“以人为本”是第三次思想解放的号角，这是政府职能转变的强大动力，它需要发掘和调动历史上一切有利于国计民生的思想资源。对黄帝的缅怀，重在弘扬“人文初祖”的新理念，突出中华民族初创时期珍视生命与重视生活的主题，这是建设中华民族精神家园的重要资源。

本文发表于2010年4月19日《北京日报·理论周刊》文史版，
原题为《为什么说黄帝是中华民族的“人文初祖”》，
作者韩震时任北京师范大学副校长、教授，
刘志琴时任中国社会科学院近代史所研究员，
赵馥洁时任陕西省社科联主席、西北政法大学教授

“最早的中国”

孙庆伟

在追溯“最早的中国”时，必须围绕中原华夏文明这个核心来探讨。

所谓“最早的中国”，实际上就是中原华夏文明的最早凸显

所谓“最早的中国”，核心要素有三：一是国，二是中，三是最早。三者之中，某一遗址或文化是否已经进入“国”的阶段，有具体可视的考古材料为依据。其年代是否为“最早”，这是考古学上的相对年代问题，都不难判断。唯有是否为“中”，纯属观念上的认识，未必一定见诸于考古实物，因此最难识别。

西周初年青铜器何尊铭文中的“宅兹中国”是迄今所见最早的“中国”表述，但“中国”观念显然并不始于何尊，这一点由西周初年周人对成周的称呼即可证明。除了“中国”，周人也称成周为“东国”和“东土”。成周既是“中国”和“中土”，又是“东国”和“东土”，看似矛盾，实则不然。所谓“东国”和“东土”，这是周人从本族立场出发而言的，周人习惯上自称其居地为“西土”，其人为“西土人”或“西土之

人”，相对而言，成周自然是“东国”或“东土”，这是对成周地理位置的客观描述。

成周称“中国”和“中土”，源于洛阳盆地的伊洛河流域本是“有夏之居”，久有“中国”的成说。《史记·周本纪》记周公营成周的过程为：“成王在丰，使召公复营洛邑，如武王之意。周公复卜申视，卒营筑，居九鼎焉。曰：‘此天下之中，四方入贡道里均。’作《召诰》《洛诰》。”在这里，周公强调洛邑为“天下之中”的两点理论根据——“居九鼎”和“四方入贡道里均”——都是针对夏王朝而言的。“九鼎”是夏王朝奠定的政治正统的象征物，而四方诸侯的纳贡则代表了天下万邦对此种正统的广泛接受。

因此，成周“中国”说，不是武王、周公兄弟的新发明，而是周人对夏商王朝政治传统的认同和继承，这就充分证明至少在三代人眼中，“中国”和“夏”是密不可分的，无“夏”则无所谓“中国”。成周“中国”说，则标志着“中国”是超越族属的政治正统，是夏、商、周三族共同遵守的政治秩序，也是他们作为执政者对自身文明高度的自我标榜。正是缘于“中国”的这种实质，“中国”的称谓是可以随着政治实力的增减而转移的，原本力量弱小、被商人役使的“西土之人”——周人，在殷周鼎革之后，也每每以“中国”自诩，陶醉于“惠此中国，以绥四方”，主张“德以柔中国，刑以威四夷”，鄙视“秦僻在雍州，不与中国诸侯之会盟，夷翟遇之”。长此以往，到春秋之世，“中国”已经完全转化为一个文化符号，成为“华夏”的异称，是中原华夏诸国对自身文明程度的自矜，也是他们与四方戎狄的文化区隔。

现在学术界普遍相信二里头遗址就是夏代晚期都邑，从而为“有夏之居”“中国”说提供了关键性的考古学证据，这是对成周“中国”说的考古学诠释，意义极其重大。因此，我们在追溯“最早的中国”时，必须回归到政治和文化层面来思考，必须围绕中原华夏文明这个核心来探讨。从这个意义上讲，所谓“最早的中国”，实际上就是中原华夏文明的最早凸显。

黄帝及其部落的诞生代表了华夏文明的最初自觉，是真正意义上的“最早的中国”

夏代以前的历史，《史记·五帝本纪》是最重要的文献材料。《史记》“述往事，思来者”，其宗旨在于效仿孔子作《春秋》，太史公以黄帝、帝颛顼、帝喾、尧和舜五帝为中国古史的开篇自有深意。《太史公自序》称：“维昔黄帝，法天则地，四圣遵序，各成法度；唐尧逊位，虞舜不台；厥美帝功，万世载之。作五帝本纪第一。”在司马迁看来，相比于此前渺茫的历史，五帝时代已经发展出相当高的文明，足以为“万世载之”。《太史公自序》又称：“维禹之功，九州攸同，光唐虞际，德流苗裔；夏桀淫骄，乃放鸣条。作夏本纪第二。”在此明确指出中国历史上的第一王朝和之前的五帝时代是同一文明前后衔接的两个阶段，禹划九州的历史功绩是“光唐虞际”，是对五帝时代开创的华夏文明的接续与发展，“最早的中国”必然要求之于五帝时代。

黄帝乃“五帝”之首，据《五帝本纪》载，黄帝最辉煌的事迹，是伐蚩尤而赢得天下诸侯的拥戴。黄帝征蚩尤，既靠“治五气，艺五种”，通过发展农业来壮大自身实力，也靠“乃征师诸侯，与蚩尤战于涿鹿之野”。与此同时，“天下有不顺者，黄帝从而征之”，先后打败蚩尤和炎帝，赢得和迫使“诸侯咸来宾从”，这也和三代之君征伐不臣诸侯颇相类似。此外，黄帝时代已有初具规模的统治机构，如“置左右大监，监于万国”“举风后、力牧、常先、大鸿以治民”。从这些记载来看，黄帝之部落无疑就是“万国”之中的“中国”。

▲黄帝，中国古代部落联盟首领，五帝之首。黄帝被尊祀为“人文初祖”。史载黄帝因有土德之瑞，故号黄帝。黄帝在位期间，播百谷草木，大力发展生产，始制衣冠、建舟车、制音律、作《黄帝内经》等。图为明朝刊本《历代古人像赞》所载黄帝像。

《五帝本纪》对帝颛顼的记载极为简略，远不如黄帝详备，但内涵丰富，着重突出了帝颛顼在宗教领域对黄帝时代的超越，即“依鬼神以制义，治气以教化，絜诚以祭祀”，这正与《国语·楚语下》所载帝颛顼命南正重、火正黎“绝地天通”的宗教变革相呼应。帝颛顼的时代，实际上就是华夏族首领对世俗权力与宗教权力垄断的时代，由于实现了君、巫的有机统一，从而进一步巩固了华夏族天下共主的地位，由此达到“动静之物，大小之神，日月所照，莫不砥属”之境界。因此，帝颛顼时代的“中国”必然也是中原华夏古国。

帝喾则几乎是帝颛顼的翻版。在世俗权力方面，帝喾“取地之财而节用之，抚教万民而利诲之”；在宗教领域，则“历日月而迎送之，明鬼神而敬事之”，其结果自然是“日月所照，风雨所至，莫不从服”。揣摩太史公文意，相比帝颛顼，帝喾时代的进步主要表现为“德”的萌芽。例如，称帝喾“仁而威，惠而信，修身而天下服”，又称“其色郁郁，其德嶷嶷”。由此观之，帝喾之国不仅兼具世俗权力和宗教力量，更有人文精神的滋生，必然是当时文明化程度最高的“中国”。

相比黄帝、帝颛顼和帝喾，帝尧的事迹更为显明。《五帝本纪》概括帝尧功绩为：“能明驯德，以亲九族。九族既睦，便章百姓。百姓昭明，合和万国。”所谓“亲九族”，是指宗族或部落内部关系和谐，“章百姓”则是妥善处理与异姓部族的关系，因为内部和外部关系都已“昭明”，帝尧自然能够“合和万国”，成为天下共主。值得注意的是，帝尧“亲九族”和“章百姓”的基础都是“驯德”，表明萌芽于帝喾时代的德之观念在帝尧时代得到进一步发展。

最能反映尧为天下共主地位的证据是尧舜之间的禅让，学术界普遍相信，尧舜禅让的实质是上古时期的君位推选制。帝舜在接受禅让之后，“之中国践天子位”。以司马迁之春秋笔法，这里的“中国”必然不是随笔而书，而是他袭用的历史成说。

换言之，在“有夏之居”中国说之前还曾广泛存在尧舜之都为“中国”的说法，只不过在夏王朝建立之后，尧舜之都“中国”说才逐渐湮灭。现在学术界普遍相信山西襄汾陶寺遗址就是尧都平阳，为尧都“中国”说提供了至关重要的考古学证据。从文化内涵上讲，陶寺文化“已具备从燕山以北到长江以南广大地域的综合体性质”，多种文化因素的汇聚，“很像车辐聚于车毂，而不像光、热等向四周放射”，充分证明在“中国”诞生伊始即具有极其强大的包容性和向心力。

与帝尧相比，因为帝舜任用禹、皋陶、契、后稷、伯夷、夔、龙、倕、益、彭祖等“二十有二人”，真可谓“五湖四海”“兼容并包”，所以“四海之内咸戴帝舜之功”“天下明德皆自虞帝始”，德政至此臻于完备。

综上，司马迁的《五帝本纪》是一以贯之、不能分割的有机整体，通过五帝事迹概述了前王朝时期华夏文明演化的三个阶段：黄帝，标志着以生产力发展为基础的军事盟主的出现；帝颛顼和帝喾，代表了世俗权力和宗教权力的整合，君巫合一的统治方式得以确立；帝尧和帝舜时期，“德”治观念形成，国家统治形态进一步完善，华夏文明的人文底蕴基本奠定。在此文明链条中，黄帝及其部落的诞生代表了华夏文明的最初自觉，这标志着“中国”观念的萌芽，是真正意义上的“最早的中国”。

黄帝时代的“中国自觉”，在考古学上表现为中国史前文化的统一性与多样性，呈现出一个以中原为核心、分层次的

“重瓣花朵”式的格局。近年来，在河南灵宝西坡遗址发现的仰韶文化庙底沟类型的大型建筑和大型墓葬，真切地反映了黄帝时代的文明景象，展示了“最早中国”的瑰丽与繁华。

本文发表于2019年1月21日《北京日报·理论周刊》文史版，
原题为《最早的中国：黄帝部落的文化初觉》，
作者时任北京大学考古文博学院教授

“中国”：从“中央之城”到“天下中心”

冯天瑜

“中国”一词出自汉语古典，是一个今人耳熟能详的词语，然而从古代到近现代，该词发生了深刻的内涵演变和外延拓展。它是文化的古今更革、中外交汇的产物。这种曲折的流变体现在：从古代的“城中”义到“天下中心”义，进而演变为近代的与世界列邦并存的民族国家之名。

古汉语中对“中国”的解释

中国之“中”，甲骨文、金文像“有斿之旆”（有飘饰的旗帜），士众围绕“中”（旗帜）以听命，故“中”又引义为空间上的中央，谓左右之间，或四方之内核；又申发为文化或政治上的枢机、轴心地带，所谓“当轴处中”，有“以己为中”的意味，与“以人为外”相对应。

中国之“国”，繁体作“國”，殷墟甲骨文尚无此字，周初金文出现“或”及“國”字，指城邑。《说文》：“邑，國也，从□（wéi）”，原指城邑。古代的城，首先是军事堡垒，“□”示城垣，其内的“戈”为兵器，表示武装，含武装保卫的天子之都之义，以及诸侯辖区、城中、郊内等义。

由“中”与“国”组成“中国”，以整词出现，较早见于周初，如青铜器何尊铭词记周王克商，廷告上天曰：“余其宅兹中国，自之辟民。”最早的传世文献《尚书·周书·梓材》追述周成王说：“皇天既付中国民，越厥疆土于先王。”《诗经》《左传》《孟子》等先秦典籍也多用此词。

“中国”初义是“中央之城”，即周天子所居京师（首都），与“四方”对称，如《诗经·大雅·民劳》云：“民亦劳止，迄可小康，惠此中国，以绥四方。”毛传释曰：“中国，京师也。”《孟子·万章》讲到舜深得民心、天意，“夫然后之中国，践天子位”。这些用例中的“中国”，均指居天下之中的都城，即京师，诚如刘熙为《孟子》作注所说：“帝王所都为中，故曰中国。”

初义“京师”的“中国”又有多种引申：（1）指诸夏列邦，即黄河中下游这一文明早慧、国家早成的中原地带，居“四夷”之中，《诗·小雅·六月》序：“四夷交侵，中国微矣。”西周时，“中国”主要包括宋、卫、晋、齐等中原诸侯国，此义的“中国”后来在地域上不断有所拓展。（2）指国境之内。《诗·大雅》：“文王曰咨，咨女殷商，女炰烋于中国，敛怨以为德。”《谷梁传·昭公三十年》注：“‘中国’，犹国中也。”（3）指中等之国。《管子》按大小排列，将国家分为王国、敌国、中国、小国。（4）指中央之国。《列子》按方位排列，将国家分为南国、北国、中国。

以上多种含义之“中国”，使用频率最高的，是与“四夷”对称的诸夏义的“中国”，如《诗经·小雅·六月》序云：“小雅尽废，则四夷交侵，中国微矣。"南朝宋刘义庆《世说新语·言语》说："江左地促，不如中国。"唐人韩愈《上佛骨表》云："夫佛者，夷狄之一法耳，自后汉时传入中国，上古未尝有也。"这些"中国"，皆指四夷万邦环绕的中原核心地带。其近义词则有"中土""中原""中州""中夏""中华"等。

晚周以降，"中国"一词从地理中心、政治中心派生出文化中心的含义

"中国"原指华夏族活动的地理中心与政治中心，自晚周以降，"中国"一词还从地理中心、政治中心派生出文化中心的含义。《史记》卷四十三《赵世家》所载战国赵公子成的论述颇有代表性："中国者，盖聪明徇智之所居也，万物财用之所聚也，贤圣之所教也，仁义之所施也，诗书礼乐之所用也，异敏技能之所试也，远方之所观赴也，蛮夷之所义行也。"与叔父公子成论战的赵武灵王（公元前340—前295年）则指出，夷狄也拥有可资学习的文化长处，如"胡服骑射"便利于作战，中原人应当借取，从而壮大"中国"的文化力。发生在赵国王室的这场辩论，给"中国"的含义赋予了文化中心的内蕴。

古人还意识到文化中心是可以转移的，故"中国"与"夷狄"往往发生互换，唐韩愈《原道》所谓"诸侯用夷礼则夷之，进于中国则中国之"。明清之际，哲人王夫之在《读通鉴论》《思问录》等著作中，对"中国"与"夷狄"之间文野地位的更替做过深刻论述，用唐以来先进的中原渐趋衰落，蛮荒的南方迎头赶上的事实，证明华夷可以变易，“中国”地位的取得与保有，并非天造地设，而是依文化先进区不断流变而有所迁衍，诚如《思问录·外篇》所说：“天地之气，衰旺彼此迭相易也。”

“中国”是如何衍变为国名的

我国古代多以朝代作国名（如汉代称“汉”“大汉”，唐代称“唐国”“大唐”，清代称“清国”“大清”），外人也往往以我国历史上强盛的王朝（如秦、汉、唐）或当时的王朝相称，如日本长期称中国人为“秦人”，称中国为“汉土”“唐土”，江户时称中国人为“明人”“清人”；希腊、罗马称中国为“赛里丝”，意为“丝国”。

以“中国”为非正式的国名，与异域外邦相对称，首见于《史记·大宛传》，该传载汉武帝派张骞出使西域：“天子既闻大宛及大夏、安息之属，皆大国，多奇物、土著，颇与中国同业，……乃令骞因蜀犍为发间使，四道并出。”这种以“中国”为世界诸国中并列一员的用法，汉唐间还有例证，如《后汉书·西域传》以“中国”与“天竺”（印度）并称；《唐会要·大秦寺》以“中国”与“波斯”“大秦”（罗马）并称。但这种用例以后并不多见。

一个朝代自称“中国”，始于元朝。《元史》卷九十五《列传·外夷一》载，元世祖忽必烈派往日本的使臣所持国书，称自国为“中国”，将日本、高丽、安南、缅甸等邻邦列名“外夷”。明清沿袭此种“内中外夷”的华夷世界观，有时也在这一意义上使用“中国”一词，但仍未以之作为正式国名。

“中国”作为与外国对等的国体概念，萌发于宋代。北宋不同于汉唐的是，汉唐时中原王朝与周边维持着宗主对藩属的册封关系和贡赉关系，中原王朝并未以对等观念处理周边问题；赵宋则不然，北疆出现了与之对峙的契丹及党项羌族建立的王朝——辽与西夏，这已是两个典章制度完备、自创文字且称帝的国家，又与赵宋长期处于战争状态，宋朝还一再吃败仗，以致每岁纳币，只得放下天朝上国的架子，以对等的国与国关系处理与辽及西夏的事务，故宋人所用“中国”一词，便具有较清晰的国体意味。在这种历史条件下，北宋理学家石介著《中国论》，此为首次出现的以“中国”作题的文章，该文称：“居天地之中者曰中国，居天地之偏者曰四夷。”这已经有了国家疆界的分野，没有继续陶醉于“普天之下，莫非王土”的虚幻情景之中，此后，“中国”便逐渐从文化主义的词语，变为接近国体意义的词语。当然，国体意义上的“中国”概念，是在与近代欧洲国家建立条约关系时正式出现的。

欧洲自17世纪开始形成“民族国家”，并以其为单位建立近代意义上的国际秩序。清政府虽然对此并无自觉认识，却因在客观上与这种全然不同于周边藩属的西方民族国家打交道，因而需要以一正式国名与之相对，“中国”便为首选。这种国际关系最先发生在清俄之间。俄国沙皇彼得一世遣哥萨克铁骑东扩，在黑龙江上游与康熙皇帝时的清朝遭遇，争战后双方于1689年签订《尼布楚条约》，条约开首以满文书写清朝使臣职衔，译成汉文是“中国大皇帝钦差分界大臣领侍卫大臣议政大臣索额图”，与后文的“斡罗斯（俄罗斯）御前大臣戈洛文”相对应。康熙朝敕修《平定罗刹方略界碑文》，言及边界，有“将流入黑龙江之额尔古纳河为界：河之南岸属于中国，河之北岸属于鄂罗斯”等语，“中国”是与“鄂罗斯”（俄罗斯）相对应的国名。

如果说，17世纪末与俄罗斯建立条约关系是个别事例，此后清政府仍在“华夷秩序”框架内处理外务，那么，至19世纪中叶，西方殖民主义列强打开清朝封闭的国门，古典的“华夷秩序”被近代的“世界国家秩序”取代，“中国”愈益普遍地作为与外国对等的国名使用，其“居四夷之中”的含义逐渐淡化。第一次鸦片战争期间，中英两国来往照会公文，言及中方，有“大清”“中华”“中国”等多种提法，而“中国”用例较多，如林则徐《拟谕英吉利国王檄》说：“中国所行于外国者，无一非利人之物。”以“中国”与“外国”对举。与英方谈判的清朝全权大臣伊里布《致英帅书》，称自国为“中国”，与“大英”“贵国”对应，文中有“贵国所愿者通商，中国所愿者收税”之类句式；英国钦奉全权公使璞鼎查发布的告示中，将“极东之中国”与“自极西边来”的“英吉利国”相对应，文中多次出现“中国皇帝”“中国官宪”“中国大臣”等名目。而“中国”正式写进外交文书，首见于道光二十二年七月二十四日（1842年8月29日）签署的中英《江宁条约》(通称《南京条约》)，该条约既有“大清”与“大英”的对称，又有“中国”与“英国”的对称，并多次出现“中国官方”“中国商人”的提法。此后清朝多以“中国”名义与外国签订条约，如中美《望厦条约》以“中国”对应“合众国”，以“中国民人”对应“合众国民人”。

历史上一段时间，“中国”并非我国的专称

古代中原人常在“居天下之中”意义上称自国为“中国”，但也有见识卓异者发现，“中国”并非我国的专称，异域也有自视“中国”的。曾西行印度的东晋高僧法显《佛国记》中说，印度人认为恒河中游一带居于大地中央，称之为“中国”。

明末来华的耶稣会士利玛窦、艾儒略等带来世界地图和五洲四洋观念，改变了部分士人的中央意识。例如，瞿式耜《职方外纪小言》云：“按图而论，中国居亚细亚十之一，亚细亚又居天下五之一，……戋戋持此一方，胥天下而尽斥为蛮貉，得无井底蛙之诮乎。”

清人魏源接触到更翔实的世界地理知识，认识到列邦皆有自己的“中国”观。《海国图志》卷七十四有云：“释氏皆以印度为中国，他方为边地。……天主教则以如德亚为中国，而回教以天方国为中国。”

近代学人皮嘉佑《醒世歌》一文道：“若把地球来参详，中国并不在中央，地球本是浑圆物，谁是中央谁四旁？”这都

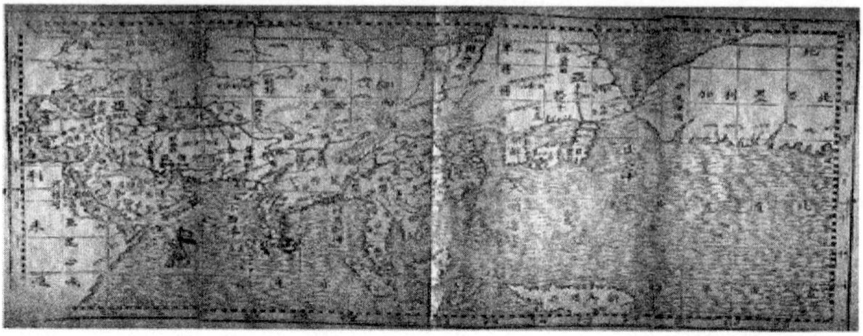

▲明末来华传教士艾儒略（1582—1649年）等带来世界地图和五洲四洋观念。瞿式耜《职方外纪小言》云："按图而论，中国居亚细亚十之一，亚细亚又居天下五之一。"这是对传统的"中国者，天下之中也"观念的理性反思与修正。上为艾儒略《职方外纪》中的世界地图。

是对传统的"中国者，天下之中也"观念的理性反思与修正。

近代中国面临西东列强侵略的威胁，经济及社会生活又日益被纳入世界统一市场，那种在封闭环境中形成的虚骄的"中国者，天下之中"观念已日显其弊，具有近代意义的"民族国家"意识应运而生，以争取平等的国家关系和公正的国际秩序。而一个国家要自立于世界民族之林，拥有一个恰当的国名至关重要。

"中国"作为流传久远、妇孺尽知的简练称号，当然被朝野袭用。梁启超、汪康年等力主，应当扬弃"中国者，天下之中也"的妄见，但"中国"这个自古相沿的名称可以继续使用，以遵从传统习惯，激发国民精神。他们指出，以约定俗成的专词作国名，是世界通则，西洋、东洋皆不乏其例。如果说，"大清"和"中国"在清末曾并列国名，交替使用，那么，辛亥革命以后，"中国"先后作为中华民国和中华人民共和国的简称，以正式国名被国人共用，并为国际社会所普遍认可。今人当在全面观照“中国”的古典义和现代义及二者的因革转化的基础上，使用“中国”一词。

本文发表于2013年3月11日《北京日报·理论周刊》文史版，
原题为《“中国”词义考》，
作者时任武汉大学人文社会科学资深教授、
中国传统文化研究中心教授

古代“中国”不一定指国家

张国硕

现代意义上的“中国”一词含义相对简单，一般不作他用，主要是指“国家”，专指中国之全部领土，具有地域、文化、政治、民族上的特定含义。古代的“中国”一词，其含义则较为复杂，且前后发展演变特性十分明显。

地域意义上的中国

地域意义上的中国，是指中心区域，即“天下之中”，与“中土”“中原”“中州”“中夏”含义相近。古代华夏族群活动于黄河中下游一带，以为是居天下之中，故称“中国”。最初主要是指以今河南省为中心的区域，后来随着华夏族群、汉族群活动范围的扩大，黄河流域乃至更广泛的区域被称作“中国”。西周文献有明确的地域意义上的“中国”观念。例如，《尚书·梓材》：“皇天既付中国民，越厥疆土于先王，肆王惟德用，和怿先后迷

▲何尊铭文拓片中有“宅兹中国”四个字（画线部分）。铭文记载了周成王继承周武王的遗志，迁都被称为“成周”的洛邑（今河南洛阳）这一重要史实，即“宅兹中国”。

民，用怿先王受命。”这里是说，上天既然已经把“中国”的臣民和疆域赐予周先王，当今的周王只有施行德政，教导殷顽民，使其心悦诚服，以此完成先王所承受的大命。这里的“中国”特指一定的区域，应为殷商王朝的中心地区。汉代以后文献常见地域意义上的“中国”，其范围有所扩大。例如，《史记·天官书》：“秦遂以兵灭六国，并中国。”此“六国”当包括齐、楚、燕、韩、赵、魏等诸国区域。《晋书·宣帝纪》：“孟达于是连吴固蜀，潜图中国。”此“中国”显然是指三国时期的魏国版图。

都城意义上的中国

都城意义上的中国，是国家政治中心的别称，专指都城、都邑、京师。例如，《诗·大雅·民劳》：“惠此中国，以绥四方……惠此京师，以绥四国。”《毛传》：“中国，京师也。”这里的“中国”与“京师”含义相同，特指周王朝的都城。东周文献常见以“中国”代表都城的记载。例如，《孟子·万章上》：“夫然后之中国，践天子位焉，而居尧之宫，逼尧之子，是篡也，非天与也。”孙爽《疏》：“所谓中国，刘熙云：‘帝王所都为中，故曰中国。’”这里是说舜到帝尧之都——“中国”继承“天子”之位。又如，《孟子·公孙丑下》记载一段齐王对大臣说的话：“我欲中国而授孟子室，养弟子以万钟。”这里是说齐王想在国都之中给孟子单独建一个馆所，送万钟的粮米来供养他的弟子。再如，《国语·吴语》记载越国在分析吴王夫差必败时说："吴之边鄙远者，罢而未至，吴王将耻不战，必不须至之会也，而以中国之师与我战。"韦昭注："中国，国都。"这里是说吴国必然会以国都中的兵力与越国作战。

族群文明意义上的中国

族群文明意义上的中国，即天下文明的中心。因古代华夏族群和后来的汉族多建都于黄河流域，政治优越，经济、文化发达，文明化程度远超于周围四边之地，是四方仿效的榜样，故称其所在地为"中国"，以对应周边地区的"四夷"。例如，《战国策·赵策二》："中国者，聪明睿知之所居也，万物财用之所聚也，贤圣之所教也，仁义之所施也，诗书礼乐之所用也，异敏技艺之所试也，远方之所观赴也，蛮夷之所义行也。"《左传·僖公二十五年》："德以柔中国，刑以威四夷。"《孟子·梁惠王上》："欲辟土地，朝秦、楚，莅中国，而抚四夷也。"这里的"中国"主要是指东周时期中原各诸侯国，部分等同于"华夏""中原"之含义。西汉司马迁《史记》在记载中原诸侯与秦国、吴国交往时，也往往用"中国"一词，如《秦本纪》："秦僻在雍州，不与中国诸侯之会盟。"《吴太伯世家》："自太伯作吴，五世而武王克殷，封其后为二：其一虞，在中国；其一吴，在夷蛮。"汉代以后，"中国"一词也泛指中原各族群居地。

国家意义上的中国

国家意义上的中国，专指中国境内尤其是黄河流域建立的单一的国家。例如，《汉书·陆贾传》：“皇帝（刘邦）……继五帝三王之业，统天下，理中国。中国之人以亿计，地方万里，居天下之膏腴……”这里的“中国”指的是汉帝国，表示汉王朝有效统治的整个区域，自称“中国”。明清时期，在对外交往中，也常常自称“中国”。例如，《明史·外国七》：“意大利亚，居大西洋中，自古不通中国。”需要指出的是，中国古代历史上没有哪个朝代以“中国”为正式国名。只是到了1912年中华民国成立时，“中国”才正式成为“中华民国”的简称，当今“中国”又成为“中华人民共和国”的简称。

考古学文化意义上的中国

考古学文化意义上的中国，即并存的多支考古学文化联系密切，形成的“文化圈”或“相互作用圈”被认定为“最初的中国”或“早期中国”。20世纪六七十年代，相当多的学者认识到黄河流域是中国历史发展的中心区域，早在史前时期该区域就以核心作用和影响力将各地维系为一个整体。例如，1968年张光直先生认为自公元前4000年左右开始，有土著起源和自己特色的几个区域文化，由于彼此影响和碰撞相互联结组成一个更大的“相互作用圈”，这个作用圈形成了历史时期中国的地理核心。到了20世纪80年代，严文明先生提出中国文明起源的“重瓣花朵”模式，认为史前文化是以中原地区为核心、分层次的“重瓣花朵”式格局。近些年来，部分学者开始尝试以考古学材料直接认定“最初的中国”。例如，韩建业先生认为先秦时期存在一个“早期中国文化圈”，早期中国萌芽于公元前6000年前后，正式形成于公元前4000年前后。在庙底沟时代，中原地区的仰韶文化迅速发展，文化的扩展自然形成三个层次的圈层结构，这标志着文化意义上早期中国的正式形成。此外，李新伟先生认为在公元前3500年至前3300年左右，“也就是仰韶文化庙底沟类型的中晚期、大汶口文化早期晚段、红山文化中晚期、崧泽文化中晚期和凌家滩遗存时期”，各种史前文化交相辉映，建立起远距离的“社会上层交流网”，逐步形成一个“相互作用圈”，“最初的中国”喷薄而出。

五种含义基础上的“最早的中国”

古代“中国”一词的含义较为复杂，且具有发展演变特性，主要有地域、都城、国家、华夏族群文明四种含义，当今学界又从考古学文化角度认定某一文化圈具有“中国”的属性。学界有关何为“最早的中国”之争议，是建立在这五种“中国”含义基础上的、不同学者的不同认识或解读。探讨何为“最早的中国”的标准，须满足三个基本条件，即地理范围上局限于黄河流域，社会形态须进入早期国家阶段（包括邦国和王国）以后，文化发展占优势地位。满足这三个基本条件的“最早的中国”，时间上大约为龙山时期到汉代之间，空间上主要位于黄河中下游地区的广义中原区域。目前明确记载、较为可信的地域意义上“最早的中国”主要是指西周初期的伊洛地区（今洛阳一带），也泛指殷商王朝的中心地区；都城意义上“最早的中国”是西周时期的洛邑等都城；族群文明意义上“最早的中国”应为春秋早中期之交的华夏诸侯分布区；而国家意义上“最早的中国”大约是在西汉帝国以后。从考古学文化意义上探讨何为“最早的中国”，指向龙山时期的陶寺文明最有说服力，其应为目前所知“最早的中国”。在认同存在夏王朝、二里头文化为夏文化的前提下，以二里头遗址为代表的二里头文化无疑算作“最早的王国”，也应是当时的“中国”。

本文发表于2019年11月25日《北京日报·理论周刊》文史版，
原题为《古代“中国”涵义种种》，
作者时任郑州大学历史学院教授、博士生导师

中国人为什么称为“龙的传人”

田兆元

中华文明起源于八千年前，经过了三千年的演进，在五千年前形成了成熟的文明与多元一体的形态，形成了具有认同感的符号。

距今五千年左右，形成了成熟的“龙的传人”的文化符号

中华文明的龙文化起源可以上溯到八千年以前。比如，东北辽宁的查海文化，那里有距今八千年的摆石塑龙，是迄今为止发现的最早的龙文化形象。而在西北陕西北首岭也有距今七千年的龙文化的前身。中国东北和西北地区的龙的形象在六千年前进入了中原，这就是在濮阳发现的所谓的摆石塑龙，其实这已经是北方广大地区共享的龙文化了。

而此前在中国的东南地区，主要存在的还是以鸟为主要崇拜对象的文化群体。例如，河姆渡的以双凤朝阳为代表符号的文化群落，是凤文化的早期代表。早期中华文明北方以龙文化为主导，南方以凤文化为主导，这是学界的基本共识。凤文化北上西进交流，龙文化南下东进辐射，是中华文明发展的大势。

当我们发现在湖北黄梅焦墩有距今五千年到六千年的一条七米长的卵石摆塑龙时，认识到龙文化已经跨越黄河、长江两大流域，成为中华文明的重要信仰了。同时，在凌家滩大型新石器时期的遗址发现，那里距今五千年的玉龙、玉鹰，以及八角太阳纹，则是长江流域龙凤融合的鲜明证据。距今五千年的良渚文化，以玉琮为代表的玉器，其上的神纹，已经与商周青铜器饕餮纹饰相一致，成为殷商文明的源头之一。而距今五千年左右上海福泉山遗址的龙凤交融的图案已经成了广泛认同的器物图案造型。

距今五千年左右，成熟的中华文明形成了。从那时起，中国的信仰文明、生产文明、生活文明，以及物质文明便形成了基本的文化系统。以龙凤为中心的图腾信仰系统便一直传承发展到今天。这就是我们通常所说的中华文明上下五千年，这在考古学上有充分的证据。从那个时期起，形成了成熟的“龙的传人”的文化符号。

同时，五千年的连续文明也得到了中国神话与历史叙事的证明。两千年前的文献将夏商周的历史时限确定在四千一百年前，那是夏启开启的早期国家形态时期。此前，还有远远超出千年的神话叙事谱系。《尚书》记载了尧舜的天下治理时期，这是先秦的基本历史文献，我们现在一般将尧、舜、禹的故事视为神话与历史交织的叙事。尧舜时期是中国历史上文化道德的黄金时期，其形成不是一代人可以完成的。而大禹治水定九州，也不是一代人可以完成的伟大事业。尧、舜、禹时期分别是一个漫长的历史阶段。尧、舜、禹是这一时期的代表。

在其上之颛顼、帝喾，都是在神话和信仰历史上的重要人物，重要氏族，即高阳氏、高辛氏，是一个时代。而炎帝、黄帝，有文献明确记载的是各有八代，炎帝、黄帝只是名号，担任炎帝和黄帝职位的是不同的氏族首领。比如，炎帝神农氏，炎帝蚩尤氏，也可以是炎帝榆罔氏。而从伏羲女娲开始的时代，往后一共传了十五代到神农氏时代。晋代皇甫谧《帝王世纪》的这些历史记载，不是虚构的。他记载的夏王朝十九代是清晰的，怎么会杜撰出伏羲到神农间的这十五代首领呢？而在汉代班固的《汉书·古今人表》中也有相同的谱系。在班固的年表、皇甫谧的谱系里，中国的历史比较清晰地达到了五千年以上。这并不是他们个人的想象，而是对于那一时代具有共识的神话传说与历史的整理。传说伏羲氏以龙纪官，伏羲氏人首龙身，这在后世的主流图像、主流话语中是被广泛认同的。

我们发现，神话和历史的叙事与考古的发掘能够对接起来：就是在五千年前，龙文化的信仰普遍发生，而有代表性的以龙为形象的祖先伏羲氏女娲氏诞生了。五千年前的考古实物确证了从北方起源的摆龙族与玉龙族来到了中原，来到了南方，形成以龙文化为主导、多文化信仰相辅相成的神州格局，建立了基本的一体多元文化模式，形成了成熟的五千年前的文明。中国五千年前的文明不是碎乱状态，而是形成了以主流文化为主导的统一的文化形态。

“龙的传人”的中华文明连续不断的奥秘

埃及文明被亚历山大征服，早已改变了形态，而两河流域的文明破碎，陷入乱局。“龙的传人”的中华文明为何连续不断？其奥秘何在？

一体多元的文化格局是中国文化长期延续发展的保障。在中国历史上，对于龙文化的崇拜始终是主流文化，无论是伏羲女娲时期还是夏商周时期，甚至是明清时期，这种信仰始终没有改变过。到了晚清时期，黄龙旗还成为国旗在国际上交流，代表中国形象在世界上传播。历史上无论哪一个民族主导国家政权，都将龙作为帝王的化身，作为国家最高权力的化身，同时也是整个民族最为吉祥的符号，这是共识。在传统国家体制下，民众也有自己的信仰空间，各民族也有自己的信仰，多元化保障了文化的多样性。一体与多元形成一种稳定的结构，也形成和谐的文化生态，这样就避免了尖锐的文化冲突。中国历史上曾经有着民族间的征战，但是并不存在尖锐的内部的文化冲突，文化既是多元共生的，又是统一的。多元的前提是统一，没有一体就没有多元，那就只有无休止的纷争。

中国文化的包容开放与创新支持文化长期延续。中国的龙文化不是保守的，而是不断调适的、包容的，形成了博大丰富的内涵。曾经有帝王想独占龙文化资源，但是这份全民族的宝藏必须民族成员共享。所以我们看到，民间也在享用龙文化这一符号。比如，龙舟竞渡，自两宋以来，民间社会龙舟竞渡蔚为大观，极大地促进了文化认同，形成了官民一体的共同习俗。外来佛教的龙文化进入中国，很快就加入了中国龙文化体系，而随着海洋文化的拓展，龙王的文化发展起来了，于是有了四海龙王。现在我们分不清哪些是原始的龙文化，哪些是后期加入的龙文化，也分不清哪些是外来的龙文化，哪些是本土的龙文化。龙文化的发展融中外古今文化精华为一体，所以与时俱进，日新其业，生生不息。中国文化连续不断的文明是一种发展的创新性的延续，绝不是故步自封的。

龙文化符号化为智慧的化身，也保障了中国文化连续不断。《周易》之《乾》卦，以龙为喻，深刻表现了中庸平和的生活态度。强调潜龙在渊、见龙在田、飞龙在天不同状态下的不同生活态度。终日乾乾之谨慎始终是正面的态度，而亢龙有悔则是对于冒进的警告。这样一种以龙为喻的生活智慧，保障了文明的稳健发展、持续发展，防范轻率的态度造成文明的中断。在今天看来，这种态度依然是中华民族屹立于世界的基本姿态。

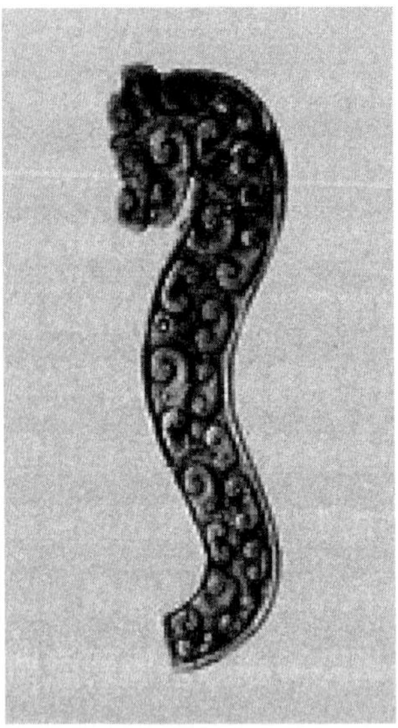

▶战国夔龙形佩。战国早期的玉器，龙身中部偏上钻一个透孔，颈部钻两个透孔，可以穿缀，应为组佩的饰件之一。1951年出土于河南辉县赵固村。

所以，作为“龙的传人”，中华文明起源于八千年前，经过了三千年的演进，在五千年前形成了成熟的文明与多元一体的形态，形成了具有认同感的符号，开始“龙的传人”的整体进程。经过五千年的包容创新性发展，具有不可战胜的韧性与活力，在当今世界呈现出无限的活力。中华民族的文化自信，就是建立在这样坚实的文化基础之上。

本文发表于2017年11月27日《北京日报·理论周刊》文史版，
原题为《“龙的传人”文化符号形成的历史依据》，
作者时任华东师范大学社会发展学院副院长

龙图腾是怎样形成的

向望溪

历史记载和考古发掘反复证明，龙是中华民族远古的图腾，这是毋庸置疑的。

至于龙的形象如何形成，闻一多先生的推测是很有道理的。他认为是以蛇为图腾的氏族或部族为主体，在氏族融合过程中，吸取了其他氏族图腾的部分器官，形成了复合的龙图腾形象。其他学者更补充论证说：大蛇为蟒，蟒与龙古音相近。中国古代以蛇为图腾的部族非常多。后来，牛图腾、虎图腾、蛙图腾、马图腾、鸡图腾、鹿图腾、鹰图腾、犬图腾、蜥蜴图腾的许多氏族被兼并、融合进来，使蛇的形象不断变化，最后形成了龙。古“龙”字的偏旁保留了“巳”字，巳即蛇之象形。蛇龙混杂不分，是有许多文献记载的。这种图腾的融合，是中华文化所特有的，表现了中华文化的民族精神——和合性（或曰“协和万邦”的协和性）。

在上古图腾时代，龙是作为图腾而受到崇拜的。图腾是氏族、部族的祖先和标志，在氏族中，每个成员都是龙子龙孙，都是龙。文明时代以后，人们的图腾意识逐渐淡化，神话的怪力乱神也受到了质疑，龙的形象就发生了变化，逐渐变成英雄的祖先和杰出人物的象征。孔子把他所崇敬的老子称为龙，这

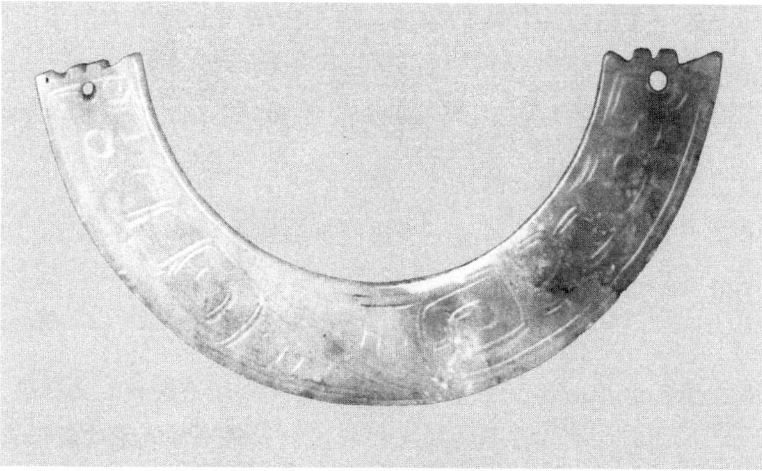

▲西周龙纹玉璜。西周晚期玉璜，河南省三门峡市虢国墓地出土。玉璜体表雕琢对称龙纹，尾部彼此叠置或相互缠绕的图案设计在西周中晚期较为常见。从该玉璜的大小和两端穿孔判断，当为佩饰用玉。

龙已成为比喻和象征：犹龙。从秦始皇开始，龙又成了皇权的象征，一般人更难以僭越了。到19世纪，龙登上国旗代表中国，龙的国民意识又有所增强。民国初期，鲁迅在教育部时，曾参与设计国徽，它上面中间是太阳，下面两边就是龙和凤，仍然以龙凤为中国之象征。闻一多《伏羲考》追寻龙形成的历史，认为："总之，龙是我们立国的象征……现在变为每个中国人的象征了。"闻一多先生还说："古代几个主要的华夏和夷狄民族，差不多都是龙图腾的民族。龙在我们历史与文化中的意义，真是太重大了。"其实，不只古代，近现代的许多民族仍然保持龙的信仰，有些民族中有龙图腾，有些原本不是以龙作图腾的，如浙闽的畲族原是犬图腾，后已变为"龙犬"，图腾的形象为龙头狗身。有关龙的民俗到处都有，尤以划龙舟与舞龙为盛。

如今龙已成为华人的象征，成了中华民族凝聚力的象征，和合文化的象征，中华腾飞的象征，中华民族繁荣、兴旺、幸福、欢乐的象征。全世界各地的华人，都以我们是“龙的传人”而自豪，都要发扬龙的精神，和合、进取、乐观、向上，都要继承中华文化的优秀传统，为建设更美好幸福的和谐社会、和谐世界而共同努力。

本文发表于2017年11月27日《北京日报·理论周刊》文史版，
原题为《龙：中华民族腾飞与繁荣的象征》，
作者为文史学者

从《霓裳羽衣曲》改编自胡乐说起

叶　朗

近年来，随着中国国力的增强和在国际舞台上的地位日益提高，世界上一些地方出现了一种“中国威胁论”。这种“中国威胁论”和“文明冲突论”纠结在一起，向世界传播一种观念：不同文明之间必然发生冲突，一种处于强盛时期的文明必然殖民、扩张、称霸，输出自己的文化，用自己的文化来消灭、代替异己文化。例如，亨廷顿说：“文化几乎总是追随着权力。历史上，一个文明权力的扩张通常是同时伴随着其文化的繁荣，而这一文明几乎总是运用它的这种权力向其他社会推行其价值观、实践和体制。”按照这种观念，中国的崛起意味着西方国家的利益和安全受到了潜在的威胁。

这种“中国威胁论”起源于西方人对非西方文明的误解，其原因既有现实因素，也有文化和思维方式上的隔膜。西方人根据自己的历史和文化来解释历史、文化、思维方式不同的人的行为。他们把中国的变革和发展纳入西方曾经经历过的“发展阶段”中，以此论证中国崛起后必然像他们自己过去那样殖民、扩张和称霸。他们的思维方式是用一种普遍主义来理解“文明”，认为人类文明只可能有一条发展道路，也就是他们已经走过的道路。

但是，人类文明并不是只有一种模式，也不是只有一条发展道路。中国历史表明，当中华文明处于强盛时期时，它具有一种开放性和伟大的包容性。它对于外来文明，不是拒绝，而是尊重、吸纳、包容，求同存异，和谐相处。唐太宗开启的大唐盛世和宋元时期的贸易大港泉州的历史就是很有说服力的例证。

唐太宗开启的大唐盛世在文化上显示出一种开放和包容的态势

大唐盛世在文化上具有开放和包容的姿态。例如，在艺术领域，隋朝的九部乐到唐朝时增为十部乐。九部乐、十部乐不仅包含汉族乐舞和新疆地区少数民族的乐舞，而且包含印度、缅甸、柬埔寨等许多外国的乐舞。对外来音乐的喜爱从宫廷、贵族传到城市居民各个阶层，所谓“洛阳家家学胡乐”，成了一种时尚。五弦琵琶、箜篌、觱篥、横笛、羯鼓等外来乐器也大为普及。传为唐玄宗游月宫回来创作的《霓裳羽衣曲》，其实是来自西凉的《婆罗门曲》，经唐玄宗改编而成，因此应该看作汉乐和胡乐融合而成的一项艺术成果。

和胡乐相伴的是胡舞，其中最有名的是胡旋舞（来自康国）、胡腾舞和柘枝舞（来自石国）。白居易等许多唐代诗人都描绘过胡旋舞。当时在宫廷中经常表演胡乐和胡舞。据记载，舞蹈家谢阿蛮进宫表演胡舞时，“宁王吹玉笛，上（李隆基）羯鼓，妃琵琶，马仙期方响，李龟年觱篥，张野狐箜篌，贺怀智拍板。自旦至午，欢洽异常”。伴奏的这些乐器多数是外来的胡乐器，而演奏者都是当时最高水平的音乐家。唐玄宗李隆基吹奏玉笛和敲击羯鼓都达到极高水平。当时的重臣宋璟也善羯鼓。他演奏时，“头如青山峰”“手如白雨点”，充分发挥了羯鼓作为“八音之领袖”（李隆基语）的功能。

大唐帝国这种开放、包容的文化环境吸引了许多国外艺术家来华，其中包括非常杰出的画家、歌唱家、舞蹈家和乐器演奏家。例如，唐初来华的天竺僧昙摩拙叉、康国人康萨陀、狮子国人金刚三藏等人，都是擅长画佛画的画家；唐末来华的竺元标是天竺画家。还有许多来自中亚地区的歌唱家、舞蹈家和乐器演奏家，如唐高祖时被封为散骑常侍的舞胡安叱奴、玄宗时被封为国公的优伶安金藏，都是安国人；中唐时著名的歌唱家米嘉荣、米和父子都是米国人；琵琶高手康昆仑是康国人；琵琶世家曹保和他的儿子（曹善才）、孙子（曹纲）是曹国人。

在宗教领域，唐王朝也采取开放、包容的政策。例如，从两汉之际开始传入中国的佛教，到了唐代已融入中国的文化与社会。玄奘大师贞观元年（627年）赴印度取经，于贞观十九年（645年）回长安，带回了佛教经、律、论各类经典657部。唐太宗非常高兴地接见他，请他在弘福寺翻译梵文经卷，还让宰相房玄龄、许敬宗挑选五十多位学识渊博的佛教徒帮他翻译。玄奘本人翻译的佛经有75部，1335卷。玄奘之后，有义净从海路经苏门答腊等地赴印度取经，从671年到695年，前后二十五年，带回梵本经、律、论近400部。女皇武则天亲自到上东门外迎接，极其隆重。义净主持的译场前后十六年，共译经56部、230卷。参译者共八十三人，其中有十三位外国人，还有三十二位官员。官员中有十一位宰相（含“同中书门下三品”），如尚书左仆射韦巨源、苏瑰、行太子少师唐休璟、太子少保兼扬州大都督韦温等人充任“监译”，守兵部尚书韦嗣立、守中书侍郎赵彦昭充任“翻经学士”。如此大规模和高规格的翻译队伍，在世界范围内也属罕见。仅此一端，即可充分显示出大唐帝国吸收、包容外来文化的广阔胸襟。此外，基督教最早传入中国也是在唐太宗时期，那是基督教的一个派别，叫聂斯脱利派。当时唐朝的外来宗教还有袄教和摩尼教。

由于大唐帝国在文化上的开放包容，当时长安成了一个世界上人口最多、最繁华的国际性大都会，从世界各地来的外交使节、商人和留学生挤满了长安。长安的鸿胪寺接待过七十多个国家的外交使节，而且他们大多率领着庞大的外交使团，出现了“万国衣冠拜冕旒”的盛世景象。来唐使节最多的是日本、新罗和大食。日本曾先后向唐朝派遣十多次“遣唐使”，包括留学生、学问僧和各种类型的专业人士、工匠，每次有数百人，最多达到七八百人。新罗常年居住在唐朝的留学生达到了一二百人。当时的长安城中“胡服”盛行，胡风弥漫。来自中亚、西亚的商人在长安等地开了许多酒店、珠宝店、杂器店。胡商经营的酒店中有西域名酒（如高昌产的葡萄酒、波斯产的三勒浆以及龙膏酒等），还有富有异国情调的胡姬当垆。胡姬是来自中亚、西亚的女子，能歌善舞。到胡姬酒店中饮酒聚会

▲章怀太子墓出土的《客使图》，生动再现了唐代对外交流的盛况，体现出文化理念上的开放性。

成了一时风尚。李白的诗中常有这一类记载，如“胡姬貌如花，当垆笑春风”（《前有樽酒行》），“落花踏尽游何处，笑入胡姬酒肆中”（《少年行》之二）。这种胡风、胡俗的盛行，显示出一种蓬勃的朝气和青春的旋律，正是学者们盛赞的盛唐气象的一个特色。

宋元时期的贸易大港泉州堪称中华文明开放性和伟大包容性的一个典型

泉州（古名“刺桐”）在唐代就是中国四大对外贸易港口之一。宋元两代进入全盛时期。当时到过泉州的一位犹太商人这样记录泉州的情形：“这是一座极大的贸易城市，商人在此可以赚取巨额利润”“因为街上有无数油灯、火把，到晚上把城市映照得特别灿烂，所以人们把这座城市称为‘光明之城’”。在这个繁华的贸易港口城市，人们看到的是一种多元文化的局面。“每个民族都有自己的居住区、寺庙、街道、旅馆、库房”“他们既不像刺桐人那样吃东西，也不遵循他们的习俗习惯，每种民族的人都按自己的方式生活”。这位犹太商人还特别强调，“所有人都被允许按照自己的信仰来行事，因为他们的观念认为每个人都能在自己的信仰中找到自己灵魂的拯救”。

当时的泉州除了犹太人，还生活着大量的阿拉伯、波斯的穆斯林，他们多数经商，但有的也担任官职，还有不少人与泉州人成婚。他们在这个地区自由传播他们的宗教文化。泉州涂门街的清净寺就是北宋大中祥符二年（1009年）建造的。这是中国现存的最古老的伊斯兰教寺。基督教也在这里传播。当时有两个派别：一个是聂斯脱利派（景教），另一个是天主教的圣方济各会派。佛教很早就传到了泉州。最有名的寺庙是始建于武则天年间的开元寺。开元寺集中体现了多元文化的并存：除了汉传佛教和藏传佛教的艺术外，还有印度教题材和风格的石柱，西亚风格的狮子浮雕，欧洲风格的有翼天使式的飞天。

宋元时期泉州的文化多元并存局面，促使不同信仰、风俗之间出现一种互相影响和互相融通的趋势。从现在保存下来的一些墓葬石刻可以看到，有的信徒信仰伊斯兰教，同时也信仰佛教。有的基督教徒的碑文完全依据儒家礼仪的规定撰写。有的基督教徒的墓碑上既刻有天使、十字架，也刻有佛教的华盖、莲花。有的基督教徒的墓碑上还刻有伊斯兰教的标志。

总之，泉州出土的大量须弥式石墓“混合了印度、波斯、希腊、大夏、安息、罗马和中国的不同文化因素”。这是世界多元文化在泉州混合并存的证明，是一个文化上的奇观。

中华文明的开放性和伟大包容性，植根于中国文化的深层哲学和信念

唐太宗开启的大唐盛世和宋元时期泉州的历史说明，中华文明在强盛时期，对于外来文化确有一种开放性和伟大的包容性。对于外来的异质文化，一方面接纳它们，包容它们，尊重它们自己的特色；另一方面又把外来异质文化中的一些成分、因素吸收融合进来，充实、丰富我们自己民族的文化。用费孝通先生的话概括，这种对于不同文化、不同文明的态度，就是“各美其美”“美人之美”。

中华文明的这种开放性和伟大包容性植根于中国文化的深层哲学和信念，就是“物一无文”“和而不同”“和实生物、同则不继”的哲学和信念。“同”就是“一”，也就是绝对的同一，排斥异质的文化因素和文化成分。在中国哲学看来，“同”就不可能有生命，不可能有创造，不可能有发展。“和”则是不同文化成分、因素相互之间的和谐共处。“和”，要求容纳别人，谅解别人，进一步还要欣赏别人，也就是“各美其美”“美人之美”。所以“和”就意味着包容，意味着开放。中国人把自己的文明理解为一个包含多种因素，可以不断生发出新的意义和创造出新的价值的复杂系统，所以不会对新加入的因素抱有恐惧和敌视的态度。正因为如此，中华文明才能在漫长的历史中保持自己的生机和活力。

历史上中华文明处于强盛时期的这种开放性和伟大包容性，为我们观察和思考世界上不同文明之间的关系提供了一个

不同于亨廷顿“文明冲突论”的新的眼光、新的思维框架。也就是说，不同文明之间，不是必然互相仇视，互相冲突，而是有另外一种可能，可以和平共存，甚至可以在某些方面互相吸收、互相融合。

亨廷顿用西方传统哲学的观念，把文明看成一种“实体”。“实体”就要划清自己和他人的“边界”，所以一种文明与另一种文明的界限（“我们”和“各种他们”的区别）是最重要、最真实的。出于这种观念，一些西方人所追求的文化的发展，就是用自己的文明占领全球的殖民愿望，追求建立“日不落”帝国。亨廷顿认为，一种文明和一个人一样，要自我认识、自我确证，就需要树立一个与自己对立的“他者”。这种观念的实质是用造就敌人来寻求自己的定位和发展的动力。按照这种观念，爱我的文明，就必须憎恨非我的文明，“美人之美”是不可能的。亨廷顿把西方文化这种憎恨异己的不宽容的精神加以普遍化、绝对化了。

但是，中国人不是这样。《论语》一开头就写着孔子的教导：“学而时习之，不亦说乎？有朋自远方来，不亦乐乎？”就发展自我、赋予新意义而言，中国人把“学”放在最显眼的位置上。这表明，在中国人看来，通过学习来打开视野，提升自我，这就是最美好的事，用不着非得找个敌人踩在脚下才高兴。玄奘和义净先后赴印度取经，一个十九年，一个二十五年，表明中国人对于学习异质的文化有很高的热情。明朝士人李之藻主张对外来的基督教采取包容的态度，理由就是可以“藉异己之物，以激发本来之真性”。这都说明在中国人看来，外来的文化因素有助于本土文化的发展。孔子的第二句话表明，中国人向来把来自远方的人先当作可尊敬的朋友看待，并且真诚地相信他们身上必有值得学习、借鉴的地方。亨廷顿的观念是用造就敌人来寻求自己的定位和发展的动力，中国人则是通过学习他人和迎接朋友来提升自己。中国人追求的是展示自己文化的魅力，所以中国人的理想不是“日不落”，而是“近悦远来”（悦近邻，来远人）。亨廷顿强调文明的“冲突”，中国人追求的是文明的和谐共处与和谐交流。

中国文化关注现实人生的价值甚于精神领域里的抽象理念，这种眼光蕴含着一种文化上的开放性和包容性

在中国传统文化的观念中，人的生命和宇宙的创化高于一切。中国文化看重人的生活世界，关注现实人生的价值甚于精神领域里的抽象理念。正因为如此，对于一种外来文化、宗教的认可与否，主要取决于它是否有益于老百姓的民生福利，以及它是否有益于世道人心（它的伦理内容），至于它的抽象理念包括它的教义、戒律等则并不苛求与自己绝对相同。也就是说，中华文明对外来文化认同的着眼点不是抽象的理念，而是是否有益于老百姓的民生福利和社会的和谐安定。这种着眼点，蕴含着一种文化上的开放性和包容性。

这种生活世界的“认同”（民生认同、人伦认同）显然比理念世界的“认同”（教义认同、思想体系认同）具有更大的包容度，也具有更实在的基础。人类在最基础的生活层面的一致以及在最基本的伦理道德层面的相通，是不同文明之间可以沟通、交流和谅解的最可靠保证。这种沟通和谅解就是生活世界的“认同”。理念世界的“认同”是绝对的同一，而生活世界的“认同”则是“和而不同”“求同存异”。正因为中国人的观念是“和而不同”，所以中国从来没有出现过欧洲中世纪那种用残酷的火刑迫害异端的宗教法庭，也没有出现过欧洲那种大规模的宗教战争。

总之，中国的历史表明，世界不同文明之间并非只有互相冲突这一种选择。“文明冲突论”不适用于中华文明的过去，也不适用于中华文明和平发展的未来。中华文明信奉“和而不同”“和实生物”的哲学。这种“和”的哲学和开放、包容的精神是中华文明生生不息的强大生命力的体现。

本文发表于2014年7月21日《北京日报·理论周刊》文史版，
原题为《谈中华文明的开放性和包容性——
以唐太宗开启的大唐盛世和宋元时期泉州的历史为例》，
作者时任北京大学教授

五千年中华文明，三千年与运河有关

邹逸麟

人们常说的中华五千年文明史，其中有三千年与运河有关。

中国运河在世界运河史上有着独特的地位

以运河的延伸长度而言，在公元前3世纪的秦代，运河已经沟通了黄、淮、江、钱塘、珠五大水系。3世纪的曹魏时代，运河的北端已向北延伸至今河北省北部的滦河下游。7世纪的隋唐时代，北抵北京、西达西安、南至杭州的南北大运河全长约两千三百公里。元明清时代的京杭大运河，从北京至杭州，全长两千余公里，如果将浙东运河也计在内，则又要加上一百二十余公里，无疑为世界之最。

以运河维持时间之久而言，公元前5世纪开凿的邗沟运河，至今仍然是江淮之间的水运干道，历时两千五百余年。秦始皇时代开凿的沟通湘、漓二水的灵渠，至今仍有航运、灌溉之利。今镇江至杭州的江南运河，最早形成于秦代，更是当今长江三角洲地区重要的水运航路。形成于13世纪的山东运河，在今天济宁以南的鲁南运河段，仍然担负着苏、鲁之间重要的水运任务。历史上人工运河的航运功能维持如此之久，在世界范围内也是绝无仅有的。

以运河工程之伟大和艰巨而言，灵渠是世界上最早的越岭运河。京杭大运河的山东运河段沿途山峦起伏，全长约三百公里。因地处山东地垒西缘，运河所经的地势中间高、南北低，沿运需要分段建闸节水，才能通流，全线最多时建五十余闸；又因水源缺乏，将沿运地区数百眼泉水，开挖明渠输送入运，并建四大水库以供蓄泄。其工程之浩大、艰巨是世界上任何一条运河都无法比拟的，堪称世界运河工程之最。

漕运制度成为我国秦朝以后历史上特有的国家基本制度

早在春秋战国时期，诸侯国林立，各国间战争频繁，互相攻伐，而又互相交往。由于军事征伐和政治、经济交流的需要，为了弥补我国北方大部分天然河流都是东西流向的不足，于是就出现了沟通南北的人工运河。为什么我国运河最早出现在河淮之间，如春秋时代楚国的扬水、吴国的邗沟以及战国时代魏国沟通河、淮的鸿沟运河？因为这里是我国南北经济和文化的过渡地区，由此反映出人们很早就有沟通南北的需求和意图。

公元前3世纪秦始皇统一六国，形成了多民族的统一国家。此后，两汉、西晋、隋、唐、元、明、清所建立的统一王朝占了我国历史上大部分时间。在这漫长的历史时期，作为全国政治中心的首都，除了明初的二十几年外，大都建立在黄河流域。唐代中叶以前，我国的经济重心在黄河中下游地区。唐代中期安史之乱后，直至宋代，我国经济重心转移到了长江中下

▲《潞河督运图》（局部）。绘制于清朝乾隆年间，这是一幅记录清朝乾隆年间潞河漕运经济、商贸及民俗盛况的画作。以北京通州北关闸为起点，一直通到海里，这段河道就叫潞河，是中国元明清三朝的国家漕运枢纽、商业交通要道。

游地区。此后统一王朝的政治中心和国防前线所需要的包括粮食在内的各种物资，都需要从经济重心地区缴纳、输送。而漕运是最理想的运送方法，因此，运送各种物资供应京师和边防的漕运制度，成为我国秦朝以后历史上特有的国家基本制度。开凿人工运河和维护其正常运行，成为历代王朝最关注的水利工程。

与此同时，漕运自产生之日起，便是一项社会性很强的经济活动，涉及社会的许多领域，诸如国家政局的稳定、战争的成败、农业经济的发展、商业经济的繁荣、交通运输的畅达、区域社会的开发、社会生活的安定等。尤其是封建社会中期以后，漕运发挥了越来越广泛的社会功能，粮食的运输仅是漕运的一个内容，漕运实则已经转变为统治者手中的调节器。对社会进行广泛的调控，对许多不安定的社会因素和失衡的社会现象，统治者都借助和倚重漕运（或漕粮），以达到平息和制衡的目的。此外，漕运还起着一些不属于封建朝廷控制范围、客观上却十分积极的社会作用，诸如促进商品的流通，刺激商业城市区的繁荣，促进商业性农业的发展，加强各地经济文化的交流等。

运河在客观上巩固和维护了国家的统一

隋炀帝敕穿江南河，为的是加强中原王朝与分离了三个世纪的南方地区的联系，进一步巩固新建的统一政权。隋炀帝大业四年（608年）开永济渠至涿郡（今北京城西南部），将从全国征集来的兵员、军械、粮食及有关物资，运送并集中于北方重镇涿郡，是为了征伐高丽，保卫北方的边陲。南北大运河对隋统一王朝的建立和巩固，无疑起了关键作用。

唐代首都长安地处关中平原，“关中号称沃野，然其土地狭，所出不足以给京师，备水旱，故常转漕东南之粟”。唐朝人对运河的社会功能有不同看法。皮日休《汴河怀古》：“尽道隋亡为此河，至今千里赖通波。若无水殿龙舟事，共禹论功不较多。”李敬方《汴河直进船》：“汴水通淮利最多，生人为害亦相和。东南四十三州地，取尽脂膏是此河。”虽然对运河的功过评价不一，但认为对唐王朝具有重要性却是一致的。

明代永乐年间定都北平后，恢复元代京杭大运河，朝廷对其依赖更甚于前代。“国家财赋，仰给东南”，是明代大臣论及漕运问题的奏章里最普遍、最常见的用语。刘天和《问水集》卷五《治河功成举劾疏》：“臣窃惟运河国计所系，凡宗庙军国之需，营建宴赏之费，与夫四夷薄海之朝贡，京师万姓之仰给，举由是以达。”当时燕京“九重之供亿，六军之储需，咸取急焉。所赖以灌输者河道也”。此外，京师亿万民众生活所需皆仰给出于运河。所谓“京师之地，素称瘠土，衣食百货仰给东南，漕河既废，商贾不通，畿甸之民，坐受其困”。大运河是京城和江南之间主要的交通运输线，江南所产的各种物品几乎都通过大运河输送至京师。可见大运河是明代京师赖以生存的生命线。

清代对漕粮的需要超过历朝历代。清朝时少数民族入主中原，为了巩固其统治，朝廷官吏实行汉满双轨制，故机构庞大，京师附近十多万八旗驻军及其数十万不劳而食的家属均由朝廷供养米粮，故其需求远超其他朝代。漕运还负责全国各地驻防军的粮饷。

综观自秦汉以来，中华文明能久盛不衰，并能延续数千年，没有统一巩固的政治局面和发展是不行的。而这种局面的巩固和发展，运河曾起了很大的作用，故其对中华文明的发展厥功至伟。

本文发表于2018年7月23日《北京日报·理论周刊》文史版，
原题为《运河对中华文明的发展厥功至伟》，
作者时任复旦大学中国历史地理研究中心研究员

赵文化的“双重性格”

李学勤

近年来，在中国学术界有一个新观念：中国自古以来是一个多民族、多地区的国家。这在几十年前还不是那么被重视，而现在已经被进一步认识到，因此区域文化的研究和发展在这些年是逐渐进步的。区域文化也有不同层次，有的范围很广，有的范围则比较窄。区域文化研究的萌芽相当晚，据我个人了解，20世纪30年代学术界成立了吴越文化研究会，吴越文化是中国最早提出的区域文化，40年代兴起的是巴蜀文化，新中国成立以后最早开始研究的是楚文化。

赵文化研究虽然兴起比较晚，却是备受关注的一种区域文化

1987年，我们曾在邯郸召开过“全国第一届赵文化研讨会”。会后这些年，学者们对赵文化的研讨是相当突出的，也有非常重要的意义。所以，赵文化是近年来在“中国自古以来就是一个多民族、多地区国家”的观念下，进行中国古代区域文化研究的一个重要方面。赵文化从古至今，一直起着重要的作用，有着独立的文化特点和文化精神。

自第一届赵文化研讨会以来，我拜读了很多学者的文章，

▲胡服骑射雕塑。坐落于故事发生地河北省邯郸市，成为该市的标志性城市雕塑。实行“胡服骑射”改革后，赵国建立起一支以骑兵为主体的军队，在战争中立刻显示出威力来。赵国成为当时除秦国外，国力最强的国家。

发现里面都提到一个观点：赵文化有两重特性，既是一种华夏文化，又是一种戎狄文化，是华夏文化和戎狄文化互相交融的结果。我在沈长云教授编写的《赵国史稿》中写了一篇序，也曾提到这个问题。赵文化的发展演变过程、赵国的成立，以及作为赵国首都的邯郸在当时的繁荣和它在政治、经济、文化等各方面的影响，也就是这个文化的结晶。

那么，赵文化精神是什么？因为赵文化是华夏文化和戎狄文化相结合的结果，所以赵文化的特点能否这样表述：其一，赵文化是一种开放的文化。赵文化是不同的文化区域接触的结果，它本身是开放的。其二，赵文化是一种进取的文化。赵文化本身是不同文化相结合的结果，相互之间多有所汲取，多有所借鉴，它是一个进取的文化。其三，赵文化是一种包容、融合的文化。华夏文化是一种农耕文化，是以农业为基础的，而戎狄文化是一种草原的游牧型文化，这两种完全不同的文化互相冲突，就形成了这样一种独特的、有两重性格的赵文化，所以它是一种能够互相包容、能够融汇的文化。

草原文化是古代欧亚大陆交流的主要桥梁

这种开放的、进取的、包容的、融合的文化精神，是否可以作为我们研究和学习赵文化精神的一个观点？怎样来看待这个问题？对此，我谈一谈个人的看法。

赵氏作为一个宗族在古代的兴起，本身就和北方的草原文化有关。所谓草原文化，可能有些不太了解的朋友会认为，它就是在一些北方草原地带上留下的文化。其实不完全是这样，草原文化现在已经成为国际新兴学科——欧亚学的一个中心内容。欧亚学是专门研究欧亚大陆的历史和文化的，该学科对于草原文化有它特殊的解说和定义。草原文化是在广大的沙漠或者森林边缘的草原地区产生的，这符合欧亚大陆的特点。因为欧亚大陆从中国一直延伸到接近欧洲的地方，其间有很多沙漠地带，沙漠地带边缘地区都有草原，这些草原就沿着沙漠的边缘横贯着。欧亚大陆是连续的，其中的草原地区形成了一种特殊类型的文化，就是现在欧亚学里所说的草原文化，常被称为斯基泰文化。过去很长一段时期，在考古学、美术史上的斯基泰文化，有人翻译成西徐亚，它从欧洲一直延续到亚洲。

现在，这方面的最新科学研究成果告诉我们一个非常重要的事实：古代的时候，整个欧亚大陆之间的交流，草原文化是主要桥梁。这个想法很有道理。中国文化以中原为中心开始传播，影响到周边，如日本、越南、韩国等国家和地区；西方文化是从近东开始传播到整个欧洲和北非的。中间怎么样呢？虽然古代交通非常不方便，但还是有联系的。过去，我们认为中西之间的交通主要是通过中亚地区，但是在公元前，特别是在公元前8世纪以前，关于这条通道的证据非常少。海上也是一样，早期的时候非常少，后来才可能形成交通。现在看来，真正在中间起重要作用的就是草原文化，是通过北方的草原联结起来的。

草原文化的很多重要文化因素，起源于中国

这条线是怎么建立的？现在，从一些学者的研究中可以看出一个新苗头：草原文化的很多重要文化因素应该起源于中国。这是我们过去所不了解的。过去，很多人认为，草原文化是从西方传入中国的。现在看来，至少在青铜时代，它的很多文化因素应该是从我们这里开始的，其具体位置就在今内蒙古西南部，山西和陕西北部，一直到甘肃北部这一块。

这种新的看法，值得我们大家共同探讨。在晋陕交界，商朝的时候已经有相当高明的青铜文化，它虽然受到商文化的影响，可不是商文化，它本身带有很多特点，特别是北方草原民族的特点。我们再看有较多记载的西周时期，戎狄文化在这个地区兴起，并逐步与中原文化融合，在其中起重要作用的就是周朝诸侯国之一的晋国。晋国开始建立，它就是“疆以戎索”，所以它不但是用华夏文化，也是以戎狄的一些文化因素来建立的。

赵氏的兴起事关中国通过草原文化这个欧亚通道与西方的联系

秦赵同祖，这是在《史记》的《秦本纪》和《赵世家》里

都有明确记载的。从五帝时代一直到夏代、商代、西周，不管是秦还是赵，他们始祖的世系是很清楚的。这里面有记载的活动地点基本上就是两个地区：一个在山西中部，另一个在陕甘之间，这正好是中原文化和草原文化的交界地。所以，赵氏的兴起不是一个简单的事件，而是事关中国通过草原文化这个欧亚通道与西方的联系。

前些年，我看到一位美国学者写的一篇文章，他讲了自己的一个故事。这位美国人是欧亚学学者厄尔迪。中国刚刚改革开放时，他到了新疆，参观过新疆博物馆。1989年，他再到那里，突然看到有一个铜鍑，惊奇得不得了，因为这个铜鍑和在匈牙利、罗马尼亚出土的样子基本一致，而它的出土地点却在乌鲁木齐。这件东西实在了不起，对于中西交通，这是一个最好的证据。可是这个东西怎么可能在乌鲁木齐出土呢？他看了这件东西后，制订了一个长时期的考察计划，沿着草原文化这条线，从欧洲一直走到中国东北进行考察，最后写成报告，登在《欧亚研究》杂志上。

2002年，这个铜鍑被运到北京来展览，我专门做了观察，发现它确实和罗马尼亚、匈牙利出土的一样。这种铜鍑的特点是：筒形深腹，底下有喇叭形圆足，口沿上面有两个立耳，每个立耳旁边都有五个像蘑菇一样的装饰。这种类型的，现在所知出土地点最东的一件标本就是新疆的这件，往西则在俄罗斯特别是高加索北部都有。它的蘑菇形装饰最特殊，最早的前身就在西周（现在的陕西和山西这一地域），最初就是耳上多了一个疙瘩，然后逐渐发展形成了蘑菇形的装饰。

所以，中原文化和戎狄文化的结合，不仅仅影响国内，同时也影响欧亚大陆。赵氏兴起在两种文化之间，对两种文化的交互融合起着重大作用，所以赵文化的基本精神就是开放、进取、包容、融合。整个赵国就是在跟戎狄之间的融合交汇下发展起来的。赵国最后把许多戎狄合并起来，而其本身也有很多戎狄文化成分，这样建立起来的强盛的赵国，新的都城就在邯郸。所以，邯郸是华夏文化与戎狄文化结合的产物和结晶，集中体现了赵文化浓郁的开放、进取、包容、融合精神。

本文发表于2017年3月27日《北京日报·理论周刊》文史版，
原题为《草原文化是“从西方传入中国的”吗？——
从“赵文化”的特质看中国文化对世界文明的贡献》，
作者时任清华大学历史系教授

宋代兴起的“城市文明”

陈国灿

在中国古代城市发展史上，宋代是一个重要的转型期。一方面，各级城市普遍突破原有政治性质所构成的限制，从封闭走向开放，由单一趋于多样，进而实现发展形态和文明结构的重大调整；另一方面，商业市镇的广泛兴起，不仅推动了城镇体系的形成和都市文明的重构，也引发了农耕社会的一系列重要变革。在此基础上，中国特色传统城镇化的历史进程开始起步。

摆脱政治束缚：都市形态的转变

宋代的城市变革，表面上看是传统坊市制解体所带来的都市风貌的变化和经济、社会、文化功能的显著增强，实质乃是摆脱政治中心的附属地位，实现由统治据点向文明实体的飞跃。

就经济领域而言，随着商业活动由政府规定的封闭的“市”散布到各个街区，进而越出城墙向外扩散，城市经济逐渐摆脱政治强力的严密控制，走上了产业化和多样化的道路，成为与乡村农耕经济相对应的独立形态。

就社会领域而言，随着以商业精神为核心的城市意识的觉醒，数量日益增加的工商业者，各种商业性文化娱乐业的演艺人员，融入商品经济大潮的官僚士人，乃至部分移居城市的乡村地主和城郊从事商品化经营的专业农户，逐渐超越各自的身份隔阂和职业差异，构成有着共同价值取向和利益关系的社会群体，促成市民阶层的全面兴起，由此改变了城市原有的社会结构，推动了城市社会关系的重新组合。“行”“作”“团”之类的工商业组织和“社”“会”等文化组织的兴起，直接反映了市民阶层群体意识和自主意识的成长。

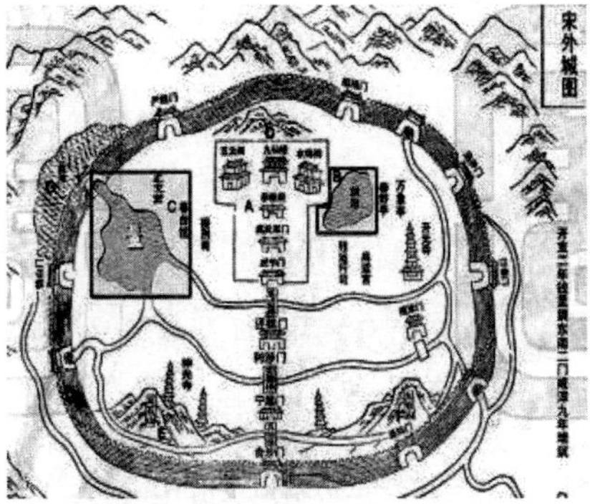

▲宋代城市文明日渐发达，公园在宋代开放式街巷的城市得以普遍建设。图中字母B、C标示处皆为城市公共园林。

就文化领域而言，原本高高在上的士人文化走出“唯我独尊”的精英意识和等级观念，融入普通民众之中，从而实现了由“雅”到“俗”的转变。与此同时，原本粗糙自然的民间文化突破下层社会的活动空间，跻身于主流文化行列，由此实现了从“俗”到“雅”的转变。这两方面的结合，直接推动了雅俗共赏的市民文化体系的形成，进而取代政治文化，成为城市文化的主体。

相对于传统州县城市的转型，各种形式的市镇（包括镇市和草市）的大量涌现，从某种程度上讲，有着更值得关注的文明意义。据不完全统计，两宋时期各地先后兴起的市镇，迄今尚有史可考的就超过了三千六百处，其中两千二百多处属于较为成型和稳定的市镇。作为新兴的农村商业中心，市镇并不以政治中心为依托，而是基于商业和市场活动兴起，又以商品经济体的形式发展，因而具有鲜明的经济中心特征。

就发展趋向而言，由于较少地受到政治因素的控制和干扰，市镇有着较州县城市更大的自主发展空间。从起初简单的商品交易和流通活动到较为完整的商品经济体系，从聚散不定的村落交易点到初具专业化特点的商贸聚合地，从形式单一的乡村聚落到结构复杂的商业社区，市镇立足于乡村社会而又逐渐超越乡村文明，成为一种正在形成中的新型经济都市形态。可以说，市镇的广泛兴起和发展，既是城市文明向广大农村扩散的反映，也是乡村社会自我调整与变革的结果。

从城市到城镇：文明体系的重构

进入宋代，伴随州县城市的转型和市镇的兴起，城市文明的内在结构与发展体系发生重大调整。州县城市一统天下的传统城市体系趋于解体，城乡结合的城镇体系开始形成。与此相联系，城镇类型不断分化，城镇关系日益突破严格的政治等级秩序。

城镇类型的分化，突出反映了城市文明自我意识的觉醒和自主能力的增强。就州县城市而言，随着政治控制的放松和市民阶层的兴起，原本借助政治强力而高度统一的发展模式显然越来越难以维持，取而代之的是由于地域和社会经济环境差异所引发的多样化形态。就市镇而言，由于从产生之时起就具有较大的自由发展空间，并与所在地区的经济紧密地结合在一起，因而呈现出更为丰富的发展类型，诸如农业型、手工业型、交通枢纽型、港口型、消费型等。

城镇等级关系的重组，意味着城市文明冲破了行政体系的束缚，代之以自身的文明阶梯结构。古代早期城市之间的关系，主要是由各自的政治地位决定的。在一定的行政区域范围内，政治地位低的城市隶属于政治地位高的城市，彼此的等级关系明确且固定。入宋以后，城镇发展自主性的提高和类型的多样化，使其内部的等级关系由政治因素主导逐渐转变为由各自的发展水平决定，进而形成新的多层次的城镇等级体系。

这种城镇等级体系可分为四个层次：一是基层城镇，主要由县城和市镇构成，是整个城镇体系的基础；二是地区性城市，以府州城为主体，构成了城镇体系的中间层次；三是区域性城市，包括影响和辐射范围越出所在府州而扩大到周边区域的城市以及具有一定跨区域影响力的城市，它们将若干相邻地区的城镇连接起来，形成更大范围的城镇体系；四是全国性城市，不仅在全国范围内具有影响力，而且其影响领域也是全方位的，属于城镇体系的最高层次。例如，南宋都城临安，作为全国政治、文化、教育中心的地位自不待言，就是在经济领域，也是南宋全境工商业最为发达和市场辐射范围最广的城市。

农耕文明的自我调整与超越：独特的城镇化道路

从中国社会发展的角度讲，宋代城市变革的历史意义不只是都市文明的调整与转型，实现了由“远传统”向“近传统”的飞跃，更重要的是开启了一条农耕文明时代的城镇化道路。

入宋以后，政治控制的相对松弛和发展自主性的增强，使城市文明走出封闭状态，由内聚转为扩散：城郊都市化现象的出现，意味着城市地域规模的扩大，其结果是城乡空间界限趋于模糊；以工商业为核心的城市经济的兴盛及其以市场活动和商品流通的形式向小农经济内部的渗透，不仅在一定程度上改变了城乡之间的经济关系，也引发了农村经济的相应变革；市民阶层的发展壮大和都市文化的兴盛，推动了城市思想意识、社会观念和文化生活的外溢，带来了社会思想与文化的一系列调整。所有这些都表明，城市文明不再是农耕文明汪洋中的“孤岛”，而是整个社会体系的有机组成部分。

不过，在历史传统深厚的农耕社会，州县城市的发展要受到诸多因素的制约，以此为依托的文明调整也相当有限。实际上，在宋代社会变革进程中，作为新兴都市形态的市镇在很大程度上扮演了更为重要的角色。尽管市镇的兴起受到城市转型与发展的外力推动，但就其内在动因而言，是源于农耕文明的自我调整和超越。同时，市镇不仅促成了农村市场体系的发育成长和商品经济的空前活跃，也带来了农村社会与文化的进一步变革。

就经济领域而言，随着商业的日趋兴盛，市镇吸引和汇聚了多种形式的农村经济活动，并以市场为纽带，将这些经济活动整合起来，从而实现了由农村商业中心向一定地域范围内的商品经济圈的跃升。

就社会领域而言，市镇的发展过程也是多样化的社会群体不断聚集的过程，由此打破了农村社会传统的单一结构和有着宗法特点的社会关系。宋政府将坊郭户制从城市扩大到市镇，正是认识到市镇由乡村聚落向城市社区转变的发展趋势。

就文化生活领域而言，作为城市以外的工商业中心地，市镇将浓厚的商业文化和丰富多彩的都市生活引入乡村，引发农村封闭、单调的生活方式发生相应变化。可以说，市镇是城乡文明的结合体，其兴起和发展是乡村城镇化的直接反映，并对后世产生广泛而深远的影响。

本文发表于2016年4月25日《北京日报·理论周刊》文史版，
原题为《宋代兴起的“城市文明”》，
作者时任浙江师范大学中国历史研究所所长、教授

第二章　盛衰

“成康盛世”：中国历史上第一个“盛世”

侯丕勋

西周成王和康王时期，是被历代史家广为称颂的我国历史上所缔造的第一个“盛世”。成王和康王在位时期，处于我国奴隶社会的发展阶段，在这样的阶段出现“盛世”，不但具有其时代特征，而且对它的缔造及其由盛而衰等问题的研究，也具有重要史鉴价值。

西周成康时期为历史上的“盛世”是一种客观存在

“成康盛世”之“盛”，若要同封建社会中后期的“开元盛世”或“康雍乾盛世”之“盛”相比，自然要逊色得多。虽然如此，但在历史上如同“成康盛世”这样的盛世还是不多见的。“成康盛世”之“盛”，主要表现在以下几方面。

第一，拥有广阔疆域。经武王灭商，分封诸侯，周公东征平叛，成王、康王继续分封诸侯和开拓疆域，西周的疆域规模基本形成。《诗・周颂・执竞》亦云：“丕显成康，上帝是皇；自彼成康，奄有四方。”其意是说，成、康二王治周，立下了大功，得到了“上帝”（天神）的褒扬；在成、康二王时，开拓和奠定了西周广阔的疆域。

第二，以“礼乐”经邦治国。在西周时期，以“礼乐”经邦治国是颇为突出的。"礼"即礼制，亦即西周奴隶制的等级制；"乐"即舞乐，亦即西周奴隶制的舞乐制。西周礼乐制的内容很广泛，举凡政治、经济、军事、伦理、教育、司法、宗教、风俗等无不关涉。《礼记·曲礼》记述道："道德仁义，非礼不成；教训正俗，非礼不备；分争辩讼，非礼不决；君臣上下，父子兄弟，非礼不定……祷祠祭祀，供给鬼神，非礼不诚不庄。"足见，西周礼乐制关涉社会生活的所有方面。

西周时期，"兴正"包罗万象的礼乐之制是与经邦治国密切相关的。正如《韩诗外传》所说："为人上无礼则无以使其下，为人下无礼则无以事其上。"而《左传》则说得更加明白，如说西周之礼"经国家，定社稷，序民人，利后嗣者也"。从礼乐制的内容、特点及其作用可以看出，成康时期礼乐制的"兴正"，自然对巩固西周王朝、稳定西周社会起到了积极作用，并开创了我国历史上以"礼乐"经邦治国的先河。

▲周康王（？—前996年），即姬钊，周朝第三任君主，公元前1021—前996年在位。登基后继续推行周成王的政策，平定东夷叛乱，北征略地，西伐鬼方，进一步加强统治。周成王至周康王时期，天下安定，四十多年没有使用刑罚，史称"成康之治"。图为《三才图会》所载周康王像。

第三，"刑错四十余年不用"。在《史记·周本纪》中，有"成康之际……刑错四十余年不用"的记载。这一记载表明，在司马迁的心目中，"刑错四十余年不用"是"成康盛世"的重要标志之一。《史记集解》引应劭的话阐释说："错，置也。民不犯法，无所置刑。”应劭之意是说，西周成、康之际，民不犯法，社会安定，故统治者未制定刑律，用以维护统治地位和社会秩序。西周前期，社会发展水平较低，统治者主要采用分封制、宗法制、礼乐制、井田制等制度治国。从这个角度来看，成康之际四十余年间，尚未完全实行以法治国方针的记载是可信的。

第四，天下安，“民和睦，颂声兴”。成康太平盛世的“盛”况，史书中多有记载：《史记·周本纪》说，成王时，社会呈现“民和睦，颂声兴”的“盛”况。《史记集解》又引何休的话解释说：“颂声者，太平歌颂之声，帝王之高致也。”到了康王时，又出现了“天下安宁”的局面。东汉王充在《论衡》中也指出：“夫文、武之隆贵在成、康。”西周成康时期为历史上的“盛世”，这绝非史家的蓄意粉饰，而是一种客观存在。

“成康盛世”是数代人努力的结果

“成康盛世”的出现，是周族人长期辛勤缔造的结果。其中既有周文王治岐之功，也有武王灭商建周之效，尤其与成、康二王采取重大治国举措密切相关。

第一，周公东征平叛。周公辅政后，担心诸侯乘武王之死叛周，“公乃摄行政当国”。周公此举，竟引起了“管叔、蔡叔群弟疑周公”，并在各自封国内散布不满周公的流言蜚语，说什么“公将不利于孺子”。在此情况下，武庚以为有机可乘，于是和管叔、蔡叔等相勾结，并联合原商朝盟国，如薄姑、奄、淮夷等发动了反周叛乱。

武庚与管叔、蔡叔等发动的叛乱，严重威胁着西周王朝，于是“周公奉成王命”，东征平叛。经过三年多的艰苦战争，终于“诛武庚、管叔，放蔡叔”，灭薄姑、奄和淮夷等，平定了叛乱，将东部疆域扩展至海边，东北部疆域扩展至今河北省北部一带，从而巩固了新生的西周王朝，为“成康盛世”的形成创造了重要条件。

第二，成王营建东都洛邑。西周所封诸侯国，大多在洛邑的东、北、南三面地区。东都洛邑的营建完成，客观上便利了对各诸侯国的统辖，而各诸侯国在当时交通不便的条件下，向周王室的贡献也方便多了。所以，周公当时曾说：洛邑在天下之中，“四方入贡道里均”。《尚书·周书·康诰》甚至说：“周公初基，作新大邑于东国洛，四方民大和会。”从上述内容可以看出，东都洛邑的营建，在很大程度上解决了宗周丰镐对黄河下游等地管辖上鞭长莫及的困难，对“成康盛世”的形成同样起到了重要作用。

第三，康王实行拓疆、分封与“明德慎罚”举措。周康王是成王之子，名姬钊。据《史记·周本纪》记载：康王即位后，曾宣布继承文王与武王业绩，并获得了成功，尤其是在开拓疆域、继续分封和“明德慎罚”等方面所取得的业绩更为显著。

在康王时期，继续实行分封诸侯制度，成了推动“成康盛世”形成的一个重要因素。周康王在继续分封诸侯的同时，又极力维护周王室的宗主地位，以此巩固分封制和西周王朝。据麦尊铭文记载，邢侯在就封后，曾返回丰镐朝见康王。康王待之以很高礼遇，让其参加祭祀和大射礼，又赐予二百家侍卫之臣，甚至把自己乘坐的马车也赐给了邢侯。燕侯旨鼎云："侯旨初见事于宗周，王赏旨贝廿朋。"沈长云先生认为，"旨"为第二代燕侯，他继立后，就按西周的宗法分封制，前往丰镐朝见周康王。这同样反映了康王时期维护周王室宗主地位的情况。宗法分封制为"成康盛世"的形成起了奠定基础的作用。

"明德慎罚"是一种治国思想，也是一种治国制度。这一制度约创始于周文王时期，而盛行于成、康二王时期。《尚书·周书·梓材》云："今王惟曰：先王既勤用明德，怀为夹。"《梓材》是周公平定武庚与管蔡二叔之乱，分封康叔姬封（武王之弟）建立卫国后，以成王的名义告诫康叔的文告，其内容主要讲述"为政之道"。《尚书正义》注《梓材》这段话时说："言文武已勤用明德，怀远为近，汝治国当法之。"

在成康时期，以"明德慎罚"制度治国，曾取得了很大成功。《史记·周本纪》说："成康之际，天下安宁，刑错四十余年不用。"董仲舒"武王行大谊，平残贼，周公制作礼乐以文之，至于成康之隆，囹圄空虚四十余年，此亦教化之渐而仁义之流，非独伤肌肤之效也"的说法，虽对成康时期尚未实行严刑酷法有过分称颂之嫌，但在一定程度上也反映了成康时期实行刑罚较为宽松的一些情况。

总之，“成康盛世”是经过数代人的不懈努力才缔造成功的。这一成功的获得实属不易。

“成康盛世”的借鉴意义

人类历史的一个重要特征，就是它的继承性。这就是说，后世帝王、贤臣在治国、平天下时，总是要从前世社会汲取有益的经验、教训。从这一意义来看，“成康盛世”期间虽然社会经济尚不十分繁荣，社会发展水平仍较低下，但它仍不乏可资后世治国的借鉴之处。

第一，要缔造“盛世”，就必须进行长期不懈的奋斗。《尚书·周书·毕命》说：“惟文王武王，大德于天下，用克受殷命。惟周公左右先王，绥定厥家。”《史记·周本纪》也记载说：召公、毕公奉成王临终之命，率诸侯，在“先王庙”（祖庙）中向新即位的康王宣告说：“文王、武王之所以为王业之不易，务在节俭，毋多欲，以笃信临之。”这些记载昭示，“成康盛世”是自周文王以来经数代人的努力奋斗才实现的，是来之不易的。康王即位后，应“以笃信临之”，即以文王、武王和成王遗愿，治理好周的天下。

第二，要缔造“盛世”，就必须借鉴往圣先贤治国的一切有益方略。武王灭商后西归时，打算“营周居于雒邑”，以此作为统治关东原商朝疆域的中心，成王即位后，为实现武王遗愿，遂“使召公复营洛邑，如武王意”。康王即位后，以继承文武业绩为己任，于是明确“宣告以文武之业以申之”。类似记载，虽不很多，但业已清楚说明，成、康二王是在继承文、武以来先王治国方略的前提下缔造“盛世”的。

第三，要缔造“盛世”，就必须巩固王朝的统一和广阔的疆域。文王和武王开拓了疆域和建立了西周王朝，成王和周公巩固了西周疆域和西周的统一，而康王通过继续分封诸侯，进一步扩大了西周疆域。在成康全盛时期，西周疆域囊括了原商朝疆域的全部，关西周人居地与江汉及江浙等地。疆域的广阔和王朝的统一，客观上为“成康盛世”的形成奠定了最重要的基础。

第四，要缔造“盛世”，就必须保持政治的清明和社会的安定。西周初年，在统治者中业已形成了较为系统和成熟的治国思想，掌握了较高水平的治国之术，如《尚书·獒》在讲到“西献獒”时说：“明王慎德，四夷咸宾。”还说：“玩人丧德，玩物丧志”“狎侮君子，罔以尽人心；狎侮小人，罔以尽其力。”周成王还说：“抚民以贤，除其邪虐；功加于时，德垂后裔。”成王在位期间，还曾推行“兴正礼乐”的措施，这对社会的安定、社会风气的良好，都起到了积极作用。总之，成康时期主要是以“德”和“礼乐”之制治国的。这种治国之术，完全适应当时的社会实际，从而出现了“民和睦，颂声兴”的盛况。

第五，要缔造“盛世”，就必须经常注意洞察和清除社会弊端，保持社会健康发展。“盛世”的缔造是长期的，同时又是极为困难的。一旦社会进入“盛世”，就会逐渐滋生一些新的社会弊端，并成为瓦解“盛世”的因素。例如，在社会安定、生产发展的基础上必然会滋生社会富裕病，即统治阶级以为天下太平，无复可忧，并在一定程度上丧失开拓进取精神，陶醉于“盛世”，过起奢侈、享乐生活，从而对社会隐患疏于洞察，而平民百姓则受统治阶级腐朽生活习染，也产生一些不轨行为。在这样的社会条件下，西周在康王之子姬瑕（昭王）继立后出现的情况正是如此。正如《史记·周本纪》所说：“昭王之时，王道微缺。昭王南巡狩不返，卒于江上。其卒不赴告，讳之也。”穆王继立后，社会状况进一步恶化，出现了“王道衰微”的情况。可见，至穆王时，“成康盛世”已变成了历史陈迹。这是统治阶级对社会积弊疏于洞察和清除的必然结果。

本文发表于2016年5月30日《北京日报·理论周刊》文史版，
原题为《成康盛世：中国历史上第一个盛世》，
作者时任西北师范大学教授

历史上真实的芈月

徐卫民

宣太后是历史上最早被称为“太后”的人

宣太后（？—前265年），是历史上最早被称为“太后”的人。《史记·秦本纪》记载：“昭王母芈氏，号宣太后。王母于是始以为称。故范雎说秦王有独闻太后之语。其后赵孝成王新立，亦有太后用事之说。是太后之号，自秦昭王始也。汉袭秦故号，皇帝故亦尊母曰皇太后也。”

芈姓是中国较古老的姓氏，是周时楚国贵族的祖姓，由于其后已经分衍为诸多其他姓氏，因此在中国大陆的姓氏排行榜上未列入百家姓前两千位。楚人起自黄帝之孙颛顼高阳氏。据《史记·楚世家》记载：“楚之先祖出自帝颛顼高阳。高阳者，黄帝之孙，昌意之子也。高阳生称，称生卷章，卷章生重黎。重黎为帝喾高辛居火正，甚有功，能光融天下，帝喾命曰祝融……陆终生子六人，一曰昆吾，二曰参胡，三曰彭祖，四曰会人，五曰曹姓，六曰季连，芈姓，

▲宣太后（？—前265年），芈姓，出生地楚国丹阳，战国时期秦国王太后，是中国历史上第一个被称为“太后”的人。秦昭襄王即位之初，宣太后以太后之位主政，执政期间，攻灭义渠国，一举消除了秦国的西部大患。

楚其后也……季连生附沮，附沮生穴熊。其后中微，或在中国，或在蛮夷，弗能记其氏。”

从其姓“芈”来看，她应该是当时楚国的贵族之女。为何又称为“芈八子”呢？秦国当时的后宫分八级：皇后、夫人、美人、良人、八子、七子、长使、少使。由此可以看出，她在秦惠文王生前地位并不太高，也谈不上多么得宠。但是她见识出众，容貌秀丽，又为惠文王生下三个儿子，为其以后荣华富贵奠定了良好的基础。

政治手腕很强，历史上的太后专权、母后临政就自她始

宋代陈师道《后山集》（卷二十二）云：“母后临政，自秦宣太后始也。”惠文王死后，惠文后就和继位的儿子秦武王合谋，将芈八子的大儿子嬴稷送到燕国去当了人质。战国时期的人质是各诸侯国在频繁战争过程中采取的制约措施，当时也是极为危险的。眼看这母子俩的人生将要黯淡收场，事情却来了个一百八十度大转弯，芈月的前途一片光明。为什么会有转机呢？关键是继位的秦武王猝死了。秦武王当时在与东方的战争中是有功劳的，公元前307年，秦军攻克宜阳（今河南洛阳以西），斩首六万，这是秦军在统一天下中进攻中原的前哨战。与此同时，秦武王进入东周都城洛阳，一是向周赧王炫耀武力；二是要练练，试试他的臂力如何。据史书记载，秦武王身高体壮、勇力超人、尚武好战，常以举重斗力为乐，因此凡是勇力过人者，他都提拔为将，给予高官厚禄。

秦武王到达洛阳后，看到象征国家政权的九鼎，就想举起一个代表雍州的大鼎，但因鼎太重，砸了下来，绝膑而死。只做了四年的秦王就离开了人世。由于死得太突然，秦武王尚无子嗣，由谁来继承王位就成了问题。在《芈月传》中，芈月是联合自己的情夫义渠君，将其儿子嬴稷推上王位的。而在真实的历史中，芈八子则是联合燕赵两国，并借助自己同母异父的弟弟魏冉之力，将自己远在燕国的儿子迎立为秦王，可见她的政治手腕之强。

因为秦昭襄王年少，无法处理国家大事，便由其母芈月主政，《史记·穰侯列传》中这样记载："昭王少，宣太后自治，任魏冉为政。"以魏冉为将军，以樗里疾为相，控制了秦国军政大权。魏冉的将军之职，为秦封将军之始，也算是宣太后的一个创举。不过这时的秦国政局是动荡不安的，武王后要拥立公子壮（武王弟，称季君）即位，以与宣太后、魏冉对抗。秦昭王二年（公元前305年），宣太后、魏冉尽诛公子壮等昭王异母兄弟及大臣，逐武王后（魏女）回魏，"季君之乱"被平定。宣太后封同父弟芈戎为华阳君，同时封其两子，培植自己的实力，从而形成了外戚专权的格局，威震天下。

宣太后的风流韵事，史书中确有记载

由于宣太后早年守寡，历史剧《芈月传》热播后，网络上就流传很多关于宣太后的风流韵事。有的故事确实是有历史文献依据的。据笔者了解，史书记载中共有三例。

其一，《战国策·韩策二》记载：公元前307年，楚怀王派兵包围韩国的雍氏（今河南禹州东北）。韩襄王多次派使者向秦国求援，但秦国军队一直按兵不动。韩襄王又派尚靳出使秦国，尚靳以“唇亡齿寒”的道理劝说秦国尽快派兵救援。而宣太后不同意派兵救援，她召见尚靳时对他说：当年我服侍秦惠文王时，大王把大腿压在我的身上，我感到身体疲倦不能承受。而他把整个身体都压在我身上时，我却并不感觉到重，这是因为这样对我比较舒服。因此，秦国要帮助韩国，如果兵力不足、粮草不济，就无法解救韩国。而且解救韩国的危难，每天要耗费数以千计的财物，这对我和秦国又有什么好处呢？

其二，诱灭义渠。义渠，为古西戎之国，在今甘肃、宁夏一带。春秋战国时期，他们在这里建立了强大的郡国，与秦、魏抗衡，并曾参与中原争夺之战，成为当时雄踞一方的少数民族强国。公元前352年，秦出兵伐魏，一举攻占了魏西河郡和上郡，接着秦和义渠摩擦又起。秦国趁义渠国内乱，派兵攻打义渠，并平定义渠内乱，义渠便臣服于秦。此后双方时战时和。于是宣太后改变过去军事上征讨义渠戎国的策略，而采用怀柔、拉拢、腐蚀的政策，与义渠王私通，以堕义渠戎王之志。她书请义渠王于甘泉宫，让其长期居住，并以优厚的生活款待他。后义渠王同宣太后生有二子，使义渠王完全丧失了对秦国的警惕。三十四年后（公元前272年），宣太后杀义渠王于甘泉宫，接着发兵攻打义渠，义渠国亡，领土并入秦国。对于这件事，著名秦史研究专家马非百认为：宣太后以母后之尊的地位，牺牲色相与义渠王私通，然后设计将之杀害，一举灭亡了秦国的西部大患义渠，使秦国可以一心东向，再无后顾之忧，她的功劳不逊于张仪、司马错攻取巴蜀（《秦集史》）。

其三，《战国策·秦策》记载了宣太后的另一风流韵事。秦宣太后在六七十岁的时候，看上了秦国大臣中的魏丑夫，并将其作为男宠。特别是在临死之前提出要让魏丑夫为其殉葬。后由于庸芮的说服，才打消了这一念头。

宣太后之所以如此风流，除了年轻守寡以外，与她来自楚国有关系（楚文化具有浪漫的特点），也与当时的秦社会风俗有关系，当然也与她掌握着大权有关系。

任人唯亲，满朝文武大臣权重者皆为宣太后的亲信和同家族

从宣太后为子夺位的过程就可以看出，宣太后不是一个“弱质女流”，而是一个对政治敏感的人。与此同时，执掌了大权的宣太后开始任用自己的亲信。亲信都是宣太后的娘家人。任用为昭襄王即位出过大力的异父弟弟魏冉，封为穰侯，封地即穰（今河南邓县），后来又加上陶邑（今山东定陶）；还有一位宣太后的同父弟弟芈戎，被封华阳君；至于宣太后的另外两个儿子，也得到封地。满朝文武大臣权重者皆为宣太后的亲信和家族同族。于是穰侯、华阳君、高陵君、泾阳君，在秦国权势煊赫，被称为秦国“四贵”。魏冉凭着他与昭王的特殊关系（舅甥关系）在秦国独揽大权，一生四任秦相，党羽众多。

然而由于他权势赫赫，“擅权于诸侯”“富于王室”，专权跋扈，对秦王政权构成了严重威胁。公元前266年，被秦王罢免，由范雎代相，最后“身折势夺而以忧死”于陶邑。

之所以如此，是由于宣太后与秦“四贵”专权，让昭襄王失去应有的权力，随着昭襄王年龄的增长和势力的强大，他该夺回自己的权力，范雎的出现正好帮他解决了这个难题。

宣太后失势后第二年去世，谥号为“宣”

秦昭襄王驱逐宣太后的异父弟魏冉及其党羽，宣太后遂失势，次年（公元前265年）十月，宣太后去世，“葬于芷阳郦山”，谥号为“宣”。所谓谥号，是指古代帝王、诸侯、卿大夫、高官大臣等死后，朝廷根据他们的生平行为给予一种称号以褒贬善恶。“宣”为美谥的一种，圣善周闻曰宣，施而不成曰宣，善问周达曰宣，施而不秘曰宣，诚意见外曰宣，重光丽日曰宣，义问周达曰宣，能布令德曰宣，浚达有德曰宣，力施四方曰宣，哲惠昭布曰宣，善闻式布曰宣。西汉时期的汉宣帝也是后人给的褒义的谥号，因为汉宣帝时期汉王朝出现了中兴的局面。

芷阳郦山就是秦东陵。从《史记》的记载看，秦东陵共葬包括昭襄王在内的三位君王、一位太后、三位王后、一位太子。秦东陵，位于现今的西安市临潼骊山西麓。

20世纪80年代进行的考古调查表明，秦东陵内埋葬着秦始皇的祖父、祖母、父亲、母亲等。有四个陵园，规模庞大。

其中分别代表不同等级的墓葬都有发现，有最高级别的“亞”字形墓葬三座，“中”字形墓葬两座。历年来出土了大量铜器、铁器、漆器、竹简、陶器及筒瓦、板瓦等建筑材料。近年来，考古工作者又对秦东陵做了一系列的考古勘探工作，获得了许多新的发现。最近秦东陵四号陵园又有新发现，而且有学者认为四号陵园的“亞”字形大墓有可能是宣太后的陵墓。

不得不说的秦昭襄王

母以子贵，芈八子之所以能成为宣太后，与其子昭襄王密不可分。昭襄王是一个杰出的政治家、军事家。其创造的功绩为其母宣太后增色不少。

秦昭襄王十八岁即位，在位五十六年，七十四岁去世。这一纪录直到清代的康熙（六十一年）、乾隆（六十年）出现才被打破。秦昭襄王在位的五十六年中，韬光养晦，厚积薄发，强化中央集权，采取远交近攻，离间六国合纵，重创六国军事力量，兴修都江堰水利工程，开创巴蜀汉中天府之国。其在位时秦疆域不断扩张，为后来的秦王嬴政统一六国，奠定了政治、经济、军事上的雄厚基础。特别是对赵国发动的长平之战，大大消耗了赵国的国力，为秦统一奠定了良好的基础。

秦昭襄王在位时间是秦历代君王中最长的，在最后七位秦君王中，他统治的时间超过了前任的孝公、惠文王、武王的总和，也超过了后面的孝文王、庄襄王和始皇帝的总和。

他在政治军事诸方面都建立了卓越的功勋，特别是军事方面的成就，为秦国的发展做出了极为杰出的历史贡献。昭王时代是秦国发展史上最重要的决胜时代。翦伯赞指出，昭王末年“秦对六国的斗争已取得决定性胜利”，这是非常精辟的论断。虽然晚年他独裁专断造成若干损失，听信应侯之言，丧失灭赵良机，冤杀名将白起，但这些都不能掩盖他的历史功绩，也不能掩盖这个时代秦国在各方面突飞猛进的事实。昭王时代是和孝公时代、秦王政时代（称帝前的时期）并驾齐驱的重要时代。

本文发表于2015年12月28日《北京日报·理论周刊》文史版，
原题为《历史上真实的芈月——秦宣太后》，
作者时任西北大学教授

中国历史为何习惯秦汉连说

王子今

▲秦汉时期，事态百变，人才辈出，社会有一种积极进取的时代精神。汉画像砖上的图案展示的是战争或狩猎场景。

中国历史经过夏商西周以及春秋战国阶段漫长的进步历程，进入秦汉时期。从公元前221年秦始皇实现统一至220年曹丕代汉，是秦王朝和汉王朝统治的历史阶段。秦汉时期的文明创造和文明积累，在中国历史上呈现出耀眼的辉煌。当时的文化风貌和民族精神，有鲜明的时代特征。秦汉时期的社会结构和政治形式，也给中国此后近两千年文化传统的形成和历史演进的方向带来了非常深刻的影响。

为什么会有“秦汉”并说的习惯

西汉初期，可能人们已经习惯“秦”“汉”连说，将“秦汉”看作一个历史时期。例如，《史记》载：“释之言秦汉之间事，秦所以失而汉所以兴者久之。”此事在张释之“为廷尉”的汉文帝三年（公元前177年）之前，当时距刘邦建国不过二十九年，距“汉并天下”不过二十五年。司马迁在《史记》

的《太史公自序》中写道："罔罗天下放失旧闻，王迹所兴，原始察终，见盛观衰，论考之行事，略推三代，录秦汉，上记轩辕，下至于兹，著十二本纪，既科条之矣。"所谓"略推三代，录秦汉"，应体现汉武帝时代普遍的历史意识与语言风格。

"秦汉"连说语言习惯的形成，很可能与秦汉制度的连续关系有关。这一政治史、法制史现象，史家总结为"汉承秦制"。《汉书》载："汉家承秦之制，并立郡县，主有专己之威，臣无百年之柄。"班固所谓的"汉家承秦之制"，应当就是后来人们平素常用的"汉承秦制"之说的完整的经典话语。"汉承秦制"这种明朗的简洁表述，屡见于记述东汉史的文献。《后汉书·班彪传》中记载班彪对隗嚣分析比较战国与当时形势，说道："周之废兴，与汉殊异。昔周爵五等，诸侯从政，本根既微，枝叶强大，故其末流有从横之事，势数然也。汉承秦制，改立郡县，主有专己之威，臣无百年之柄。"又如，《续汉书·舆服志上》说乘舆等级："秦并天下，阅三代之礼，或曰殷瑞山车，金根之色。汉承秦制，御为乘舆，所谓孔子乘殷之路者也。"所谓"汉承秦制"，后世为史家所习用。

秦汉制度对后世的影响

秦汉行政制度、司法制度、礼仪制度、文化制度对后世的长久影响为史家所肯定。例如，《晋书》卷二十四《陆机传》记载，陆机著《五等论》，其中写道："夫体国经野，先王所慎，创制垂基，思隆后叶。然而经略不同，长世异术。五等之制，始于黄唐，郡县之治，创于秦汉，得失成败，备在典谟，是以其详可得而言。”陆机说“郡县之治，创于秦汉”，《周书》中《文闵明武宣诸子传》所谓“郡县之设，始于秦汉之后”，《北史·恭帝纪》中所谓“狭殷周之制度，尚秦汉之规摹”，都指出了秦汉郡县制度对后世的影响。《旧唐书》又有“循秦汉之规”“因秦汉之制”的说法，后世或言“依秦汉之制”“摹秦汉之规”，也都指出了秦汉制度对后世的长久影响。

“大一统”在秦汉完成

瞿兑之就“统一”“一统”政治格局的创立评价秦汉的地位：“六国不能统一之业，而秦卒能成之者，秦之处心积虑，自强而力征。其政策相传，绵延不懈，而前后一致，非诸国所能及也。”“中国成为一统国，自秦启之，而汉承之，虽遇乱世，终犹心焉一统，人人皆拭目翘足以为庶几复见太平。二千年来如一日，此又秦汉之所赐也。”吕思勉则就“民族关系”言秦汉历史特征：“战国之世，我与骑寇争，尚不甚烈，秦以后则不然矣。秦、汉之世，盖我恃役物之力之优，以战胜异族，自晋以后，则因社会之病状日深，而转为异族所征服者也。故曰：以民族关系论，汉、晋之间，亦为史事一大界也。”秦汉时期的历史特征有如下表现。

第一，高度集权的“大一统”的政治体制基本形成，并且经历了多次社会动荡的历史考验而愈益完备。以丞相为统领的中央王朝百官公卿制度和以郡县制为主体的地方行政管理形式逐渐完善。选官制度的进步，满足了行政体制的人才需求，也促进了社会不同等级的流动。社会各阶层的国家意识有鲜明的文化表现，特别是士人的参政议政热情有新的提高。

第二，以农耕经济和畜牧经济为主体形式，包括渔业、林业、矿业及其他多种经营结构的经济形态逐步走向成熟，借助交通和商业的空前发展，各个基本经济区互通互补，共同抵御灾变威胁，共同创造社会繁荣，物质文明的进步取得了空前的成就。人们的物质生活水平有所提高。

第三，秦文化、楚文化和齐鲁文化等区域文化因子，在秦汉时期经长期融汇，形成了具有统一风貌的汉文化。儒学正统地位的建立和巩固，国家教育体制的逐步健全，成为适应专制主义政治需要的文化建设成就的重要标志。社会普遍的文化资质有所改善。儒学道德倾向在民间产生了普及性影响。

经历这一时期，以“汉”为标志的民族文化共同体已经初步形成。当时以“大汉”“皇汉”“圣汉”“强汉”自称的民族对于世界文明进步的贡献，保留了光荣的历史记录。

正是因为秦汉时期历史文化贡献的丰富，使得“秦”和“汉”，“秦人”和“汉人”，都长期成为代表我们国家、我们民族公认的文化符号。

秦汉历史，是我们了解中国历史时应当首先熟悉的内容。我们还应当看到，这一时期的文化创获和历史经验，为后世所提供的可贵的启示，是千百年来始终受到重视的。

秦汉时期的时代特征

鲁迅曾经面对铜镜这样的文物盛赞汉代社会的文化风格："遥想汉人多少闳放，新来的动植物，即毫不拘忌，来充装饰的花纹。"鲁迅就汉唐历史进行总体评价："汉唐虽然也有边患，但魄力究竟雄大，人民具有不至于为异族奴隶的自信心，或者竟毫未想到……绝不介怀。"鲁迅热情肯定当时民族精神的所谓"豁达闳大之风"，对于汉代艺术品质，鲁迅也曾经有"惟汉人石刻，气魄深沈雄大"的评价。

所谓"闳放"和"雄大"，其实既可以看作对秦汉时期社会文化风格的总结，也可以看作对当时我们民族性格、民族精神的表述。而进取意识、务实态度、开放胸怀，也是这一时期社会文化的基本风格。当时的人们，比后来一些时代有更多的率真、更多的勇敢、更多的质朴、更多的刚强。而我们国民性中为近代激进学者所深恶痛绝的虚伪与懦弱、曲折与阴暗，在当时还并不明显。有人说，当时是中国文化的少年时代，这是有一定道理的。《太平御览》卷七七四引《汉武故事》记录了著名的颜驷事迹："上尝辇至郎署，见一人老郎，须眉皓白。"此人名颜驷，江都人。"上问：公何时为郎，何其老也？对曰：臣文帝时为郎。上曰：何其不遇也？驷曰：文帝好文，而臣好武。景帝好老，而臣尚少。陛下好少，而臣已老。是以三世不遇。"汉武帝时代"好少"，如果超越帝王个人情趣，理解为当时的社会习尚，可能也是适宜的。

一个民族的精神风貌在不同的历史时期有所不同，这种变化往往也与文化节奏的历史差异有关。汉武帝生活的历史时期，社会有一种积极进取的时代精神。借用当时人的表述习惯，这种时代精神表现出“鼓”“奋”“驰骋”“奔扬”“驰骛”的节奏特征。汉武帝执政，用事四夷，以武力拓边，尚武之风益起，影响到社会生活节奏转而更为骤急。战国秦汉时期人们热心一种飞车竞驱的“驰逐”运动，被《淮南子·说林》称作“追速致远”的这种追求高速度的竞技形式，为社会上下所普遍喜好。汉武帝喜好亲手击杀熊和野猪，挽弓纵马，追逐野兽，也可以看作相关社会风尚的表现。

青年毛泽东在《〈伦理学原理〉批注》中，曾经谈到自己读史的情趣倾向。他写道：“吾人揽(览)史，恒赞叹战国之时，刘项相争之时，汉武与匈奴竞争之时，三国竞争之时，事态百变，人才辈出，令人喜读。至若承平之代，则殊厌弃之，非好乱也，安逸宁静之境，不能长处，非人生之所能堪，而变化倏忽，乃人性之所喜也。”他所说的四个历史阶段，从秦走向统一到东汉末年的社会动荡，可以说都在我们通常理解的“秦汉”的大框架之内。所谓“事态百变，人才辈出，令人喜读”，是秦汉时期的时代特征，也体现了秦汉史的文化魅力。

本文发表于2018年11月12日《北京日报·理论周刊》文史版，
原题为《秦汉：穿越千年的文化符号》，
作者时任中国人民大学国学院教授

汉初如何由乱而治

周桂钿

在中国古代历史上，汉朝（西汉和东汉）具有重要的地位和影响，后世流传的“汉唐盛世”“大汉雄风”等说法，就是对汉朝特别是汉初（这里指从公元前202年刘邦称帝至公元前140年汉武帝即位这段时间）历史地位和影响的肯定。那么，汉初究竟是一个怎样的历史时期呢？

“马上”“马下”——社会转轨

秦朝末年，天下大乱。刘邦领导的汉军战胜了项羽率领的楚军，夺得天下，建立汉朝。刘邦得天下以后，陆贾就经常向刘邦提倡儒学。《汉书·陆贾传》记载：“贾时时前说称《诗》《书》。高帝骂之曰：‘乃公居马上得之，安事《诗》《书》！’贾曰：‘马上得之，宁可以马上治乎？且汤、武逆取而以顺守之，文武并用，长久之术也。昔者吴王夫差、智伯极武而亡，秦任刑法不变，卒灭赵氏。乡（向）使秦以并天下，行仁义，法先圣，陛下安得而有之？’”

刘邦认为，居马上打天下，用不着儒家的《诗》《书》。陆贾提出：骑在马上打天下，难道也可以骑在马上治天下吗？战争是对付政治集团的敌对势力，是你死我活的敌我矛盾，需要武装实力，用战争解决问题。打天下是这样的，这叫“逆取”。得江山以后，面对的是人民大众，需要用文治来“顺守”。商汤与周武王都是用逆取的方法打天下、得江山，之后就用文的方法顺守，他们的江山才得以长久。吴王夫差与智伯专门使用武力，亡国了。秦朝任刑法不变，也亡国了。假使秦统一天下以后，实行仁义，继承先圣，那么秦的江山就稳固了，那您怎么可能得天下？这就是说，打天下用武力，治天下要用文化。

得江山之前与之后，战略要有所变化，用现代语言来说，就是社会要转轨。就是要用正确的态度对待人民，不能用对待敌人的办法对付人民。这是需要根本转变的。只有进行这种改变，才能维持长治久安。刘邦在陆贾的劝谏下，改变治国方略，用文治的方法治理天下。

打破旧秩序，建立新礼仪

刘邦得天下以后，将秦朝的规矩全部破除。但由于新规矩还没有建立起来，君臣关系十分随便，于是就出现无序现象，连朝廷也比较混乱。例如，群臣在饮酒时争功劳，醉了，有的大喊乱叫，甚至拔出剑来斗勇，扎在柱子上。朝廷秩序失控，刘邦束手无策。这时，叔孙通知道刘邦厌恶这种混乱局面，就向刘邦建议：“儒家的特点，难于进取，可与守成。我想到鲁国招一些儒生来，与我的弟子一起制定朝廷礼仪。”

叔孙通对礼的理解是：“五帝异乐，三王不同礼。”这就是说，我们现在制定的礼仪，不必与过去一样，礼仪是变化的。礼要根据“时世”和“人情”来制定，与时俱进，因人而异。礼仪的作用是“节文”。节是制约人的行动，文是装饰人的行为。礼使人的行为既有秩序，又文明。夏、商、周三代的礼有所损益，不是重复的。叔孙通提议以古代的礼与秦代的仪相结合，创造出汉代礼仪制度，然后让朝廷官员练习，最后在朝廷上实施。《汉书·叔孙通传》记载：“自诸侯王以下莫不震恐肃敬。至礼毕，尽伏，置法酒。诸侍坐殿上皆伏抑首，以尊卑次起上寿。觞九行，谒者言‘罢酒’。御史执法举不如仪者辄引去。竟朝置酒，无敢欢哗失礼者。于是高帝曰：‘吾乃今日知为皇帝之贵也。’”

叔孙通带着一帮儒生建立了严肃的朝廷礼仪，朝廷秩序得到恢复。一方面，朝廷上各官员“莫不震恐肃敬”“无敢欢哗失礼”；另一方面，刘邦感受到做皇帝的高贵。君臣的距离拉大，等级明显，这才能形成和谐有序的局面。以朝廷为榜样，各级官员也要建立相应的秩序，整个社会就有了正常的秩序。

“无为而治”——探索新路

汉朝建立以后，如何治理天下，秦亡的教训似乎更有参考价值，也更受重视。秦亡的教训是什么呢？汉朝政治家、思想家深入探讨了这个问题。兹略列出如下原因：一是秦行繁法严刑，“百姓怨望而海内畔”。二是秦多忌讳之禁。天下之士倾耳而听，重足而立，钳口而不言，天下已乱，奸不上闻。三是得天下以后，仍然讲究实力，不施仁义。四是赋敛无度，天下多事。修栈道，筑长城，建阿房宫，起郦山墓。劳民伤财，百姓穷困，奸伪并起，自公卿以下至于众庶，人怀自危之心。按这些说法，汉朝为了避免灭亡，就要简化刑法，倾听群众意见，发展文化，实施仁义，减少工程，无为而治。

战国末期的黄老道家提倡“无为而治”，汉初受其影响。萧何规定了规矩，曹参照着办，人称“萧规曹随”。这是政治家所谓的“无为而治”。在学者中也有这种理论，如司马谈对儒、墨、法、阴阳、名五家都有所批评，唯独对道家没有批评，认为他们能够吸纳各家优点，随时变化，适应社会，做出正确决策，用的功夫少，成效却比较高。汉初，黄老思想占相对优势。儒学也在起作用，只是没有占上风。

“独尊儒术”，重视教育

汉武帝即位伊始，就开始重用儒生，倡导儒学。于是，以董仲舒为代表的汉代新儒学应运而生。董仲舒提倡的“独尊儒术”，既符合当时统治者的政治需要，也对儒学教育产生了深远影响。

▲《首尊圣统》。汉武帝时期重用儒生，倡导儒学。董仲舒提倡独尊儒术，重视教育。图为清代梁延年编《圣谕像解》，清康熙二十年（1681年）承宣堂刊本中对此事的描述。

儒家最重要的社会角色是教师，就是从事教育工作的。因此，从这个角度来看，独尊儒术也是重视教育的表现。董仲舒在三对策中提出独尊儒术的建议，并一再讲到教育的重要性。《汉书·董仲舒传》记载了董仲舒重视教育的一些思想观点，兹举几条：其一，“圣王已没，而子孙长久安宁数百岁，此皆礼乐教化之功也”。因此，所有统治者没有不重视教育的，没有不将教育作为重大事务的。“南面而治天下，莫不以教化为大务。”其二，教育是堤防，是防止奸邪的堤防，堤防完善，奸邪就很少；堤防一旦崩溃，奸邪就会泛滥成灾，用刑罚根本阻止不住。“是故教化立而奸邪皆止者，其堤防完也，教化废而奸邪并出，刑罚不能胜者，其堤防坏也。”其三，古圣王“立大学以教于国，设庠序以化于邑，渐民以仁，摩民以谊，节民以礼，故其刑罚甚轻而禁不犯者，教化行而习俗美也”。教育可以移风易俗，让社会安定，长治久安。习俗美，好的风俗习惯，是和谐、安定的基础，也是任何统治者的追求。其四，“故养士之大者，莫大乎太学。太学者，贤士之所关也，教化之本原也”。太学是培养人才的地方，也是政治统治的需要。

汉初这几十年，先是刘邦建立汉朝，至汉文帝即位时，汉朝才进入社会稳定的轨道，比较重视休养生息，发展经济，勤政爱民，节约开支。《论语·子路篇》载：“子适卫，冉有仆。子曰：‘庶矣哉！’冉有曰：‘既庶矣，又何加焉？’曰：‘富之。’曰：‘既富矣，又何加焉？’曰：‘教之。’”后人将这段话中孔子提出的“庶”“富”“教”归纳为“富而后教”的思想。综合来看，汉初这几十年正好是孔子所说的三个阶段：先是建立安定的社会秩序，人口增加，安居乐业；然后让人民富起来；再就是对人民进行教育。按现代的说法，就是安定社会、发展经济、提高文化。

本文发表于2013年7月22日《北京日报·理论周刊》文史版，
原题为《汉初的变与治》，
作者时任北京师范大学哲学系教授

贾谊：怀才不遇吊屈原

孟宪实

西汉是凭军事斗争建立起来的王朝，很多问题都是首次遭遇。汉代对功臣采取分封的手段进行肯定，当初跟随高祖刘邦打天下的功臣有一百四十三人被封为侯，史书中的记载很清楚，在举行封爵之礼的时候，还有相应的誓言，即“使黄河如带，泰山若厉，国以永存，爰及苗裔”。

跟随刘邦平定天下的功臣们，除了张良一心要退隐之外，几乎都成为新朝廷的重臣，成为辅佐皇帝的核心力量。清代历史学家赵翼，对此特别概括为汉初政治的“布衣将相之局”。从这个意义上说，功臣集团当然不是单纯的历史概念，他们在现实政治中也扮演着最重要的角色，皇权对于功臣的依赖，不仅是从前的功勋，更重要的是现实政治的维护与支持。相对

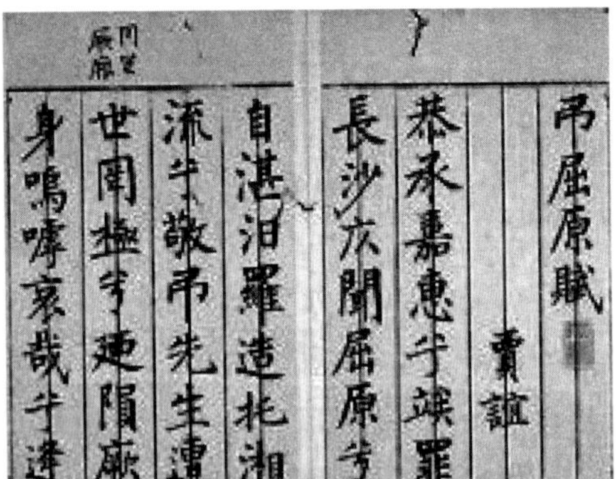

▲贾谊的《吊屈原赋》描写了一个善恶颠倒、是非混淆的黑暗世界，表现了对屈原深深的同情，也流露出对自己无辜遭贬的愤慨，但他不赞同屈原的以身殉国。

而言，新王朝要治理当今天下，虽然竞争对手被消灭了，但是治理任务同样繁重。汉高祖的《大风歌》有“安得猛士兮守四方”之句，这绝对是新王朝的急迫任务，而举目四顾，皇帝能够信任的只有功臣。

但是，战争是一个特殊时期，相较和平时期，战争时期是短暂的，政策是临时的，即使强化内部团结，注重内部分享，也是战时的权宜之计。如果把战时政策全部在和平建设时期沿用，就会严重阻碍国家转型。然而，功臣集团过分看重自己的权力，往往不能适应国家转型，他们甚至阻挠皇帝的国家转型倾向。

汉文帝的故事很能说明功臣政治对于皇帝的限制。功臣们稳定了刘氏天下，挡住了吕后家族权力发展的去路，汉朝重归刘家。而文帝当选，是功臣们的主意，追究其原因，就是因为文帝是庶出，长期生活在长安以外的代地，即使当了皇帝也容易控制。而文帝也只能适应这样的朝廷环境，长期隐忍不发。如果文帝与大臣发生分歧，通常都是文帝妥协。

西汉的这种政治状况持续的时间很长，比如《后汉书》的作者范晔著《二十八将传论》，认为云台二十八将不被光武重用（“光武不以功臣任职”）是因为汲取了西汉的教训。汉高祖以后，“迄于孝武，宰辅五世，莫非公侯。遂使缙绅道塞，贤能蔽壅，朝有世及之私，下有抱关之怨”。范晔还讨论了其造成的另一个问题，即功臣集团成为其他人发展的障碍。缙绅，通常是指学人士大夫，他们学而优则仕，本来就准备为国家尽其才力，但是因为功臣集团的阻挠，他们的人生道路走不通了。贤能之士，没有机会为国家效力，只能庸庸碌碌地混日子。朝廷上的达官贵人都有通世之好，担任小吏的人才当然要发声抱怨。

范晔所论，也是天下共知的问题。在这方面，贾谊可谓典型。在《史记》中，贾谊与屈原同传，而同传就是因为他们有共同之处，那就是怀才不遇。空有一番报国之志，有想法有能力，却不被重用，只能郁郁寡欢，被后人千百年同情。贾谊写过《吊屈原赋》，以极其哀痛之心替屈原抱不平，而所有人都知道，他这里存在着自己的幽情。其实，贾谊还是有所不同的，那就是汉文帝十分欣赏贾谊的才干，更可悲的是汉文帝也不能为贾谊做主，因为朝中执政的功臣看不上贾谊，皇帝虽然欣赏他，但也只能停留在欣赏的层面。读贾谊传，我们知道汉文帝一直惦念贾谊，有的时候甚至希望贾谊在外地做官消磨意志、熬光才气。可是，见面一看，贾谊依然才气十足。如果贾谊的才华消失了，文帝的自责之心会淡一些，可真实的贾谊让文帝更加痛苦。因为，如今的皇帝依然不能有所作为。文帝与贾谊见面，迫不得已，只能“不问苍生问鬼神”。

汉武帝时期，是西汉结束功臣政治的转折期，正是汉武帝时期，广泛采取了从社会上选拔人才参与政治的政策和制度。察举制是董仲舒提出、汉武帝采纳的选拔官员制度，它规定：二十万人口以上的郡国，每年给一个察举名额，四十万以上的给两个名额。为什么汉武帝时期采取新的察举制度？一个很重要的背景就是功臣政治衰落，需要一个更有活力的选官制度取而代之。

无独有偶，唐高宗打掉了长孙无忌的“关陇集团”之后，也在选官制度上加强了科举考试力度。汉朝的选官制度举孝廉是汉武帝时代大力推广的，唐朝的科举制度在高宗、武则天时代有了更大的发展。一个全新的时代正在展现，一个王朝的盛世景象开始酝酿。

本文发表于2016年1月18日《北京日报·理论周刊》文史版，
原题为《贾谊的幽情隐于〈吊屈原赋〉中》，
作者时任中国人民大学国学院教授

三国时期“千里马”为何特别多

李宗范

当残暴不仁、嗜杀成性的董卓暴尸街头时，被誉为名士的蔡邕却甘冒杀身之祸为其恸哭。何以如此呢？背后的原因何在？这就要从董卓的用人之道说起了。

▲蔡邕（133—192年），字伯喈。东汉时期名臣，文学家、书法家。图为《三才图会》所载蔡邕像。

《后汉书》这样评价董卓：“虽行无道，而犹忍性矫情，擢用群士。”也就是说，虽然董卓为人残忍，他却能够忍耐本性，积极选拔人才。于是，一时之间，“幽滞之士，多所显拔”。蔡邕就在董卓的选拔之列。《后汉书·蔡邕列传》中提到“卓重邕才学，厚相遇待”，董卓对蔡邕“甚见敬重。举高第，补侍御史，又转持书御史，迁尚书。三日之间，周历三台”。董卓在重用人才的同时不任人唯亲，“卓所亲爱，并不处显职，但将校而已”。善用人才也使董卓一度位极人臣，权倾天下。

三国时期，群雄逐鹿，不仅为各类“千里马”提供了展示才能的舞台，而且成为各方“伯乐”用人之道比拼的竞技场。在三国人物中，因重用人才而成就事业、不重用人才而毁掉基业的例子比比皆是，其中的用人之道，就是在今天也值得学习借鉴。

一是选人用人不拘一格，唯才是用。曹操用人，不看出身，不看地位，只要你有才我就敢用你，他的《求贤令》就是证明。在曹操招募的一批贤臣猛将中，既有从敌方投降过来的张辽、徐晃、张郃等干将，也有从普通士人中起用的郭嘉、程昱、刘晔等谋士，还有从老兵中提拔的于禁、典韦等将领，他们都成了曹家大厦的顶梁柱，为曹操立下了汗马功劳。相反，袁绍则“外宽内忌，好谋无断，有才而不能用，闻善而不能纳”，在用人上只看重人的门阀、阶层，而不看重才干。无疑，这是袁绍的败因之一。

二是用人所长，人尽其才，才尽其用。张昭善处政务，周瑜长于军事，孙权遵守其兄孙策“内事不决，可问张昭；外事不决，可问周瑜”的遗言，分别委二人以重任，可谓用人所长，各尽其才，相得益彰。赤壁之战，周瑜领军，以三万士卒大破曹操十余万大军，很好地证明了孙权用人的正确性。在三国人物中，诸葛亮堪称识人用人的高手。魏延虽“性矜高”，但“善养士卒”，又很能打仗。因此，在驻汉中时，任用其为汉中都督，领丞相司马、凉州刺史。杨仪虽也“性狷狭”，但有真才实学，诸葛亮也“深惜仪之才干”，量才使用。《三国志·蜀书·费祎传》中说：“终亮之世，各尽延、仪之用者。”而诸葛亮在使用马谡上的失误，恰恰没有做到用人所长。

三是善用情感激励人才，重义尚德。人才的作用能否充分发挥，除了外部的客观条件以外，人才自身的主观意愿也是一个非常重要的因素。情感激励，可以使人才心甘情愿、最大限度地发挥自己的才能。在这方面，刘备可谓精于此道。他通过“桃园三结义”，以手足之情使关、张二人死心塌地为其建功立业；通过“三顾茅庐”“白帝托孤”，又使孔明为蜀汉霸业呕心沥血、鞠躬尽瘁；为笼络赵云，他甚至不惜欲摔亲生骨肉阿斗于地上。曹操也是如此。他在擒获了关羽之后，以礼相待，封赏有加，明知关羽“身在曹营，心在汉”，也不忍杀之，终有华容道之报答。由此看来，情感激励，是最能够也最容易调动人才积极性的一招。我们现在常说的以感情留人、感情用人，就是这个道理。

从三国至今，已经有近两千年。时代在变化，人才选拔和使用的机制和环境都已发生很大变化，但识人、选人、用人的基本规律并未发生根本性变化，人才的重要性则更加凸显。从三国时期历史人物的用人智慧中，我们仍然可以获得诸多启示。

本文发表于2010年10月18日《北京日报·理论周刊》文史版，
原题为《蔡邕哭悼董卓的背后》，
作者为文史学者

曹操“求才三令”开启魏晋人才鼎盛之局

刘梦溪

中国历史上的魏晋南北朝时期，是思想纷呈、人才辈出的时代。儒释道三家，各有时代的代表人物，风格秀出，逸品独标，商酌辩难而不失其雅量。那个时代，礼赞人才，尊重对手。南朝佛教鼎盛，反佛的声音也能表达。于是辟佛勇士范缜出现了。毕生信佛、三次舍身的梁武帝带头和范缜辩论，亲撰《敕答臣下〈神灭论〉》，写道：“欲谈无佛，应设宾主，标其宗旨，辨其短长，来就佛理，以屈佛理，则有佛之义既蹶，神灭之论自行”，有模有样不失风度地据理力辩。

▲魏武帝曹操（155—220年），字孟德，小字阿瞒，沛国谯县（今安徽省亳州市）人。中国古代杰出的政治家、军事家、文学家、书法家、诗人。东汉末年权相，太尉曹嵩之子，曹魏的奠基者。图为《三才图会》所载曹操像。

梁武帝的敕答，经释法云转达给王公大臣会览，临川王萧宏、南平王萧伟、长沙王萧渊业、豫章王行事萧昂，以及沈约等六十余人群起难范，可以想见对范缜的压力有多大。但范缜毫不退缩，不可谓不勇，而之所以如此，也和梁武帝能够守持思论的规则，不以政治权力剿灭异端有关。诚如钱锺书先生所说：“缜洵大勇，倘亦有恃梁武之大度而无所恐欤？皆难能可贵者矣。”可知，当时形成我国历史上的人文鼎盛、著述宏富的一代文化景观，这不是偶然所至，而是渊源有自。问题是魏晋南北朝时期的人才闸门是如何打开的。如果“振叶以寻根，观澜而索源”，不能不追溯到曹操。

曹操其人，罗贯中《三国演义》首发其难，写出了一个活脱脱的奸雄形象，涂上的白脸，层层复复厚几许，要想剥掉则难上加难。但后世的文史研究者，欲还曹阿瞒历史本真的也不在少数。大家都记得郭沫若1959年写过《替曹操翻案》。对曹操给予特殊评价的还有大史学家陈寅恪。陈寅恪在研究魏晋思想的一篇文章（《书世说新语文学类锺会撰四本论始毕条后》）中也说：“夫曹孟德者，旷世之枭杰也”“读史者于曹孟德之使诈使贪，唯议其私人之过失，而不知此实有转移数百年世局之作用，非仅一时一事之关系也”。肯定曹操对“转移数百年世局”起了作用，这个评价可不低。

那么，对于曹操的“转移数百年世局”的历史作用，我们该从哪里说起呢？毫无疑问，应该从他的“求才三令”说起。所谓“求才三令”，指的是建安十五年（210年）、建安十九年（214年）、建安二十二年（217年），七年之中接连颁布的三道广招人才的诏令。为介绍之方便，我们不妨以第一、第二、第三令分别称之。

第一令主要表明思贤若渴、求贤之急，迫切希望与贤人君子“共治天下”，因此提出了“唯才是举”的鲜明口号。等于说，只要是人才就好，其他条件均可暂置而不提。

第二令是补充第一令所不够具体者，特别说明，不要怕用有缺点的人才，尤其不必处处都以德行来限人。之所以如是，道理在于：“夫有行之士未必能进取，进取之士未必能有行也。”如果由于人才的某些“偏短”而废弃这个人才，那么苏秦、陈平都不必用了。而无此二人，战国时期燕国的弱势如何改变？汉代的江山大业又如何成就？只有明白这个道理，才能做到“士无遗滞，官无废业”。

第三令网开更大，提出用人不要讲究出身，不要在乎有没有“污辱之名”。此令词赫然写道：“昔伊挚、傅说出于贱人，管仲，桓公贼也，皆用之以兴。萧何、曹参，县吏也，韩信、陈平负污辱之名，有见笑之耻，卒能成就王业，声著千载。”甚至即使“不仁不孝而有治国用兵之术”，也并非不可以起用。这未免太过出人意料了。

此三令一出，各类人才、各种人物，河满江泻矣。陈寅恪先生认为，曹氏之所以颁此三令，主要是针对他的对手而言，目的是破除汉以来既有的吏治结构，而以“有德者未必有才”的口号相昭示，其摧廓作用自必可观。然而道出多门、鱼龙混杂、泥沙俱下、奇诡争竞亦在所难免。尽管如此，最终毕竟形成汉魏时期的人才鼎盛之局。寅老所谓曹氏不无“转移数百年世局”之功用，其历史深涵，倘在斯乎？倘在斯乎？

本文发表于2013年7月15日《北京日报·理论周刊》文史版，
原题为《“求才三令”开启的魏晋人才鼎盛之局》，
作者时任中央文史研究馆馆员

起步晚的江南为何取代中原成为经济重心

包伟民

江南地区的开发，经历了一个相当漫长的历史过程。

考古学家喜欢用“满天星斗”一词来形容我国新石器时期各地广泛形成各具地域特色的古文明盛况。他们将那些已经被发现的数以千计的古文明遗址归纳为六大板块。在不同板块间，文明发展的速度是有差别的。相对而言，位于黄河中下游的中原地区无疑是中华文明的中心。因此，长期以来，人们总是将黄河比喻成中华民族的摇篮。典型地反映中华儿女对黄河这种自豪感情的文艺作品，自然首推由光未然作词、冼星海作曲，于1939年首次演出的《黄河大合唱》。这首交响乐以黄河为中华民族精神的象征，庄严地讴歌了中华民族坚贞不屈、顽强抗争的英雄气概，大大地鼓舞了当时全国人民抗击日本侵略者的斗志。

考古学家发现，在同样被归纳为古文化板块之一的长江下游地区，也早就有了相当发达的新石器文明。其中最具代表性的，一是于1973年被首次发现于浙江余姚的河姆渡文化。河姆渡文化大致存在于距今七千至五千年前，主要分布在东南沿海地区，已经发展出相当成熟的稻作文明。二是于20世纪30年代被发现、主要分布于太湖流域的良渚文化，距今五千三百至四千五百年。良渚文化以其精美的玉雕器而闻名。近年，考古学家还发掘出良渚文化时期的古城与大型水坝，更引起人们极大的关注。

自从长江下游这些发达的新石器文化遗址被发现，就有学者提出，以前我们只讲黄河是中华民族的摇篮，并不准确。事实上，长江与黄河这两条大河都是我们民族文化的摇篮。尽管如此，自从进入有文字记载的文明时期，相比于黄河流域，长江地区的开发相对迟缓，却是事实。在西汉史学家司马迁看来，江南“地广人稀，饭稻羹鱼，或火耕而水耨，果隋蠃蛤，不待贾而足”，因此“江淮以南，无冻饿之人，亦无千金之家”，经济开发明显落后于黄河中下游地区。而且“江南卑湿，丈夫早夭”，自然环境也比中原地区恶劣。

这样一来，长江下游地区古文明之发达与其秦汉时期的相对落后，似乎形成了一个明显的反差，令人困惑。著名史学家许倬云就曾著文《良渚文化到哪儿去了》发问。也有学者曾试图做出解释，例如以距今七千到六千年达到顶峰的卷转虫海侵、海平面上升的现象，来说明河姆渡文化发展似乎中断的问题。但是，不管怎么说，在人类农业发展的初期，相对干旱、疏松的黄土沉积平原，比江南的黏土湿地更容易开发耕作，这是不争的事实。

总之，在中华民族农耕文化发展的早期，黄河与长江这两大摇篮相依而行。相对而言，长江流域的发展速度明显比黄河流域迟缓，但是在它的内部，蕴含着巨大的发展后劲。我国地域辽阔，地区间自然条件与历史背景各不相同，发展速度相互间有一定落差。在各个不同的历史时期，往往会有某一特定区域成为全国经济最发达的地区，学术界一般称之为经济中心，或者经济重心。由于受自然、政治、军事、人口等多方面因素的影响，这种中心或重心，随着历史的演进，它们的地位往往会上下波动，于是形成重心转移的现象。大致来讲，中国历史上的经济重心是沿着黄河中游（关中）向黄河下游乃至长江下游这一路线转移的。

在很长一段历史时期里，我国经济发展区域主要在淮河以北的黄河流域，特别是黄河中下游地区。这里被称为中原地区，是古代华夏—汉族的起源地和活动中心。具体而言，从公元前六七世纪一直到公元七八世纪，我国的经济重心都在黄河中游的关中地区。秦国占据关中，以此为根据地，最后才有实力扫平六国，建立统一的帝制王朝；汉唐帝国也以此为全国的中心，将国都建在长安。

不过，这种状况后来发生了变化。一方面，关中平原因国都所在，税赋沉重，开发过度，更兼战火兵燹，慢慢开始衰退；江南地区经过长期积累，人口增长，技术进步，更因受战争等外界因素影响较小，发展加速，相比之下地位开始上升。从东汉后期开始，随着长江流域的不断开发，出现了新的经济发展区，人口数急剧上升，如太湖和钱塘江流域，鄱阳湖、洞庭湖周围及成都平原，都在不断发展，成为新的经济发展区域。到了东晋、南朝时期，匈奴人刘渊起兵建国，洛阳、长安相继失守，晋王室南移到今日南京，北方汉人也都纷纷大批移居长江以南地区。在五胡十六国混战更迭时期，北方人民为避战乱又陆续大批南下。这就为南方生产增加了劳动力，也带来了先进的生产技术，促使战乱较少的长江以南地区经济、文化得到迅速发展。

江南的经济发展，到隋唐时期表现得更明显。隋炀帝开凿了北起涿郡、南到杭州的大运河，其主要目的就是要把江南丰富的物产往北运调。而大运河一经开通，就成为南北交通的大动脉，对促进全国经济、文化的交流和发展起了重大作用。到唐代安史之乱后，黄河流域成为藩镇割据混战的角逐场所，社会经济遭到破坏；江南地区却比较安定，加上不断有北方人因躲避战乱移居江南，给江南增添了劳动人手。因此，在唐朝后期，江南地区的社会经济仍然保持迅速发展的趋势，粮食生产跃居全国首位。

这样，由于南方地区的自然条件较北方优越，社会环境较北方安定，在南北方生产力水平日趋接近的情况下，一旦中原人民为避战乱大量南移，南方人口超过了北方，其经济发展速度也必然赶上并超过北方。这种情形大约在两宋时期出现了。到了12世纪后，南方人口已是北方人口的近两倍，垦田数和赋税总额都超过了北方。商业发展到南宋时期发生了明显变化，西北陆路商道已让位于东南海道。只有畜牧业是北方经济的强项，手工业也是南北双方各有所长。古代中国长期以来是农业国家，所以，全国经济重心的转移是以农业经济为标准的。从

▲衣冠南渡，最初指的是西晋末，晋元帝避乱渡江，在建康（今南京）建立东晋的事件，当时大批缙绅、士大夫及庶民百姓随之南下，史称“衣冠南渡”。后“衣冠南渡”逐渐演化为熟典，代指缙绅、士大夫等避乱南方并落地生根的事件。

此，中国的经济重心就由北方转移到了南方。在南方，相对而言，经济最发达的地区，即重心之所在，就是长江下游，即后来狭义的江南。

本文发表于2019年11月18日《北京日报·理论周刊》文史版，
原题为《中国古代经济重心是如何转移的》，
作者时任中国人民大学历史学院教授

北魏孝文帝改革抓住了什么关键点

陈忠海

魏孝文帝改革面临的特殊情势

北魏是南北朝中北朝的第一个政权，由拓跋氏建立。孝文帝拓跋宏继位于471年，这时虽然距拓跋珪定国号为“魏”已经过去了七十三年，但落后的文化、制度造成的各种问题已经充斥到北魏社会的方方面面：许多鲜卑贵族仍保留着游牧时期的风习，喜欢依靠暴力抢劫或肆意搜刮的方式攫取财产和人

▲拓跋宏（467—499年），汉名元宏。太和十八年（494年），以南伐为名，迁都洛阳，全面改革鲜卑旧俗，史称“太和改制”，有效地缓解了民族隔阂，促进了文明进步和民族融合。图为龙门石窟中的魏孝文帝出行浮雕照片。

口，朝廷缺乏规范的官俸体系，经常以颁赏的方式来分配财富；朝廷虽然任用了一些汉官，但一些鲜卑旧贵族内心拒绝接纳他们，认为“北俗质鲁，何由知书”，有的则提出鲜卑人的特性就是勇武，崇尚儒学会丧失种族优势；国家没有统一的土地和租税制度，州、郡、县争相收取租税，所使用的衡器也大小不一，一些官员趁机中饱私囊，史书将他们称为“饥鹰恶虎”；虽然推行汉化多年，社会上仍流行穿胡服、讲胡语，汉化成效不明显。

“太和改革”与“孝文帝中兴”

孝文帝继位时年仅五岁，由祖母冯太后养大，未成年前由冯太后执政。孝文帝年轻时注意学习儒家经义、史传百家，积累了丰富的治国经验，在他二十三岁时冯太后驾崩，孝文帝开始亲政，随即便掀起了一场全面改革，当时的年号是太和，这场改革也被称为“太和改革”。

“太和改革”由孝文帝亲自设计和主导，是一场全面、系统性的改革，主要措施包括：效仿汉族王朝礼仪建明堂、太庙，制定郊祀、籍田等制度，祭祀舜、禹、周公、孔子；在中央建立系统规范的官制，颁布《职员令》，确定百官秩品，官员分九品，每品又分正、从，共十八个品级，分别制定了俸禄标准，解决官制混乱和缺乏薪俸制度的问题；在基层实行“三长制”，即邻、里、党组成的乡官组织，以此加强户籍管理，取代过去实行的宗主督护制，克服地方豪强隐匿包藏人口的弊端；颁行均田令，根据性别不同对成年百姓制定了具体的授田亩数，分露田、桑田两种，露田种植谷物，不许买卖，十五岁以上男子一般授四十亩，女子减半，这些田地需要在七十岁时交还国家，桑田主要用来种植桑、榆、枣树，可以买卖，不用交还国家；统一租税制度，其中收租以一夫一妇为基本单位；禁止士民穿胡服，规定一律改穿汉人服装，百官改着汉人官服，禁用胡语，规定“不得以北俗之语言于朝廷，若有违者，免所居官”。

由孝文帝亲自推动的这场“太和改革”基本上取得了成功。经过改革，北魏所管辖的北方地区社会经济有了明显发展，农业生产得到恢复，粮食产量增多，畜牧业、手工业和商业都日益活跃，百姓的生活得到明显改善。改革后，从鲜卑统治者到社会各阶层对汉族先进文化、制度接受的程度进一步加强，加速了北魏政权的社会转型，使其完成了由奴隶社会向封建社会的转变，各民族进一步融合，历史上称北魏的这一时期为“孝文帝中兴”。

吏治保障了“太和改革”的成功

这是一场任务极为繁重、过程极为艰难的改革，但它基本上取得了成功，实现了王朝中兴。能做到这一点很不容易，孝文帝抓住了怎样的改革关键点呢?

一方面，改革的大方向是正确的，是先进文化、制度对落后文化和制度的取代；另一方面，孝文帝本人的改革意志和决心起到了关键性作用，在改革面临保守派阻挠和挑战的时刻，孝文帝始终坚定改革方向不动摇，对破坏改革的势力进行强有力打击，扫除改革障碍，同时他还注意选贤任能，培养改革中坚力量，推动改革持续不断向前迈进。

此外，改革需要人来推动，各级官员是否支持改革、能不能以较强的执行力投身到改革之中也是成败的决定性因素。在孝文帝亲自主导下，北魏颁布了《考课法》，专门对各级官员进行考核，该法分外考法令和内考法令两部分，外考法令主要考核地方官员，内考法令主要考核中央官员，规定官员三年进行一次考核，考核结果决定官员的升迁罢免，通过考核“令愚滞无妨于贤者，才能不壅于下位”。《考课法》颁布后，孝文帝亲自主持对五品以上官员的考核，他把关很严，只有“心平性正、抑强哀弱、不避贵势、直情折狱”的官员才能被考评为上等。

除了加强日常考核，孝文帝还加强了对官员的监督，为此专门颁布了《御史令》，规定了御史的监督职责和权力。为了给御史树威，孝文帝经常以各种方式肯定他们的工作，御史中尉李彪为人刚直，因为他监督严格，使得“天下改目，贪暴敛手”，孝文帝便一再对他进行表扬，在群臣面前特意亲切地称他为“李生”，还表彰说：“李彪之直，是我国得贤之基。”

对于那些贪官污吏，孝文帝则给予毫不留情的打击，在颁布官员俸禄制时他诏令“禄行之后，赃满一匹者死”，这个处罚标准相当严厉。在执法中，孝文帝强调“克己忍亲，以率天下”，从而做到不避亲疏、一视同仁，他身边一些亲近的人，无论宗室、戚属还是近臣，一旦犯法都毫不留情。史书称孝文帝在位时“肃明纲纪，赏罚必行，肇革旧轨，时多奉法”，这一时期“吏清政平，断狱省简”，是历史上吏治相对清明的时期。

从《职员令》到《考课法》《御史令》，都是在用制度来加强官员队伍建设。由于这些制度规定具体、执行严格、监督到位，因而取得了成效，贤才脱颖而出、庸才被淘汰、贪官被惩处，使官员队伍保持了活力和执行力，从而能够承担起繁重的改革任务。这大概是孝文帝改革基本上取得成功的最根本保障。

本文发表于2018年4月23日《北京日报·理论周刊》文史版，
原题为《治吏：北魏孝文帝“太和改革”成功的关键》，
作者为文史学者

一部好法奠定盛唐气象

李大华

我们知道，近代西方（比如英国）的发达，与新的生产力出现有关系。瓦特发明了蒸汽机，从手工作坊进入了现代工业，英国日渐强大，变成一个日不落帝国。唐朝并没有出现新的生产工具，但是在短短的二十多年间就治理成了一个中央帝国，盛唐气象非常宏大。那么，唐朝人有什么样的智慧能把一个积弱积贫的国家治理成这样呢？

一部好法律治理出了一个盛唐

盛唐气象的形成，离不开言论开放、思想解放和宽松的社会文化政策，这是史学界的共识。但我想从另一个方面——一部好的法律开始谈起。一个人治的国家，没有一部好的法律，可能这一代治理好了，换一个领导人就不好了。所以，一部好的法律才是国家长治久安的基础。这一部好的法律就在唐朝出现了，叫作《贞观律》。

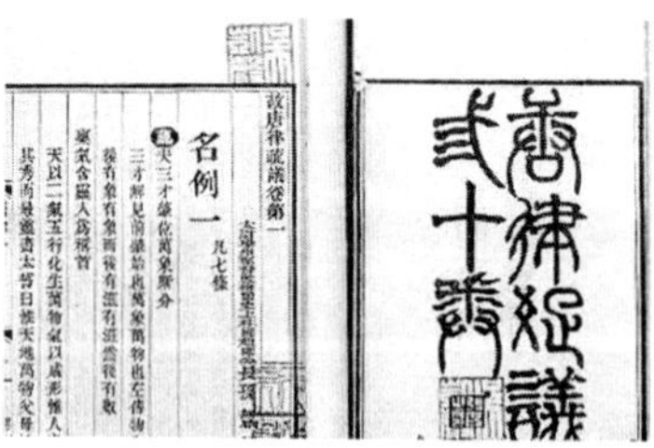

▲《唐律疏议》又称《永徽律疏》，是东亚最早的成文法之一，亦为中国现存最古老、最完整的封建刑事法典，是唐高宗永徽年间完成的一部极为重要的法典，是在《贞观律》基础上修订而成的。

《贞观律》是如何出现的？

我们先要说说唐朝之前的法律是怎么回事。在历史上，战国时期秦国搞了“商鞅变法”，商鞅、韩非子这些人都力主法治，但是那些法律太严苛，不近人情。陈胜、吴广是怎么起义的？他们从江东被发配到北方去修长城，正好遇到雨季，河水暴涨，按照规定时间他们不能够到达长城，依照秦朝的法律，应一律处死。陈胜、吴广就想，反正都是死，还不如反了，所以砍了一根竹子，随便拉起块布条就起义了。秦朝的强大是因为商鞅变法，同时也是因为法而亡了国。错在哪里？唐朝的柳宗元写了一篇文章叫作《封建论》，总结了秦朝灭亡的历史教训，他认为秦朝的过失不在于它的法制，不在于它的制度，而在于它的做法错了，不近人情，没有体现对人的关怀。

汉朝立国，萧何跟着刘邦走南闯北，征战天下。每到一个地方，别人去抢财物，抢金银财宝，但是萧何从来不干这事，他每到一个地方就搜集典籍、文献，所以立国的时候刘邦叫他搞一部法律，叫作《九章律》，我们现在看到的成文法律最早的就是汉朝的《九章律》。《九章律》当然也是比较简单的。隋朝有个《大业律》，但是隋朝统治的时间很短，三十几年就完了。李渊进驻长安后，就修法律，搞了个《武德律》。李渊做皇帝只有八年时间，《武德律》是依照《大业律》修改的，比较仓促，而天下还没有太平，仍在打仗，《武德律》来不及实施。

到了太宗时期，为了稳定天下，要立一部好的法律。贞观元年（627年），太宗下令重新修律，谁去做这个事情呢？当时长孙无忌是有功劳的人，他就把长孙无忌任命为宰相。但是长孙皇后坚决反对，第一次反对不成，再次反对，她说："皇上，您真是要我们长孙氏家族好，就不要叫他做宰相，我们家族已经恩宠过重了。"长孙皇后是一个了不起的女性。这次长孙皇后下跪求太宗免去长孙无忌的宰相职务，太宗才把他免掉。之后，长孙无忌在家无所事事，太宗说你有事情干了，请你来主持修唐律，不要急，慢慢来，花十年八年的，一定要修一部好的法律出来。直到贞观十一年（637年），它才颁布。它也确实是当时世界上较好的一部法律，盛唐气象离不开它。

一群怎样的人制定了这部法律

参与制定这部法律的有几个人呢？长孙无忌是一个，还有房玄龄、杜如晦、魏徵。唐朝实行三省制度，门下省、中书省、尚书省，这三省之间形成监督平衡。长孙无忌、房玄龄、杜如晦、魏徵这几个都是头头。

房玄龄的性格有点像汉朝的萧何，举轻若重，杜如晦是举重若轻，所以唐朝初年"房杜"这两个人是非常重要的，是绝配。房玄龄考虑事情非常周密，孜孜奉公，一生非常谨慎，做事情很周密。但是，如果杜如晦不在的话，太宗就不下定论，非得等杜如晦来。武德年间，李世民和他的哥哥、弟弟争皇位的时候，他的哥哥李建成把李世民手下的悍将一个个打发走了，派到外地，让他手下无人，以此来削弱他，杜如晦也要被派出去了。这时候房玄龄等几个人说，"您想要争天下，这个人一定不能让他走，必须留下来”。太宗就硬是想办法把杜如晦留下来了，后来在玄武门事件中，杜如晦起了重要作用。房玄龄干的事情跟萧何一样，每次仗一打完他就去搜集文献和法律条文。

魏徵的故事便多了，他原来是太宗的对头李建成的幕僚。太宗把他逮住以后没杀他，第一句话就问他，你为何离间我们兄弟之间的关系？这话问得很直接，魏徵说，“太子要是早听我的话就不会有今日了”。英雄说话是这样的——直言。后来魏徵被任命做谏议大夫，谏议大夫就是个言论官，有批评皇帝之责。魏徵在唐朝起草这部法律的过程中起了至关重要的作用，但是，他其实不懂法律，他不像房玄龄、长孙无忌是专门研究这个的。史书都有记载，他不懂法律，但懂德行，懂道德。魏徵把道德的东西、仁义的东西都塞到法律里面去了，唐朝的法律好就好在这里，它有人道基础。

为何说《贞观律》是一部好法律

《贞观律》好在哪里？它有很好的道德基础，讲德行，讲仁德；它谨慎，郑重，有原则，而且具有持续性。大家知道美国现在有枪支的问题，从克林顿时期就一直要禁枪，到现在也没有完成。根源在哪里？不是来复枪协会势力大，而是因为《宪法》不能随便动。

法律要有利于维护人民的伦常关系，维护一种公平的关系。魏徵有一句话：“故圣哲君临，移风易俗，不资严刑苛法，在仁义而已。"《贞观律》据说把严刑苛法削减了三分之一多。唐朝时期，父母跟子女的关系、夫妻之间的关系是很神圣的，不能随便检举，必须维护亲情关系。有人问：有人谋反怎么办？太宗说，如果发生这种事情，我们也不能破坏规矩，有人谋反，也不主张他的子女和夫妻之间互相检举，这就是维护亲情关系，立法必须这么规定，由别人去检举好了。

执法过程当中的关怀与同情。光有好的法令还不行，还必须程序公正。魏徵说，"疑则与众共之，疑则从轻者"，这是什么意思呢？凡是有案子我们很难断得清楚的时候，缺乏足够证据的时候，我们要组织大陪审团一起来商量这件事情，不能几个人说了算。唐朝发生重大的案件，朝廷三品以上的官员都要来审理该案，一起讨论，慎之又慎。对重大的案件，尤其是死刑犯，崇尚"三覆奏""五覆奏"的奏制。凡是杀人，皇帝要亲自准许才行。不仅如此，唐朝还有一个废除死刑的议论。长孙无忌负责起草法律，最后有一条扯来扯去，太宗不愿意杀人，说能不能废除死刑。当时有人提出，可以断他的手指头、脚指头以代替死刑，太宗一想，剁了手指头、脚指头是对他父母的不尊重，这违背了亲情关系。随后，四川一个官员想了一招，他说是否可以把罪犯流放，把他放到一个没有人烟的地方让他活着，让他成天思念自己的亲人，让他觉得生不如死。太宗高兴了，说好。唐朝最终没有废除死刑，但是讨论过废除死刑这个事情，这是很有意思的。

法律体现了对社会公正的追求。太宗说，"法者，非朕一人之法，乃天下之法”。一天，长孙无忌去面见皇上，按规定进宫是不能佩带武器的，所有刀剑都要卸下来，但他完全忘了这事，就闯进去了，门卫也没察觉，于是闯了禁区。大家看《水浒传》里面林冲是怎么犯罪的，高俅设了圈套让他钻，他不知道，闯进去了发现是禁区，被抓了。长孙无忌带了刀进宫见皇上，这是死罪。但是他没有任何谋反的企图，怎么能判他死刑呢？最后门卫校尉官被判死刑，你为什么不拦住他？长孙无忌怎么处理呢？罚他款，关他几天。这个事情太宗也没有提出异议，但是大理寺的官员坚决反对，说皇上颁布法律，人人都在法律之下，没有人可以超越法律，为什么长孙无忌轻判，而卫士要被重判？大理寺提的方案是，卫士是受长孙无忌牵连，也应轻判。最后太宗免了卫士的死罪，这样体现公平。

《贞观律》就是这样一部法律，平衡了法与情、法与人道、法与德行，集中了唐朝人的智慧。唐朝文化的开放正是基于这一部好法律，各种文化只要遵守法律就能和谐共处。这样的治理终于使唐朝成为当时的中央帝国，赢得了万邦来朝、万民齐颂和万里繁荣。

本文发表于2015年10月12日《北京日报·理论周刊》文史版，
原题为《盛唐气象谁奠基——从〈贞观律〉的制定谈起》，
作者时任深圳大学教授

正史中的武则天

胡　戟

在竭力维持男尊女卑秩序的传统社会，武则天一度成为褒贬争论最多、留下疑惑最多的历史人物。我们至今连她原来的名字都不知道。而她如何能操纵皇权近半个世纪，做了中国历史上唯一的一位女皇帝，更是一个至今值得研究的历史难题。

唐太宗十二年的四品才人

武则天应是出生在大唐开国才数年的京城长安（今陕西西安）。父亲武士彟曾参加太原起兵，算是开国功臣，官居三品工部尚书。三岁以后的武则天还曾随改任都督的父亲去过利州（今四川广元）、荆州（今湖北江陵）。贞观十年（636年），长孙皇后去世，翌年，唐太宗闻其美，召她入宫。母亲为将入深宫的女儿担忧，十四岁的小武则天竟说安知非福，充满憧憬，进宫做了唐太宗的四品

▲武曌（624—705年），即武则天，武周开国君主，690—705年在位。也是中国历史上唯一的正统女皇帝。图为《历代古人像赞》所载武则天像。

才人。长长的十二年里，武则天只留下唐太宗赐名“媚娘”，以及她要用铁鞭、铁树和匕首制服烈马“狮子骢”等很少几个故事。那句“唐三世之后，女主武王代有天下”的传言，还差点要了她的性命。有人以为在唐太宗身边，她大获宠幸，得到培养。但从十二年间，她的才人地位没有提升一步，而且唐太宗是位能广播龙种、留下三十五个孩子的父亲，随后跟了唐高宗的武则天接连有了六个孩子，可她没能为唐太宗添一个子嗣等情况来看，那十二年的后宫生活应该是被冷落的，非常寂寞。这才会与入宫侍疾的太子李治暗通私情。

唐高宗时的垂帘听政

唐太宗去世没一两年，进了尼寺的武则天被唐高宗接回宫中，改授二品昭仪。他俩的长女，有说是她为嫁祸王皇后而亲手掐死的。事情真相难明，但唐高宗确实是自此断了和王皇后的结发情，以皇后无子为名提出改立武昭仪为后。这件和易储连在一起的大事，在官场引起轩然大波。操纵外廷的托孤大臣、太上国舅长孙无忌，率领除了寒门出身的李勣以外宰相班子的全部人马介入这场后宫的争斗，“濒死固争”。褚遂良、韩瑗、来济谏诤说：皇后名家，不可轻废。一定要换，也要妙择天下令族、礼义名家，不可立武氏。还抬出妲己、褒姒等女祸倾覆殷周的故事为亡国的鉴戒。宰相中唯有李勣对皇帝说：“此陛下家事，何必更问外人！”暗示他不要理会众人的反对，于是唐高宗拿定了主意，废王立武，后宫易主。

尔后四年间，武则天不歇手地把王皇后与长孙无忌一党彻底整垮。王皇后和萧淑妃惨死于冷宫，褚遂良被贬死于爱州（今越南清化），长孙无忌在黔州（今重庆彭水）被逼自缢，韩瑗死在振州（今海南崖县西），还开棺验尸。此外，来济远贬庭州（今新疆吉木萨尔），于志宁免官，长孙氏、柳氏、于氏和褚氏一批亲属子弟或杀或贬，他们在朝中的势力被摧残殆尽。“自是政归中宫”。麟德元年（664年）又挫败上官仪等人谋废武则天皇后位的计划，指使人诬告他们与废太子李忠谋大逆，于是上官仪、上官庭芝父子被杀，上官庭芝的妻子和女儿上官婉儿没入宫掖为婢，监禁在黔州的李忠被赐死。武则天也吸取了自己“自专恣”“专威福”惹恼皇帝险遭黜的教训，善处与终究是废立生杀大权在握的皇帝的关系。多病的唐高宗也需仰仗皇后的才智帮他治国，从此两人关系和谐。每当上朝，武则天都跟随垂帘听政，“天子拱手而已，中外谓之二圣”。

推动多项改革

在这场斗争中，双方营垒分明：王皇后、长孙无忌一边，是士族门阀地主最后的政治代表关陇集团；武则天和李勣，是被他们排斥的新进寒门地主的政治代表。武则天的胜利，终结了魏晋以来士族门阀地主控制中央政权四个半世纪的历史。这时“不叙武氏本望”的《氏族志》被废止，强行推行以后族为第一等，五品官皆入士流的《姓氏录》，这是武则天一伙推动的有社会意义的改革。

取代以门第授官的科举考试制度在武则天时也有重要发展。每年取士的人数比贞观年间扩大一倍，而且更加重视以文章取士，唐玄宗开元之治的名相姚崇、宋璟、张九龄和文坛巨擘陈子昂、刘知几等，都是这时通过科举制度选拔出来的杰出人才。在用人方面，她有“当代谓知人之明，累朝赖多士之用”的声誉。

上元元年（674年）她上书“劝农桑，薄赋徭”为首的“建言十二事”，是一个内容涉及国家经济、军事、社会、政治的政纲。

任使酷吏大肆杀伐

逐渐成长起来的儿子们成为权势欲极强的母后继续干政的麻烦。史书上有武则天先后杀害了自己的大儿子李弘和二儿子李贤两位太子的说法。其实大儿子李弘可能死于“旧疾”“沉疴”的突发。次子李贤与母后一向不和的原因，应在宫人私下传说的“贤是后姊韩国夫人所生”透露的宫廷秘密，是唐高宗婚外恋引起的麻烦。弘道元年（683年）唐高宗去世，遗诏：“军国大事有不决者，兼取天后进止。”他们的第三子李显继位，新皇帝不过是想让岳父韦玄贞当宰相，授予乳母的儿子五品官，仅两个月就被废黜。文明元年（684年）二月，立的小儿子李旦（唐睿宗），居于别殿，不许参与政事，武则天以皇太后身份临朝称制。从此到武则天下台的神龙元年（705年），其中包括天授元年（690年）起武则天称帝的十多年，武则天“圣衷独断”，是掌握着全部皇帝权力的二十一年。

在武则天临朝称制和称帝的时期，最引人注目的事件，是光宅元年（684年）以徐敬业为首的扬州起兵、垂拱四年（688年）的宗室起兵和自文明元年（684年）至万岁通天二年（697年）长达十四年的酷吏政治。失意官僚和李唐宗室两次发动武装叛乱都被顺利平息，武则天任使酷吏，以滥刑恐怖为回报。先在朝堂设铜匦，接受告密文书。又很快拉起一支凶残狠毒没有人性的酷吏队伍。后来受到禁锢惩治的二十七名大酷吏中包括周兴、来俊臣等臭名昭著的家伙。他们编写《告密罗织经》，教唆其徒陷害无辜，设计出“定百脉”“求即死”“死猪愁”等刑具和“驴驹拔橛”“凤凰晒翅”“猕猴钻火”“方梁压髁”等骇人听闻的酷刑。凡下制狱者，几乎无一生还。那是专制政治历史上极黑暗极恐怖的一页，武则天本人因而也难逃“千古未有之忍人”的恶名。不过武则天在酷吏猖獗时悉心保护了徐有功、魏元忠、狄仁杰等一批直臣，而当皇权在她手里逐渐巩固时，她便陆续处置了包括周兴、来俊臣在内的大部分酷吏，放弃了酷吏政治，并在生前下诏平反了包括王皇后在内的所有冤狱，力图洗刷自己“淫刑之主”的恶名。

国家治理颇有成效

武则天对国家的治理倒是颇有成效。武则天一贯强调“建国之本，必在于农”，以她名义编写的《兆人本业》，通过到朝廷述职的朝集使们颁行各地指导生产，她要求刺史县令“敦劝农桑，均平赋役”，以“田畴垦辟，家有余粮”作为官员考核擢升的基本条件。经济方面成功的最大秘诀，是对当时的“盲流”——违法脱籍逃避税役的逃户，有所宽容，保护了这支“亡逃过半”、其实多半是自发向狭乡荒僻地区讨生活的庞大生产力，一批新的县制因逃户的开发而建立起来。全国的人口，在神龙元年（705年）即她退位去世那年达到六百一十五万户，比贞观时期增加一倍。经济上为“开元盛世”奠基。

武则天还成功地缓和了和周边民族国家全面紧张的局面。对叛唐复立的东突厥，以极大的耐心和宽容争取和解，最后在对契丹作战时得到突厥默啜可汗的配合，使骚扰河北的战火很快平息下来，武则天授予默啜“立功报国可汗”的称号；西突厥继往绝可汗斛瑟罗率领余众六七万人入居内地，武则天改封他为“竭忠事主可汗”，后来用他镇守碎叶（今吉尔吉斯斯坦托克马克附近）；吐蕃自松赞干布和禄东赞死后，在西边为患三十年，武则天很有战略眼光地派军队同吐蕃反复争夺安西四镇，最终在长寿元年（692年）由王孝杰收复了四镇，派三万汉兵镇守，以拱卫西北边防，维护东西方丝绸之路的畅通。

大唐的历史，由贞观之治，经过武则天的治理，迅速迈向“开元盛世”。可是神龙元年（705年）正月，她在一场突发的宫廷政变中下台，唐中宗李显复位，改周为唐，一切又回到原来李唐王朝的轨道上。表面上是她重用张易之、张昌宗带来的麻烦，深层次的原因是当年酷法滥刑在君臣间留下了深深的裂痕。武则天不能不为自己制造的那场骇人听闻的人道主义灾难，付出最后丧权下台的代价。

本文发表于2015年1月19日《北京日报·理论周刊》文史版，
原题为《正史中的武则天的正面与侧面》，
作者时任陕西师范大学教授

抑奢崇俭，堪称历史难题

完颜绍元

唐代文宗大和四年（830年）四月十八日，一个题为《申禁车服第宅逾侈敕》的诏令自上而下颁布全国，要求各级官吏立即刹住车服宅第互争豪华的奢侈之风，“各务素朴，弘兹国风”。有敢继续犯规者，御史马上劾奏。此前此后，像这种以惩革积弊、振刷风气为取向的倡俭黜奢，还有汉代昭宣中兴、明代弘治新政、清代嘉庆维新等多个历史片段，利钝得失，异同互见。

奢侈之风必致贪腐

历代倡俭反奢的缘由，几乎都是因富启奢、由奢滋腐乃思惩革积弊的规律。以西汉为例，汉初国穷民困，皇帝乘车配不起四匹毛色相同的马，将相只能乘牛车。后经文景之治，国家财政在经济持续发展的基础上日渐富足，于是“公卿大夫以下争于奢侈”。京师储币累百巨万，太仓陈粟充溢露积。钱太多了挠心，“宫室、列观、舆马益增修”，到处兴造楼台馆所、豪华车辆，乃至谁若驭行母马便遭人耻笑。如此折腾的后果，不仅是海内虚耗，还败坏了吏治与风气。司马迁所谓“物盛而衰，固其变也”的感叹，由此而来。

历史上，打江山的胜利者多能记取“成由勤俭破由奢”的教训，因而大都注重“制奢俗以变俭约，止浇风而反淳朴”，其主要手段就是用法令制度的形式，对广大臣民的各种消费性行为加以严格规定。不同品级的官员，居、行、服、器各有定式，不许僭越；典礼、巡行、差出、宴饮等各种职务消费，也都有相应规定。

不过从历史上看，好像任何一代“舆服制度”的执行都很难摆脱前紧后松的通例。随着生活富裕，奢侈之风滋生蔓延，住房、乘车、服饰、器用等多有违规。更有不少现任官员利用职权以逞奢华。公吃公喝时时可见，“虽有禁例，多不遵守”，凡欢迎到任、接待差使等种种名义，大都“制备酒席、礼物，互相好盛，用度无节”。有一份写于明成化十五年（1479年）八月的奏疏说：各地有司“多有妄兴造作”，重点都是修建气势奢华、起居舒适的机关楼所。清嘉庆皇帝说：“朕闻向来兴举大工，每于工次搭盖馆舍，并开廛列肆，玉器钟表，绸缎皮衣，无物不备，且有倡妓优伶争投觅利。其所取给者，悉皆工员挥霍之赀；而工员财贿，无非由侵渔帑项而得。”

这些“光鲜”场面，都需要有财力支撑，仅靠“廉俸”肯定是不够的，所以官场奢靡相尚而致政风衰颓之后，必是贪风兴起，吏治腐败。唐文宗朝反奢诏书说：“车服第室，相高以华靡之制；资用货宝，固启于贪冒之源。”明孝宗朝反奢诏书说，“盖奢侈则用必多，用多则财必不足，财不足则贪暴行”，都是对因奢启贪之内在逻辑的精辟揭示。

历史上的“锐意惩革”，多从抑奢崇俭、振刷风气入手

因奢滋腐，百弊相生，所以历史上的“锐意惩革”，多从抑奢崇俭、振刷风气入手。唐文宗在即位诏书中宣布“以慈俭为宝”，除了立即停建或拆毁御马坊、马球场等一应建筑，对皇家戏剧音乐歌舞娱乐等单位大加裁减外，还明令改革皇帝巡行的应接礼仪，不得陈设花蜡，不准结彩华饰，也不许拆毁民众坟丘以拓宽道路等。明孝宗从即位起便以革除奢弊、节用恤民为急政，“内外衙门修建寺塔、庵观、庙宇、房屋、墙垣等项一应不急之务，悉皆停止，不许擅自移文兴工，违者治以重罪”。还多次取消上元、端午、冬至、庆成等节日官宴，“以节钱钞”。嘉庆一朝反对奢华，尤称雷厉风行。亲政伊始便革除了严重败坏官风的进呈古玩器物的积年大弊，违者以抗旨论。颁旨罢贡玉石后，“一时珠玉之价，骤减十之七八”。

欲求惩弊黜奢的长效，必须加强对相关制度的维护。唐文宗说“理道所关，制度最切”，就是这个道理。本文开篇提到的《申禁车服第宅逾侈敕》，在强调“俭以足用，令出惟行”的同时，坦言“积习流弊，余风未革”，并指出主要原因便在于“有司不禁”，制度废弛。鉴于违规现象普遍，文宗遂特命尚书左仆射王涯对制度重加整理。王涯在综合各部门意见的基础上，依据律令格式，结合现实情况，拟成了《准敕详度诸司制度条件》，内容包括服饰、车马、导从、住房、器用等多个方面，对于官员各依品秩高低、职事繁简的不同待遇，皆有具体的限制性规定。

如何将扭转奢靡之风的一时成效常态化，是个历史难题

无论除奢返俭还是惩虚崇实，凡振刷风气，都不能缺少庙堂高层欲正他人先正自身的表率作用。唐文宗不仅本人衣食俭朴，厉行节俭，还要求皇亲国戚和上层官员“皆务俭薄，率先兆人”。其女儿延安公主只因所穿衣裙宽大费料，即以“衣服逾制”遭到面斥，按照各人管好太太子女的原则，连累驸马窦澣被扣两个月俸钱。

然而，唐文宗的宰臣们对皇帝带头“恭勤节俭，冀革其风”的成效，有个客观评价：“陛下节俭省用，风俗已移，长裾大袂，渐以减损。若更令戚属绝其侈靡，不虑下不从教。”听话听音，距真正“绝其侈靡”还远，主要是因为亲贵外戚这个特权阶层在释放负能量。正史记载，王涯主持制定的《准敕详度诸司制度条件》经文宗批准颁发后，马上引发了权贵们的激烈反对。监督法令实施的京兆尹兼御史大夫杜悰不敢得罪这些人，只好采取变通办法，先拣比较容易实施的部分推行，其他则放宽限制。

除了积习难改、抗令违禁者，还有见风使舵、弄虚作假的。嘉庆帝倡俭反奢时，皇族中有个叫昭梿的私下写道：“今上复以恭俭率天下，故在朝大吏，无不屏声色，减驺从，深衣布袍……以自诩其节俭。”并具体点出什么人什么人，都是声色自娱的底子，眼下仅仅是为了迎合“今上”才装模作样，“亦一时风气然也”。等风头一过，故态复萌或当不免。由此看来，怎样才能使改变风气的一时成效转为常态化、长效化，似

乎是一个永恒的课题。

清朝官场风气一瞥

王府豪宅

英国人托马斯阿罗姆绘于1843年

◀豪华奢侈的生活需要有财力支撑，仅靠“廉俸”肯定是不够的，所以官场奢靡相尚而致政风衰颓之后，必是贪风兴起，吏治腐败。历代倡俭反奢的缘由，几乎都是因富启奢、由奢滋腐乃思惩革积弊的规律。图为英国人所绘清代王府豪宅。

本文发表于2014年6月9日《北京日报·理论周刊》文史版，

原题为《抑奢崇俭的历史难题》，

作者时任上海书店出版社编审

“杯酒释兵权”后宋太祖都做了什么

郭军宁

宋朝的成就并不逊于汉、唐两朝，它不仅是汉、唐社会的继续发展，甚至在程度上还要高于汉、唐，可谓是中国历史上经济、文化最为发达的朝代。同时我们还应看到，与汉、唐相比，宋朝能够在当时的条件下取得这样大的发展是十分不易的。

首先，宋朝继承的政治遗产不利，当权者容易失去自我。秦、隋速灭，其重要因素是开国皇帝在完成统一的巨大胜利面前不能自持，竟至忘乎所以。汉承秦祚，唐承隋祚，吸取了前朝失败的教训。而宋朝却以兵变立国，与汉、唐两朝不同。

▲宋太祖（927—976年），即赵匡胤，宋朝开国皇帝，960—976年在位。赵匡胤在位期间，完成了全国大部的统一。通过两次“杯酒释兵权”，罢去禁军将领及地方藩镇的兵权，加强中央集权。图为《历代古人像赞》所载赵匡胤像。

其次，北宋建立在五代十国四分五裂的基础之上，同秦以前的春秋战国和隋以前的五胡乱华的局面类似，实现国家统一需要进行长期战争。而汉、唐两朝均建立在前朝大一统的基础之上，立国后可以专心为政。

另外，宋朝立国时面临着强敌的侵犯，其周边环境远不如汉、唐。汉的主要敌人是匈奴，唐的主要敌人是突厥。匈奴、突厥并不是真正意义上的国家，他们仅仅是势力较大的部落，部落管理尚处于比较原始的水平。他们侵犯汉、唐的主要目的是抢夺食物和其他生活资料，往往是袭扰性的。宋的主要敌人是辽、金等国。北宋虽然结束了五代十国分裂割据的局面，但并没有完全统一全国。在祖国辽阔的土地上，同北宋并立的还有契丹族在北方建立的辽国、党项族在西北建立的西夏国以及距离较远的吐蕃。

宋朝建立之时，辽政权已经存在了约五十年，而且从一个游牧民族逐渐变成了实力雄厚的国家，军队战斗力较强，他们有强烈的争夺生产资料也就是扩张土地的欲望。从979年至1004年，宋、辽两国发生了长达二十五年的战争，双方损失极其惨重。

西夏建立于1038年（北宋宝元元年），党项族首领李元昊凭借相当富庶的宁夏平原建立了“东尽黄河，西界玉门，南接萧关，北抵大漠”“方二万余里”的西北大国。从第二年正月起，李元昊率领大夏铁骑连续对宋朝发起了三川口、好水川、定川砦等数次大规模的战争，致使宋军损失惨重。

但是，北宋在这么恶劣的战争环境下却稳住了政局，并使经济得到恢复和较快发展，这不得不让人问几个为什么。我认为，这主要得益于宋太祖及后任皇帝制定并推行了一系列符合实际的制度和政策。

许多人都知道“杯酒释兵权”这个历史典故，但对此事的看法却歧说不一。我认为，采取某种方式解除兵变之忧，这是专制社会的必然。相比其他朝代的帝王，宋太祖的做法也较为合理和人道。值得一提的是，宋太祖收回地方将领的兵权以后，又针对前朝历代的流弊，进行了体制上、制度上的大变革。

一是改革军制。取消禁军最高统帅殿前都点检、副都点检职务，朝廷设枢密院掌管并调动军队，但无统兵权。三帅统兵权和枢密院调兵权职责分明，相互制约，直接对皇帝负责。军队实行更戍法，定期换防，将帅常调，以防止官兵“亲党胶固”。

二是改革行政。宰相下设参知政事、枢密使、三司使，以分其军、政、财三权，使宰相无法独揽大权。对独霸一方的节度使，则采取“稍夺其权，制其钱谷，收其精兵”的办法，逐步从地方调回都城担任闲职，其原领州郡由朝廷控制，委派文官任知州、知府，直接对朝廷负责。

三是改革财政。规定地方财政每年赋税收入，除支度给用外，凡属钱币之类，“悉辇送京师”。

经过改革，宋朝专制主义中央集权得到强化，政治趋于稳定，为经济发展创造了有利条件。宋真宗至宋哲宗统治时期，北宋继续改革经济制度，实施两税法、代役制和租佃制等，又进一步刺激了经济发展。

尤其值得肯定的是，北宋通过改革，采取了以文立国的国策，实行文人统治。宋太祖把科举制度作为人才选拔的基本制度，无论是寒门士子还是农桑人家，学而优者，均可以出入庙堂。文官出任中央及各地最高行政长官，地位居于武官之上。军队是军无常帅，帅无常军。地方官员的主要责任是牧民，守土之责由中央任命专职的军事长官承担，二者皆由中央调遣，互不统属。这就彻底革除了唐以来军阀割据的政治传统，也彻底消除了五代朝代频繁更替的政治基础。据史载，太祖立国之后，曾在太庙里刻下祖训，其中一条是：“不得杀士大夫，及上书言事人。”这是中国历史上较为开明的政策，确保了文官政治，并且切实执行了三百年之久。

由于宋代皇帝都能较好地执行太祖的祖训，大臣和文官也敢于发表意见，使皇权得到一定束缚，大臣参与决策与执行政策的权力比前朝都大。庙堂之上，君臣争论不已；江湖之中，书生指点江山。这种开明的政治气氛，使得知识分子政治上有理想、文化上有创新、道德上有追求、生活上有保障。这种比较开明的政治他朝罕有，也为宋朝的迅速发展提供了有力的保证。

本文发表于2010年12月6日《北京日报·理论周刊》文史版，
原题为《变革成就了宋朝繁荣》，
作者时任中国社会科学院民族学与人类学研究所研究员

庸常君主宋仁宗为何被士大夫称道

吴　钩

中国历朝帝王之中，宋朝第四任君主——宋仁宗赵祯可谓在位时间很长、存在感却极低的一位皇帝。

赵祯在民间文艺作品中的存在感低，是可以理解的。他没有秦皇汉武的丰功伟业，没有唐宗宋祖的雄才大略，也缺乏正德皇帝那样的鲜明个性、乾隆下江南那样的戏剧性经历。他是一个庸常的君主，居于深宫，生活平淡如水，当然没有一个民间文人愿意将他平庸的人生演绎成人间传奇。然而，仁宗朝人才之盛，历史上几乎没有一个时代可以比肩。苏轼说："仁宗皇帝在位四十二年，搜揽天下豪杰，不可胜数。既自以为股肱心膂，敬用其言，以致太平，而其任重道远者，又留以为三世子孙百年之用，至于今赖之。"明代李贽也感叹说，仁宗一朝，"钜公辈出，尤千载一时也"。众多民间演义故事取材于宋仁宗朝，大概也是因为那个时代人才济济。一个庸常君主御宇的时代，为什么会涌现出如此多的杰出人物？

▲《宋仁宗：共治时代》，吴钩著，广西师范大学出版社出版。

北宋嘉祐八年（1063年）三月

二十九日，五十四岁的赵祯走完了他庸碌的一生。北宋著名大学者邵伯温当时才七岁，与父亲邵雍居住在西京洛阳。多年之后，邵伯温仍记得清清楚楚：当赵祯龙驭上宾的消息传到洛阳时，“城内军民以至妇人、孺子，朝夕东向号哭。纸烟蔽空，天日无光”。宋人感叹地说：“呜呼，帝上宾既久，都人与虏主追慕犹不忘，此前代所无也。”那个时代的人为什么会如此深情地悼念、纪念、怀念一名庸常的君主？

宋仁宗被安葬于河南巩义永昭陵。南宋初，金人曾立刘豫为傀儡皇帝，管辖中原，刘豫却干起盗墓的勾当，“置河南淘沙官，发掘诸陵，上代陵寝，民间冢墓，无得免者”，位于巩义县的北宋诸皇陵悉被盗掘、毁坏，“惟昭陵如故”，盗墓贼居然没有对赵祯的陵墓下手。不知何时，也不知是哪一位宋人，经过永昭陵，看着眼前物是人非，触景生情，在壁间题下一首深切怀念仁宗时代的绝句，此诗有数个版本，差异只是个别用词，或云：“农桑安业岁丰登，将帅无功吏不能。四十二年归梦想，春风和泪过昭陵。”或云：“农桑不扰岁常登，边将无功吏不能。四十二年如梦觉，东风吹泪过昭陵。”或云：“农桑不扰岁常登，边将无功吏不能。四十二年如梦过，春风吹泪洒昭陵。”表达的意思是一样的：宋人回忆起仁宗时代，感觉那是梦一样的美好而易醒。著名婉约派词人柳永写过许多首描绘仁宗朝如梦繁华的词作，其中有一首《望海潮》，对宋时杭州之“承平气象，形容曲尽”。一个庸常的君主为什么能够给后人留下“四十二年如梦”的集体回忆？

有意思的是，赵祯在位之时，士大夫对于仁宗之政其实谈不上十分满意，比如嘉祐三年（1058年），王安石即作《上仁宗皇帝言事书》，表达了他对时局的深切忧虑："顾内则不能无以社稷为忧，外则不能无惧于夷狄，天下之财力日以困穷，而风俗日以衰坏，四方有志之士，諰諰然常恐天下之久不安。"赵祯本人也没少受士大夫批评，如嘉祐六年（1061年），苏辙参加制举考试，在回答御试策问时，便毫不客气地对皇帝提出措辞强烈的批评。毫无疑问，仁宗朝的士大夫并不认为赵祯是一位完美的君主。然而，在赵祯逝世之后，宋朝士大夫却将宋仁宗塑造成君主的典范，推崇有加。赵祯时代也被誉为"盛治"，是治世的楷模。一个显然并不完美的君主及其时代，为什么却得到宋代士大夫众口一词的称赞？

赵祯庙号"仁宗"，这是中国历史上第一个庙号为"仁宗"的君主，宋朝名臣王珪撰写仁宗挽词，特别说"庙号独称仁"。朱熹的老师刘子翚认为："仁宗之仁也，三代而下，一人而已。笑言承恩，咳唾为泽，薰酣沉浸四十余年，所以维民者尽矣。"元人修《宋史·仁宗本纪》给出一段评赞："《传》曰：'为人君，止于仁。'帝诚无愧焉。"明代内阁首辅张居正给年幼的万历皇帝编撰《帝鉴图说》，择上自三代圣王、下迄两宋君主"善为可法"者，集成"圣哲芳规"八十一则，其中来自汉文帝、唐太宗、宋仁宗的"善为可法"事迹最多，也就是说，在张居正看来，汉文帝、唐太宗、宋仁宗无疑是最值得后世君主效仿的圣君。明末大学者王夫之对宋王朝的整体评价并不高，但他却不能不承认："仁宗之称盛治，至于今而闻者羡之。帝躬慈俭之德，而宰执、台谏、侍从之臣，皆所谓君子人也，宜其治之盛也。"一名存在感很低的宋朝君主，为什么在改朝换代之后仍然一再获得后人的赞颂？

历史上的宋仁宗赵祯，究竟是一个怎样的人，一位怎样的君主？这些问题，让我对这位既庸常又仁圣的宋朝君主产生了强烈的兴趣，吸引着我去接近他，尝试探访他的精神世界与历史世界。

赵祯既是人子、人父、人夫，又是一国之君主。我想讲述作为人子、人父、人夫的赵祯，希望能够写出他的性格与命运，他的尊贵身份与无趣生活，他的少年老成与暮年孤单，他的善良与懦弱，他的仁慈与宽厚，他的爱与哀愁，他的进取与退缩，他的坚持与妥协，他的任性与克制，他面对宿命的无可奈何。但要做到这一点很不容易，因为赵祯并不是一个个性张扬、经历丰富的人，他的一生太平淡了。宋人笔记中倒收录了不少仁宗逸事，可以一窥赵祯的性情，遗憾的是，笔记的记录多有讹误。

我更想讲述作为一国之君的宋仁宗。从本质上讲，君主是一种制度，所以，我用了比较多的篇幅记述发生在仁宗朝、能反映制度运行的事件。仁宗未必是这些事件的主角，但这些事件构成了作为君主的宋仁宗必须面对的制度环境。正因为君主是一种制度，仁宗往往被当成这一制度中的一个符号、一种象征——至少对于宋朝的士大夫来说，他们显然更希望君主成为制度的符号，因而，君主不应该表现出过于明显的个性，不应该流露出个人的爱憎。换言之，作为君主的仁宗与作为个人的赵祯，有时候这两种角色是相冲突的。我们发现，当角色发生冲突时，仁宗常常选择克制自己的个人情感与偏好。仁宗之所以为后世士大夫所称道，这是很重要的一个原因。

本文发表于2020年4月20日《北京日报·理论周刊》文史版，
原题为《宋仁宗为何被士大夫所称道》，
作者为文史学者

北宋是如何在鼎盛之时骤然覆灭的

吴　钧

我非常不赞成将“王安石变法”说成北宋由盛转衰转折点的看法，因为事实上，北宋根本不存在由盛转衰的转折点。北宋其实是在鼎盛之时突然覆灭的。需要说明的是，北宋灭亡，或者说，南北宋之分，只是后人的说法，历史上的两宋其实是一个整体，国祚是延续的。不过，对于赵宋王朝而言，靖康之变的确是一场天大的国变，导致宋室南迁，疆土减少近半。所以我们这里还是沿用习惯说法，将靖康年间宋徽宗与宋钦宗被俘视为北宋的灭亡。

▲宋徽宗（1082—1135年），即赵佶，宋朝第八位皇帝，1100—1126年在位。一个被皇帝耽误的艺术家，一个被艺术耽误的皇帝。图为南薰殿旧藏《宋徽宗坐像轴》（局部）。

事实上，当时宋王朝不管是军事的成就、疆域的扩张，还是文化与经济的表现，都处于巅峰状态，不见衰败之象。

宋徽宗宣和年间，宋朝人口过亿，东京（今河南开封）生活着超过一百万的市民。尽管山东、江南几乎同时发生了宋江与方腊的民变，但很快就被招安或剿灭。从繁荣似锦的市井风貌，人们完全看不出大祸将至的征兆，《清明上河图》所描绘的、《东京梦华录》所讲述的，都是宋徽宗时代的如梦繁华。宣和年间还诞生了几部在文化艺术史上留名的著述，如《宣和画谱》《宣和书谱》《宣和博古图》《宣和北苑贡茶录》《宣和牙牌谱》《宣和石谱》，反映出宋朝文化的繁盛。

此时，宋朝的领土也在扩张中。对反复无常的西夏国，宋人以前由于后勤补给吃力，一直无法在前线取得压倒性胜利。但后来终于找到了克敌制胜的战术，那便是“进筑”加“浅攻”，一寸一寸蚕食西夏，让西夏人大惊失色：“唱歌作乐地，都被汉家占却，后何以堪？”宣和元年（1119年）四月，宋师攻克西夏横山之地，征服西夏指日可待。

可惜，随后宋朝与崛起于白山黑水间的女真部落结成“海上之盟”，定下联金灭辽之策，战略重心转移至北方，放过了经略西北的历史机会。

不过，尽管宋朝军队在征战辽国时破绽百出，最终还是在宣和五年（1123年）四月，收复了被辽国占领一百余年的燕云故土，实现了自太祖立国以来，列祖列宗念兹在兹的梦想。宋徽宗扬扬得意，命大才子王安中制“复燕云碑”，立在燕山府延寿寺，宣示自己的不世功业。

如果没有后来的靖康之耻，宋徽宗大概会成为赵宋王朝最伟大的君主。然而，正是在联金灭辽的过程中，宋朝军力疲弱、兵不能战的致命问题暴露在金人眼皮底下，金人惊喜地明白了一件事：“贵朝（宋朝）兵将与亡辽士马优劣可见，亡辽与本朝士马胜负明知”，乃生出挥鞭南下、牧马中原之心。此时辽国已亡，宋朝北境失去屏障，再不能阻挡金兵铁骑驰骋。其实早在宋徽宗意欲与女真结盟之时，已有臣僚反对联金灭辽，认为“契丹，与国（友邦）也；女真，强敌也”，一旦女真灭辽得逞，势必“席破燕之威，长驱而南”，到时候，“王师克与不克，皆未见其可”。

历史确实如此。宣和七年（1125年），金主完颜晟寻了一个借口，派遣大将完颜宗望、完颜宗翰统率大军，从东西两路南下伐宋。宋徽宗闻讯，吓得将皇位内禅给儿子赵桓（宋钦宗），自己带着皇子、帝姬、内侍跑到南方避祸。赵桓临危受命，于次年改元靖康，并斩杀童贯、朱勔，赐死李彦、梁师成，放逐蔡京，罢黜王黼，祸国殃民的“六贼”终于被清算。

靖康元年（1126年）正月，完颜宗望率领的金国东路大军直抵开封城下。幸运的是，在提举京城四壁守御使李纲的组织抵抗下，金兵未能破城。这个时候，发生了一件影响后面历史的小事：完颜宗望久攻开封城不下，便迫宋廷议和，索要金帛以及太原（今山西太原）、河间（今河北沧州）、中山（今河北保定）三镇，并以一亲王为人质。康王赵构主动请缨，说他愿往敌寨为质。正月十四日，赵构进入金营；二十余日后，他居然被放了回来。

完颜宗望之所以放走赵构，是因为他怀疑赵构是假康王：“康王留金营，与金国太子同射，连发三矢，皆中筈，连珠不断。金人谓将官良家子，似非亲王，岂有亲王精于骑射如此？

乃遣归。”金人以为宋朝亲王尽是娇生惯养之辈，康王箭术如此了得，定是冒名的亲王，所以将赵构放回去，换了肃王为人质。其实赵构真是习得一身骑射武艺。如果当年金兵扣留住赵构不放，后面南宋的历史显然就要改写了。

开封城被围未久，京畿河北制置使种师道率领的精锐部队——西军已经赶至京师勤王，完颜宗望破城无望，既得宋廷许割太原、河间、中山三镇，又得肃王为人质，便引兵北退。宋钦宗总算松了一口气，南下避祸的宋徽宗也回到了东京。

对于割地的城下之盟，宋廷又生出悔意，拒不交割三镇，于是在靖康元年八月，完颜宗望、完颜宗翰再次统率大军攻宋，来势更为凶猛。十一月，又是完颜宗望率先一步攻至开封城外，驻兵于南薰门外的青城。从靖康元年十一月二十五日完颜宗望兵临开封城下，到次年四月一日金人退师，虏二帝北去，宋朝汴京的君臣士庶历经了四个多月的凄风苦雨。

金兵南下之时，宋钦宗派康王赵构为正使、刑部尚书王云为副使，至河北金营使金讲和，求金人缓师。十一月二十日，赵构一行行至磁州（今河北邯郸）时，磁州守臣宗泽对康王说：“肃王去不返，金军已迫，复去何益？请留磁。”血勇的磁州人又认定王云为金国奸细，竟然动手杀了他。赵构遂停止前往金营。此时完颜宗望已经醒悟过来，明白康王正是他们灭宋的最大障碍，也派兵追截康王。民间传说，危难之际，磁州崔府君庙的泥马驮着赵构渡过了黄河，方得脱险。这便是“泥马渡康王”的故事。

靖康二年（1127年）五月初一，康王赵构在南京（今河南商丘）即皇帝位（宋高宗），改元建炎。建炎元年（1127年）秋，随宋徽宗北狩的宋朝官员曹勋，寻了一个机会逃脱，辗转回到南京，并给宋高宗带来徽宗口信："（太上皇）又语臣曰：归可奏上，艺祖有约，藏于太庙，誓不诛大臣、言官，违者不祥。故七祖相袭，未尝辄易。每念靖康年中诛罚为甚，今日之祸，虽不止此，然要当知而戒焉。"这是宋徽宗留给儿子的最后一句嘱托，也算是给宋王朝留下了一抹文明的底色。

本文发表于2020年10月12日《北京日报·理论周刊》文史版，
原题为《北宋不存在由盛转衰的转折点》，
作者为文史学者

“积贫积弱”？宋朝有话说

邓小南

“积贫积弱”论的片面性

北宋所承继的五代，是中国历史上分裂程度最彻底的时代之一：中原有前后相继五个王朝，周边先后分布着十个割据政权。北宋结束了这种动乱频仍的分裂局面。宋朝统一后的疆域远远无法与汉唐相比，但其统治所达到的纵深层面，则是前朝所难以比拟的。

我们的教科书上常说宋代是个“积贫积弱”的时期。“贫”是指国力、财政贫乏困窘；“弱”是指在对外军事竞争中力量薄弱。应该说，这种概括有一定道理，亦有其片面性。宋代确实是周边受到严重挤压、内政因循求稳的时期，是面临各类严峻挑战的时期，整体战略格局与政策应对有诸多问题；但与此同时，它也是治国基调比较开明的时期，是社会经济、制度建设、科技文化领先于世界的时期，其多方面的杰出成就，有效地推动了物质文明与精神文明的发展。

在宋代，传统农业达于成熟，工商业亦有长足发展。有学者研究指出，北宋中期的铁产量在7.5万吨到15万吨之间，相当于1640年英国铁产量的2.5倍到5倍，可以和18世纪初整个欧洲的铁产量相媲美。盛唐天宝年间一年铸钱大约32万贯，到宋神宗时期已经多达500万贯。世界上最早的纸币交子，正是在北宋出现的。李约瑟在《中国科学技术史》中说："每当人们在中国的文献中查考任何一种具体的科技史料时，往往会发现它的主焦点就在宋代，不管是在应用科学方面，还是在纯粹科学方面都是如此。"被马克思称为"预告资产阶级社会到来的三大发明"的火药、指南针、印刷术，其关键改进期、应用普及期及向外传播期也都是在宋代。

"立纪纲""召和气"相辅而行

五代十一姓十四君，一共只维持了五十三年。赵匡胤黄袍加身，当时人们觉得这无非是短命的第六代而已。但是这个王朝稳定了下来，法宝就是"防弊之政"，其核心精神是防微杜渐。宋太宗将谨守的法度概括为"事为之防，曲为之制"。所有事情都要预先做出防范，周全地进行制约。

为了建立稳定的政治文化秩序，宋代以"立纪纲""召和气"相辅而行。"纪纲（纲纪）"是指法规制度；"和气"是指能够感召阴阳，使天地间充盈雍睦和谐的自然之气。以科举制度为例，制度的严密化，使其更为开放合理。唐代的考生，考前常把作品送给达官贵人乃至主考官员去看，得到推荐、受到赏识的考生有更多被录取的机会。宋代科举考试发展出弥封（糊名）、誊录等技术办法，使得主考官员即使有心照顾，也难以操作。元祐三年（1088年）苏轼任主考官，门生李廌参加科举考试，大家都觉得是天赐良机。但到拆号张榜时，李廌却榜上无名。

欧阳修称宋代的科举制度“无情如造化，至公如权衡”。居官者得不到世代相承的保障；而缺乏家世背景的平民，若能脱颖而出，则得以进入仕途。范仲淹断齑画粥，坚持学业。欧阳修幼年丧父，买不起纸笔，拿芦苇秆在地上画着学字。这样的“寒俊”有机会进入官僚队伍，对于当时的社会有强烈的责任意识。

士大夫政治

在中国历史上，儒家文化虽然一直占主导地位，但儒学的传承者作为一个群体在政事活动中起决定性作用，是直到北宋才产生的现象，被称为“士大夫政治”。

范仲淹认为，像寇准这样，在宋辽交涉中勇于担当，一切为天下、国家、社稷考虑，而非唯唯诺诺听命于皇帝，即是“大忠”。南宋的普通官员方庭实，也敢于对皇帝指出：“天下”者，是中国的天下，群臣、万姓、三军的天下，而不是皇帝个人的天下。对于这一“天下”，士人都有一份深切的关怀和发自内心的责任感。他们很多人既是政治家，也是经学家、文学家、实干家。他们的追求，被概括为“内圣外王”：内心要达到圣贤的道德修养境界，在天下社会建设一种王道的秩序。当时的士大夫“开口揽时事，论议争煌煌”，正像陈寅恪先生所说，宋代是中国历史上思想最为自由的时期之一。

宋神宗倚重王安石推行新法。王安石以“天变不足畏，祖宗不足法，流俗之言不足恤”的精神强力推进。朝堂之上他坚持主见，往往辞色俱厉，而皇帝竟也改容欣纳。王安石的卓绝品行和高深文学造诣，受到同时代人的尊重。苏轼在西太一宫看到王安石题壁六言诗：“柳叶鸣蜩绿暗，荷花落日红酣。三十六陂春水，白头想见江南。”“三十年前此地，父兄持我东西。今日重来白首，欲寻陈迹都迷。”不禁“注目久之”，感叹：“此老野狐精也。”

钱穆在《国史大纲》里讲到，范仲淹、王安石革新政治的抱负，相继失败了；但是他们为人为学的精神与意气，一直影响到最近期的中国。

走向平民化、世俗化、人文化

如果把宋代放到中国历史的长河中，我们可以看到它经历了逐渐走向平民化、世俗化、人文化的社会变迁过程。

▲宋代绘画题材从宫廷扩展到民间，体现了平民化、世俗化的时代大背景。图为宋代描绘市井生活的风俗画《杂技戏孩图》（苏汉臣绘）。

自古认为务农才是“本”，宋人却提出士农工商皆本业。宋代没有国家分配土地的制度，官府热衷于审核交易契约，而不限制土地买卖。财富流转迅速频繁，“贱不必不贵，贫不必不富”。法国中国学家谢和耐说，在上层精英和民众集团之间，出现了一个非常活跃的阶层，就是商人。他们不仅促进了都市商业的繁荣，还使商业的触角延伸到了农村。

在宋代，人们的家世身份背景趋于淡化，科举取士“不问阀阅”，官学生员也突破了严格的身份界限。书院提倡相对独立的教育理念、学术思想和人生价值。文化普及向民间渗透，科举落第者在其中起到了重要作用。即便是艰难谋生的下层百姓，也力争每日积攒一二文钱，让子孙将来有机会入学。蒙学不仅教儿童识字，更把儒家的理念、价值观变成现实的社会规范，传达到百姓中。

从唐到宋，都市景观变化明显。唐代长安城坊市格局井然，尊卑秩序鲜明。宋代开封、临安却展现出一种开放式的街市状态，官府、民户、商家混杂毗邻。城市居民“坊郭户”第一次被列入国家法定的户籍管理分类。大都市海纳百川，城内有各类宗教活动场所，群众喜闻乐见的市井文化，在瓦舍、勾栏、街市通衢中热闹缤纷。

宋代处于中国历史上重要的转型期，它面临着来自内部与周边的诸多新问题、新挑战，并非国势强劲的时期；但它在物质文明、精神文明方面的突出成就，在制度方面的独到建树，它对于人类文明发展的贡献，使其无愧为历史上文明昌盛的辉煌阶段。就朝廷上的政治生态及制度渊源而言，很难说元、明、清数朝直接承继宋代；但从近代的“人心”“政俗”来看，无论是政治理念、思想文化方面的创新或是因循，宋代产生的影响，都深深地渗透在中国社会的肌体之中。

本文发表于2014年9月29日《北京日报·理论周刊》文史版，
原题为《平民化　世俗化　人文化——
关于宋代历史再认识的维度》，
作者时任北京大学历史学系教授

古代商人的春天，从宋开始

张熙惟

“士农工商四民者，国之石民也。”两千六百多年前著名政治家、思想家管子提出的这一民本思想不仅为历代所继承，而且其内涵被不断充实丰富。宋代史学家刘敞在《重黎绝地天通论》一文中即指出：“士农工商，四者谓之业。士者为学，农者为耕，工者治器，商通有无，此之谓事。”士农工商虽职业分殊，但皆为本业，故四民作为中国社会的基本民众，正所谓柱之石，国之本也。

宋代商人群体的壮大

宋代被学术界公认为我国传统商品经济发展的高峰期，这一时期由于商业性农业、民营手工业经济在整个经济结构中比例增大，农副产品、手工业产品商品化程度提高，城市商业特别是集镇商业繁荣昌盛，国内外市场尤其是区域市场之间联系增强，以及城乡居民消费水平提高，都极大地促进了宋代商品经济与商业资本的发展。商业经营主体除了以经商为主业的职业商人外，已扩展至农民、城镇市民、个体手工业者、官吏、皇室、士绅、僧道以及浮游流亡诸阶层。受商业利润的吸引，农民、手工业者兼营商业和完全转化为商人的日益增多。

要致富，“农不若工，工不若贾”的观念广泛流行开来。当时以编书、刻书、印书、卖书为主业以及从事利润较大商业活动如卖酒、贩茶等士商阶层的形成，更成为宋代社会的一道独特风景。当时士子间盛传的“欲得富，赶着行在卖酒醋”的谚语，以及苏轼诗云“潘子久不调，沽酒江南村；郭生本将种，卖药西市垣”等，都表明士商兼作甚或弃儒从商的普遍。日益浓厚的亦官亦商、亦农亦商、亦工亦商、亦学亦商社会氛围的形成，表明宋代社会结构向开放性、流动性与平民化趋向的发展，显示出商人已壮大成为宋代社会的主要群体之一。

宋代商人群体壮大的同时，其社会地位也日渐提高。促使其地位改变的原因有以下几个。

第一，政治上得益于宋朝统治者自始就推行实施开明开放的治国之策。宋开国伊始，就大力推行右文政策，“工商之子，亦登仕进之途”，这突破了自秦汉以来“商人子弟不得仕宦为官”的政治藩篱。事实上，宋代士子应举已没有出身限制，“如工商杂类人内有奇才异行，卓然不群者，亦许解送”的规定，表明科举取士的大门已向商人开启，商人子弟读书入仕的心态由此弥漫开来。王安石变法时期为规划财政新规，“商贾市井屠贩之人，皆召而登政事堂”，商人能跻身官府，更能登堂议事，这是前所未及的。

第二，得益于经济上宋朝政府所采取的恤商、扶商、重商的商业政策。例如，宋初即制定征商税则，改革前代征商弊端，采取轻税恤商的政策，对工商民众实行休养生息之策。其他放松市场管制、严格商品市场管理、保护商人利益等措施，亦皆为惠商之举。

第三，得益于法律上宋代商人在身份权、经营权、遗产继承权、诉讼权等方面的显著改善，法律地位得以提高。

第四，得益于思想上农商并重、重商求富社会思潮的形成。宋代学者多关注市场利弊和民生疾苦，支持商业变革，为商人立言。范仲淹一句“上以利吾国，下以藩吾身”，即是对商人社会价值的肯定。郑至道在《重本业》一文中提出的“士勤于学业，则可以取爵禄；农勤于田亩，则可以聚稼穑；工勤于技艺，则可以易衣食；商勤于贸易，则可以积财货，此四者皆百姓之本业”的“四业皆本”论，实为“工商皆本”说之滥觞。宋人视士农工商“同是一等齐民”，认为“农工商贾皆同气，草木虫鱼是一家”，表明那种把商人看作“杂类”“贱类”或商为“末业”的传统观念已有根本改观。“士农工商各成就”，重商求富、肯定商人社会价值的重商思想成为中国思想史上的重大进步。

第五，得益于社会习俗方面的时代变革。例如，“婚姻不问阀阅”是唐宋之际婚姻观念的重要变化，也是宋代婚姻制度的主要特色。随着社会对商人的认同、对财富的尊重，婚姻观悄然发生变化。商人招登科士人为婿，时人称之“榜下捉婿”，风靡一时。陆游《长干行》一诗中记述的那位“宁嫁与商人”“不愿入侯家”的女子，亦折射出宋代社会重商厚财的社会思潮。士商联姻为士商交往洞开方便之途。

宋代商人群体的壮大和社会地位的提高，直接促使其经营理念的转变与功业意识的形成，社会责任意识日渐增强，为其社会责任观的确立奠定了坚实基础。

宋代商人的社会追求

随着宋代社会重商理念的倡导以及贱商、抑商、轻商、斥商等传统商业价值观的裂变，宋代商人已有一定程度的自信与自立，初步形成富有时代特色的功业意识，集中体现在其秉持践行利以义成、义利合一、名以清修、和衷为贵等价值观念。例如，宋人笔记文献中就记载了钱塘陶四翁、泰州项四郎、嘉禾沈珪、平江姜八郎、汴京吴员外、京师某茶肆主人等“义商”形象。尤其是宋代商人“虽为市贾，亦重儒术”，深信“人生至乐无如读书，至要无如教子”，当时无论家境贫富，教子读书多成为商人家庭中对子辈的重要人生安排。倾心教育，以商养学，经商业儒并举，也成为宋代商人群体普遍的价值取向与追求，这正契合了当时读书入仕的社会风气。宋代史籍所载商人投资教育、延师设学、令子弟科场得志的实例已绝非个案。例如，《渑水燕谈录》记曹州商人于令仪“择子侄之秀者，起学室，延名儒以掖之”。《邵氏闻见录》记潞州商人张仲宾，“尽买国子监书，筑学馆，延四方名士，与子孙讲学，从孙仲容、仲宾同登科，仲安次榜登甲科”。《夷坚志》记先营酒肆、后中进士的王育卿等，其中最具代表性的是神宗时官至参知政事的冯京。他出身于商贾之家，立志向学，最终“三元及第”，蟾宫折桂，荣宠加身。这无疑形成了强大的社会示范效应，造就了宋代商人崇儒尚学的情趣与意旨，甚至形成了所谓“士多出于商”这一前所未有的社会现象。士商一体与士商合道在宋代得以充分发展，无疑是对士尊商卑等传统社会意识的突破，表明士庶睽隔的渐行渐远。从商向学成为宋代商人的社会追求，显示其逐利求名的心态已迥异于前代的“求利莫求名”，已形成富有时代特色的功业意识和社会价值趋向。

▲冯京（1021—1094年），字当世，北宋大臣。宋仁宗皇祐元年（1049年）己丑科状元。为宋朝最后一位三元及第的状元。因反对王安石变法，罢知亳州、成都等地。图为清光绪修《江苏昆陵冯氏宗谱》所载冯京像。

宋代商人的经营活动，改变引领社会大众的消费观念

宋代商人的经营活动，对社会生产与生活消费产生重要影响，改变引领社会大众的消费观念，显现出超越前代的新特点，彰显其社会价值及社会贡献。他们依靠多渠道的市场经营，为社会提供可靠的产品与服务，商业生活呈现蓬勃生机。例如，以餐饮、租赁、宿住、典当、借贷为主的服务市场，可为不同层次的消费者提供服务。进行长途贩运的商人，发挥着贸迁有无、调节余缺、联系城乡、联系生产与消费的作用。诸如两浙、江南等的稻米，荆湖、川陕地区的茶货，闽广、两湖地区的甘蔗及其糖制品多靠商人运销经营。北宋开封居民的粮食供给大

部分由商人贩运所至，南宋杭州每月所需数十万斤海鲜水产也全凭商人从明、越、温、台诸州贩运至城，再由数百家店铺出售供应市场消费。宋代文化市场如笔墨纸砚等文化用品买卖、书画收藏交易、曲艺伎乐、节假旅游等尤为繁荣，多姿多彩，蒸蒸日上，皆离不开商人的精心经营。其他如蚕市、药市、花市等专业市场的经营，也都形成了一定规模，丰富了人们的生活与消费。许多富商大贾还远涉重洋，经营海外贸易，促进了中外经济文化交流。宋代商人还发明使用了“交子”这一世界上最早的纸币，极大地促进了商品货币经济的发展。

宋代商业已与国计民生紧密联系在一起，成为联系生产与消费、支撑城乡经济发展的经济命脉，对当时社会经济生活产生深刻影响，清晰展示出商业发展的历史脉络与演进态势，揭示出宋代工商业文明因素加速生长的时代特色。而宋代商人的社会责任观引领时代潮流，从一个侧面展现出宋代社会思想意识形态的变革，显露出宋代商业文化所蕴含的历史发展趋向，为中国传统社会发展注入活力，不仅对中国社会步入近代、商业价值重构具有重要标示性意义，而且对提高当代商业企业的社会责任意识、树立完善正确的社会责任观具有深刻的启迪借鉴意义。

本文发表于2018年12月24日《北京日报·理论周刊》文史版，
原题为《宋代：古代商品经济发展的高峰》，
作者时任山东大学历史文化学院教授

消费，事关宋朝盛衰

叶　雷

虽然历史不会简单地重复，但常常出现惊人相似的一幕，所以前世足以为后世之鉴。从960年到1279年，宋代几乎遭遇了一个国家、一个社会可能遇到的各种复杂情况，因此，宋代依然是一面很好的镜子。历史的时空中漂浮着万千碎片，北京外国语大学何辉教授研究历史经济的代表作《宋代消费史：消费与一个王朝的盛衰》，就是选取了宋代消费这一独特视角，通过考察影响消费的诸因素，考大国之变，制今明之鉴。

宋代在人们的印象中是光芒四射与积贫积弱的矛盾体

提起宋代，很是让人纠结，就连真实的宋代也让人难以确定。历史学家陈寅恪评价："华夏民族……历数千载之演进，而造极于赵宋之世。"曾担任亚洲研究协会主席的美国学者罗兹·墨菲也称"宋朝算得上一个政治清明、繁荣和创新的黄金时代"。翻看历史，确实证据诸多：街巷制取代里坊制奠定了中国现代城市的基本格局；印刷术、指南针、火药的应用与外传，对中国乃至整个世界都产生了深刻影响；《清明上河图》的背后是一个富甲天下、空前繁盛、经济总量占当时世界一半多的富庶国家；夜市、夜生活、旅游等也都是从这里发迹；理学、文学、史学、艺术等造就了中国文化历史中的丰盛时期；政治上也实现了从中古世纪向近代社会形态的转型……中国历史乃至整个人类文明史上，宋代的伟大贡献都是无法抹去的。

然而，留在教科书中的宋朝，则是用“积贫积弱”来形容的。历史学家钱穆就说：“宋代……内部又终年闹贫，而且愈闹愈凶，几于穷得不可支持。”当然，证据也很多：与之前的王朝相比，统治疆域面积最小；而且让人首先就想到澶渊之盟、靖康之耻、崖山之劫，屡战屡败、丧师失地、割地赔款，缴纳“岁币”赎买平安；就连引以为豪的经济，政府也是常常“入不敷出”、赤字连年，穷到连军粮都无法充分供应，王安石就曾说“今士卒极窘，至有衣纸而擐甲者，此最为大忧，而自来将帅不敢言振恤士卒……”，甚至“只是侥幸没有遇上严重的天灾人祸，才保宋朝百年平安”；对老百姓来说，宋朝更是一个非常黑暗和恐怖的朝代，经济上的被盘剥自不用说，《宋代酷刑论略》一书今日读来仍觉害怕。

也许，繁华自由、光芒四射是真实的宋代，暗黑恐怖、积贫积弱也是真实的宋代。正是这样一个矛盾的复合体，绵延了三百一十九年之久，在中国自秦统一之后的大王朝中仅次于两汉排在第二，在战争中立国，也在战争中亡国。

▲《清明上河图》(局部)，北宋著名画家张择端所绘。《清明上河图》的背后是一个富甲天下、空前繁盛、经济总量占当时世界一半多的富庶国家，同时，暗黑恐怖、积贫积弱也是真实的宋代。

宋代的收入与消费水准

何辉的《宋代消费史：消费与一个王朝的盛衰》正是在做这个方面的探索。书中，我们不仅可以了解宋代人吃什么、穿什么，平日里都有哪些娱乐、休闲，还可以了解宋代不同时期的贡赋品种与数量，可以了解宋代主要城市普通雇工的收入和消费水准，可以了解秦桧的年收入，甚至可以知道宋代的“房地产泡沫”，要想在开封买一套普通住宅，一般收入群体不吃不喝得一百五十年到四百年，“农民工”则需要八百多年的努力，官人吃饭一餐“即银近百两矣”……

经济基础决定上层建筑，消费则是经济基础的一面镜子。宋代商业发达，没有宵禁，甚至是二十四小时营业，车马拥挤，人头攒动；酒楼、茶馆里吹箫、弹阮、歌唱、散耍之声可传入深宫，有的酒楼一到晚上数百名浓妆艳抹的妓女聚满长廊，以至于宋徽宗都抵挡不了诱惑……娱乐场所遍地开花，北宋首都开封仅一个片区就有大型娱乐场所五十余座，大的可容数千人，南宋杭州的娱乐场所比北宋开封还要多……《朝京里程图》类似如今的旅游地图，旅游成为一个专门的产业，“洛阳的牡丹花节”“开封的菊花节”在那个时候就开始举办，琉璃瓶已是奢侈品，富人消费则还要在瓶里贴上一层金箔片……宠臣宦官大肆兴建园苑，收集奇花异石……

民间消费与王朝盛衰的历史镜鉴

投资、消费与出口被称为实现经济增长的三驾马车，宋代基本上还谈不上出口经济。消费是整个经济链条的最后一个环节，在经济学的意义上，投资每增长一个百分点，能拉动经济增长0.2%，而消费每增长一个百分点，能拉动经济增长0.8%，是投资的四倍。所以，何辉教授将“解密”的关键放在消费上，通过大量的史料，最后得出了一些基本的结论：经济因素是影响宋代消费的决定性因素，社会消费受到政治与军事因素影响非常明显；政治腐败、社会动荡严重降低了人民的生活消费水平；舆服制度制约着民间消费；宋代的消费观念与社会风尚受到统治阶级的影响甚至左右；最主要的消费群体是宗室、官僚和军兵，限制了真正的大众消费需求的产生；奢侈消费让大宋陷入财政危机；以土地兼并为“催化剂”加上权力高度集中、财富高度集中，不仅导致了异常脆弱的贫富二元社会结构，也阻碍了社会生产力的发展，更使得原有社会联系弱化、消解，个体以原子态存在，最终让宋朝成为一根一击即倒的朽木。

本文发表于2016年7月11日《北京日报·理论周刊》文史版，
原题为《消费催化一个王朝的盛衰》，
作者时任华中师范大学副教授

两宋之后经济与环境的“相爱相杀”

冯贤亮

古代经济重心的南移始于两宋之际，有一定的环境因素

在我国古代历史上，大概从春秋时期开始，一些基本经济区如成都盆地、关中平原、华北平原、太湖流域等，随着区域开发的加深和扩大，区域之间的相互争夺，以及开发带来的环境变化，已成积渐之势。

到了唐宋时代，整个气候环境处于温暖湿润状态，尽管当中有若干年份出现过运河冰封或南方荔枝被冻死的极端现象，但总体上是一个回暖时期。根据竺可桢的《中国近五千年来气候变迁的初步研究》，彼时的温暖期已越来越短，温暖程度也越来越弱，而寒冷期则越来越长，强度逐步增大。明清两代处于全球范围内的冰河扩张时期，故也称“明清小冰期”。根据明末清初谈迁《北游录》等资料中的物候记载，可以推断北京地区冬季气温比今天约低2℃。

至于植被，自唐宋以后，开发最早的那些地方，像河北平原，天然植被大幅减少，严重影响了生态平衡。北方的一些沙漠，大多是由于人为原因而逐步形成的。在对自然资源的掠夺性破坏、过度垦殖以及战争等因素的影响下，地表出现严重侵蚀，沙化面积大幅扩大。

本来，中国最重要的经济区或文化区全在北方或关中，北宋时期已基本转移至黄河下游。《水浒传》中讲到的河北大名府，就是北宋的四大京之一，十分繁华，可与东京开封府媲美。据陆游在《老学庵笔记》中的说法，北宋政府为了营建这个京城，耗费了五年时间。这需要消耗大量的木材及相关资源，日常生活中的燃料也多来自木材。植被因而日渐稀少，经济作物桑树甚至成了建筑材料与生活燃料的替代品。欧阳修在其《文忠集》中曾说过："河北、京东诸州军，见修防城器具，民间配率甚多。澶州、濮州地少林木，即今澶州之民无木植送纳，尽伐桑柘纳官。"而此时黄河的泛滥一度十分严重，生存环境大为恶化。河北平原上重要的河道迁徙变化同样无常，黄河较大的改道，平均十年即发生一次。原来繁华的大名府境内，已芦茅相望，斥卤频生。除了这些，还有可怕的旱灾与蝗灾。明代的徐光启在《农政全书》中指出，蝗虫多集中于"幽涿以南，长淮以北，青兖以西，梁宋以东"。黄河下游的这片地区，正是中国蝗患区的中心。

从这个角度来说，历史上中国经济重心的南移发生在两宋之际，是有一定环境背景的。至于宋金、宋元、元明、明清等王朝之间的战火，不但使饥民大增，更令环境遭受重创。

相对而言，南方不像北方长期饱受战争的摧残和各族人民内迁的扰乱，农村的发展和变迁是较为平稳的。在南宋时期，南方的经济地位早已跃居全国前列，并持续兴盛，以至有所谓天下"赋税多出江南"的说法。南方经济上的长期兴盛，使北方日显落后。加之环境的恶化，较低的生态持续力和脆弱的环境系统，使北方再无复起之势。

唐宋以后，中国南方的地利得到了大规模开发，许多荒芜的洼地、山林、滩涂等，都受到官方与民间的重视，通过各种各样的经营方式，基本都改造成了可耕地，并在其周围衍生出一系列聚落。在太湖平原，低洼的泥塘通过修筑堤围，放水排干，成了肥美的农田。各种紊乱莫名的河、湖、港、浜、塘、浦、泾、荡、瀼、淹、溇等自然水体形态，在人工改造后，形成了比较有序的水文系统，有所谓纵而为沥，横而为塘，大者为港，次者为浦，转而为泾，分而为浜，回而为湾，合而为汇，派而为沟、为漕的不同称呼。这些都是水乡泽国地区社会发展的重要环境基础。到了明代，经济结构上快速的商业化转变，使这里持续繁荣发展，令海内外瞩目。

嘉靖到万历年间，明代社会经济繁荣富庶，环境问题也相当严峻

随着社会经济的快速发展，日常生活中已经感到的环境危机或者说是民生危机，其实已经相伴而生。

1565年，已经近六十岁的昆山人归有光，考中当年的进士后，即莅任长兴知县。这个时候的明朝，以宫廷政治的不良，深为时人所讥评。在位的嘉靖皇帝崇信道教，整天不上朝堂，在宫内炼长生不老的丹药。而在地方上，天灾人祸不断，世道大有凄怆之态。在整个帝国最为富庶的江南地区，由于环境的

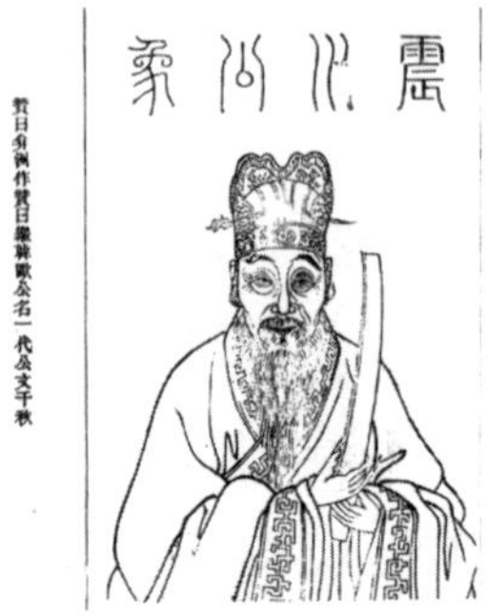

▲归有光（1507—1571年），别号震川，世称“震川先生”。明朝中期散文家、官员。归有光崇尚唐宋古文，其散文风格朴实，感情真挚，后人称赞其散文为“明文第一”。著有《震川先生集》《三吴水利录》等。图为清同治修江苏常熟归氏宗谱所载归有光像。

破坏和水利的长期荒怠，以及断续发生的倭寇之乱，使民生十分艰难。

归有光到长兴做官的时候，正是天灾人祸剧烈之期。江南还发生了较重的旱灾，天气亢阳，夏秋之际，农田中的禾苗全部枯死。归有光比较重视兴修水利，采取人工改造的方式，来解决水旱问题。但关于他的水利思想，直到隆庆三年（1569年），才被新任巡抚海瑞付诸实践，获得较好的成效。归有光的水利论文，开始被后世广泛称引。

许多史料都表明，嘉靖到万历年间，是明代社会经济繁荣富庶的阶段。然而整个环境的问题，或者说是民生的问题，在这个时期也相当严峻。环境的恶化，在河港水利的淤塞、水旱疫病的发生、山林植被的滥垦等方面，都有深刻暴露。

明朝结束后隐居在浙江桐乡县杨园村的著名理学家张履祥，有着细致的体察。他在农村教书的同时，抄辑湖州归安县一个沈姓乡居地主的《农书》，与家人研究农桑生产技术，雇工经营桑地与稻田，还亲身参与田间劳动。根据在嘉兴、湖州两地的生活经验，张履祥指出浙西地区内部自然环境的不同及其营造的生活传统差异。他说：“一方有一方之物产”，所谓“山之竹木，海之鱼盐，泽国菱芡，斥卤木棉，莽乡羊豕之类”，在嘉兴、湖州水乡地区就是蚕、桑、米等大宗；田土的肥瘠高下不等，会对民众生活产生直接影响。

比较而言，杭州地区内部环境的差异显得最大。从整个水系或地形上看，杭州属于嘉、湖的上游地区，清代的水利专家们指出，这里发生的所有水患，根本在于临安、余杭一带的棚民租垦山地，导致山土疏松，雨期就更容易发生大规模的水土流失。上游的不安，会导致下游的嘉湖地区更多的危难，连带太湖下游的苏州、松江地区也会受到影响。

而在河湖分布丰富的地区，渔业的重要性就显现出来了。明清时期的湖州低乡地区，一遇大水，百姓们只顾鱼塘的安危，而不去抢救农田。水田的稻作生产，在地方百姓眼中，常常不如蚕桑业、棉作业以及渔业养殖等高收益的产业重要。

环境决定了生存方式，但经营方式或技术上的选择可以对此做出改变。常州府江阴县人李诩，曾在其晚年所撰的《戒庵老人漫笔》中，写了一个农民致富的事迹：常熟人谈参，在家排行第三，生活俭朴，但很有商业头脑，看到乡民们为了追求渔业上的利益而抛弃了大量洼芜的田地。他就以很低的价格收购过来，将最低洼的地方开辟成鱼塘，周边筑上高塍，既可以防泄，又可以耕作，每年收入是普通农田的三倍。数以百计的池塘全部养鱼，在池塘之上搭盖房子养猪，猪舍很凉快，而鱼也可以食用猪粪，这样两相得益。在开垦好的田塍上，平阜的种果树，汙泽的种菰属，可耕的种蔬菜。其他如鸟凫昆虫之类，都可以设计罗取。谈参在家中摆好几个储物匭，按照不同的收获品分类放置，每个甑满了就往外销售。这样，每个月可以卖好几次，收益颇丰。这是一个人工改造环境的成功典型，也符合生态农业思想。因此可以说明，明清时代的人们已经注意转变农业经营方式，扩大农业生产上的收益。

历史上人们在倡导水利的同时，对水利的荒怠也时常发生

从整个东方国家的历史来说，水利确实是一个极重要的社会公共工程，是农业生产的基础。在江南地区，水利工作的核心是如何在雨期能够顺利排除过剩的水量，以保证农业的稳产高产。宋代以来的人们，一直十分重视作为全国经济重心的太湖平原的水利工作。宋人单锷所写的《吴中水利书》指出，苏州、常州、湖州三府之水为患最久，从溧阳五堰以东到吴江县，好似人的身体："五堰其首，宜兴荆溪其咽喉，百渎其心，震泽其腹，旁通震泽众渎其络脉众窍，吴江则其足也。"这是着眼于整个太湖流域来谈水利大势的，具有理论指导意义。在后来人们的水利论议中，对单谔的这个说法多有所仿效。像清代凌廷堪的《杭湖苏松源流异派同归说》，就是借用这个人身器官系统的妙喻，来专论湖州等地的河湖溇港水利。

遗憾的是，历史上人们在倡导水利的同时，对水利的荒怠也时常发生。河湖出现坍涨的地方，就要随宜修治。但在乡村地方，官豪富室每遇涨滩，就希图承佃开发；或者将池塘占据养鱼，将湮塞之处又霸作私田进行垦种。归有光指出，地方政府贪图其中的短利，对地方豪民这种侵占沿江淤地、广种芦苇

等水生作物的行为，不但不予阻止，反而规取其税，采取了纵容的态度。而当政府真的要规复水利，已在占垦淤沙地区中获得利益的地方民众，大都很不情愿。

太湖平原一般被认为是中国自然环境与人文塑造结合得较好的地方，所谓上有天堂、下有苏杭。但是从自然天灾的角度看，这里的水、旱、蝗、疫、风灾、潮灾、地震等，在传世文献中屡见不鲜。而且，环境卫生长期处于不良状态。

对历史上的环境与社会变迁的考察，明清时代的人们其实已经有很多记述。许多水利专家与一些地方官员，都知道环境变化对社会生活的影响，都为规复水利、改善民生做出了一定的努力。清代著名思想家魏源就特别强调，政府在兴举水利工程或规复生态时，应该熟识地理环境，注意区域的差异及其可能带来的影响。

本文发表于2018年7月30日《北京日报·理论周刊》文史版，
原题为《中国历史上的“规复生态”——
两宋以后经济中心南移与生态环境的相互制约关系》，
作者时任复旦大学历史系教授

明朝：被误读三百年

李成燕

曾几何时，明朝在国人的眼里是一个极端专制、封闭、落后而又“无耻”的朝代。那么，明朝到底是怎样的一个朝代？应怎样看待它在我国历史上的地位？史学家对此又是怎么看的呢？

全盘否定明朝的看法有了根本改变

曾有一段时间人们对明清评价不高，贬斥明清史。吴晗等一些老一辈史学家对明史的评价普遍较低。改革开放后，人们的思想解放，价值观念大变，对中国历史的原有认识包括对明史的评述改变了许多。20世纪90年代以后，明史界很多学者认为，15世纪的中国并不落后，而是在世界上处于领先地位。但对此也有不同看法，吉林省社会科学院研究员

▲明太祖（1328—1398年），即朱元璋，明朝开国皇帝，1368—1398年在位。朱元璋结束了元朝在全国的统治。其后平定西南、西北、辽东等地，最终统一全国。朱元璋在位期间，社会生产逐渐恢复和发展，史称“洪武之治”。图为南薰殿旧藏《明太祖坐像轴》（局部）。

李治亭就认为“这种说法带有很大的盲目性”(《南明史辨——评〈南明史〉》,《史学集刊》1999年第一期)。

21世纪，随着明史研究的深入，学术界对以前全盘否定明朝的看法有了根本改变。南开大学教授、博士生导师南炳文认为，看一个朝代进步的标准就是在与前朝的对比中是否有新贡献，是否推动社会进步。与前朝相比，明代在五个方面体现出了进步：一是生产力提高：农业综合生产和新品种的广泛推广，手工业方面，棉纺织业、瓷器和印刷业得到了新发展，采煤、炼钢等也进一步发展。二是商品经济空前繁荣。三是资本主义萌芽开始产生。四是与资本主义萌芽产生和商品经济相适应的新思潮出现，如主张自由民主、反对夫权等。五是对传统学术和科技知识进行了大总结，包括最大的类书《永乐大典》、医学名著《本草纲目》、农业方面的《农政全书》和手工业方面的《天工开物》，这些都是对前代成果的总结和提高。总之一句话，明朝“治隆唐宋、远迈汉唐”。

对明朝历史应该重新审视

中国社科院历史所研究员商传认为，多年来，晚明史被误读，我们需要重新认识晚明：晚明是中国历史上一个社会转型的变革期，就是中国从传统社会向近代社会的转型时期。传统专制政治发生了一定程度的变化，晚明时代曾经出现过的官僚体制内的民主制度萌芽，已触及传统体制，使其专制政体有所变化。晚明在中国思想文化史上也是一个划时代的时期，出现了早期人文主义思想。

中国人民大学教授、“百家讲坛”主讲人之一毛佩琦认为，明朝历史被误读了三百年，应该重新审视。明朝是一个“极致”朝代，完全当得起“治隆唐宋、远迈汉唐”这八个大字。明朝比唐宋还昌盛，海军力量非常强大，在世界上的地位是独一无二的，对世界各国的影响力远远超过汉唐；明朝是中国历史上君主宗法制成熟、完善、达到顶峰的时期，在经济上也出现了许多现代化因素；明朝人思想空前解放，追求权利、追求个性、追求功利；科学文化也达到了前所未有的高峰。明朝后期的西学东渐，并不是强势文化对弱势文化的输出，而是中西文化平等的交流和对话。明朝不是一个封闭的国家，不是一个封闭的时代，它是一个对外开放的时代。总之，明朝作为中国历史上最后一个汉人王朝，非常强盛和富裕。

北京大学教授、博士生导师王天有表示，清修明史，明史是被清朝定的，而自民国以后，明朝历史长期被时政化，时政化后就必然将其作为工具，而作为工具，就很有可能失去历史的真实，“即是盛朝修史，修前朝战败的历史，也难掩盖明史中的精华”。他还提醒，明代共二百七十六年，没有女后外戚弄权，没有武将跋扈，没有地方割据。王天有认为，这些问题都是值得深入探讨的。

明清易代，是历史的进步还是阻碍了中国发展

关于明清易代，明史学界和清史学界向来见仁见智。明史

学界许多学者认为清军入关打断了明朝以来的历史进程，阻碍了中国发展，对中国的落后要负很大的责任。清史学界则认为清朝代替明朝是历史的进步。

对于明史学界的观点，中国人民大学清史所名誉所长、国家清史编纂委员会主任戴逸认为，中国落后的原因除了明史学界说的清入关后所实行的落后政策外，“还有更加深刻的原因，不能完全由清朝负责”“事实上，清朝的很多制度、政策是继承明朝的”。中国人民大学清史所教授王思治认为，明清之际外国侵略势力开始插手中国边疆地区，中国面临进一步巩固和发展多民族国家、抗御外国殖民主义的历史任务。可是，“当时已经腐朽的明王朝是难于肩负起抵抗正在到来的外国殖民主义者的使命的”，这个任务清朝完成了。此外，他还认为，清朝到乾隆初年人口已达一亿几千万，说明清代经济发展超过了明代。

20世纪90年代，北京师范大学教授顾诚著《南明史》，在其序论中说，清统治中国，中断和延缓了明朝以来中国社会发展的进程，如果不被“满洲贵族和变节的吴三桂等汉族军阀官绅打断，中国社会将在明代已经取得的基础上实现较快的发展”，作者断言，“近三百年来的历史也许是另外一个样子”。对此，李治亭发表《南明史辨——评〈南明史〉》，针锋相对，“这种假设，缺乏根据。在这个问题上，作者已陷入思想认识的误区。其一，农民不是先进阶级的代表，却把它看成是未来中国的希望，李自成是中国的‘救星’……其二，过高地估计了明朝的发展水平”。后来，李治亭在《给清史以准确的历史定位》中提出，“明清角逐近半个世纪，一个胜利了，一个灭亡了，这是明末社会诸矛盾及民族矛盾相互作用的必然结局”，评述两个王朝的兴替，既不能站在明王朝的立场，斥责清朝夺权非理，也不能站在清朝的立场，为其辩解合理；要站在客观的立场，从明清之际的社会发展趋势，探索这场大变动的内在原因。

明清史学界也有学者认为明清是个完整的历史时期，先有了明朝的基础，后来又有了清朝的进一步发展。中国社科院历史所研究员王春瑜认为明朝是个了不起的王朝，明朝确实辉煌过。最终，清朝统一了中国，在明王朝奠定的物质、文化基础上，继续谱写历史篇章。明清是个完整的历史时期，没有明朝先辈们的艰苦创业，让清朝“清承明制”，坐享其成，并由此而迈开历史的步伐，也就不会有清朝后来一度出现的辉煌。

本文发表于2010年2月22日《北京日报·理论周刊》文史版，
原题为《明朝之历史地位辨》，
作者时任中国社会科学院古代史研究所中国史研究杂志社副编审

明代宦官有“变态”也有“珠玑”

胡　丹

听到过一个说法：明代亡于宦官。该怎么看待这一说法？

怎么看待宦官在明代专制主义国家中的位置

宦官，作为中国古代专制体制特有的伴生物，应该在国家机构中处于一个什么样的位置呢？研究明代政治制度的论著，多将宦官归于“皇帝制度”之下。

应该说，由于宦官身份及“宦权”的特殊性，给宦官的定位带来了困难。明代被视作中国历史上“宦祸”最严重的几个朝代之一，宦官“擅权”，必有其制度作保证；即便权自“干窃”而来，既然攫住不还，也必以制度固定之。王天有在《有关明史地位的四个问题》中，强调宦官的“衙门化”，使得“在皇帝之下实际形成了两套班底”，一为以内阁为代表的政府，一为以司礼监为代表的宦官。正因为“宦官在国家政权中的地位已相对稳定，成为国家权力机构的一个组成部分”，所以“明代官僚士大夫反对宦官者大有人在，但很少有反对宦官衙门的”。两者的关系是相互牵制的，所以“权阉”的出现往往“与皇权式微和弱势内阁有关”。

究竟该怎么看宦权、皇权、相权三者的复杂关系

朱元璋废相，是皇权强化的最主要证据。有关宦官专权的种种阐述，均离不开两个问题：一是废相与相权，二是皇权的集中与分散（或延伸）。如黄宗羲所云：“彼宫奴者，见宰相之政事坠地不收，从而设为科条，增其职掌，生杀予夺出自宰相者，次第而尽归焉。”（《明夷待访录·置相》）将“宦权”拿来与“相权”对比，这也决定了，“宦权”常被简化为“中官首脑衙门——司礼监”的权力，而不是整个宦官组织所拥有的各项职权。事实上，“宦权”经常只在讨论明代中枢机构的运作时，将其放到与“皇权”“相权”的相互关系之中进行解读。这恐怕是需要首先“正名”的。

明代罢相不置，“相权”到哪里去了？有人说阁臣“无相之名，居相之实”，是事实上的宰相。但“阁权”与传统的“相权”是极不相称的，因此有人认为，皇帝、阁部各揽去一部分相权，司礼监也收揽了一部分；甚至有道：“只有司礼监才是明代中枢权力之所在。”多数论述认为，明代仍然存在“相权”，这一权力由内阁与司礼监分享，所谓“相权一分为二”，形成一种“双体相制”，或“二元制”“双轨制”，“监、阁共理朝政”。如欧阳琛所阐释的，“司礼监的权力，实质上是皇权的一部分，或皇权的化身”。李洵强调了“皇权”的积极性，即“司礼监与内阁同是皇权的附属物，皇权紧紧控制着这两个机构的权力，始终保持着皇权的独断或独裁性，防止二者任何一方的权力超过皇权”。关于“三权”关系大体形成这样一种论

述格局：明代皇帝既散相权，令各部分掌，又夺相权，君行臣职。但君不可无相，后乃有内阁之设，内阁从皇帝那里争回些，宦官再从皇帝那里窃取些，于是三者共同据有权力结构的最上层。

以上关于宦权（司礼监权力）的论述，实际上正是将“宦官制度”定位为“皇帝制度”从属物的一种反映。这种观点不认同宦官权力的合法性，所谓“宦权”，只是假窃自“皇权”；将宦官权势的扩张，阐释为皇权的“延伸”或“分散”。

但是，既然宦官长期地、习惯地，并且在各权力关系事实认可的条件下享有一种权力——不管是否从“皇权”窃取而来，都应当视作合法。如果“宦权”皆属窃攘，那么洪武、永乐时期的宦权从何而来？如果宦权的来源仅仅是“私窃”，那它将异常的不稳定，随着“失窃者”——皇帝——之贤否而变动；但不稳定性并非明中期以后宦权的特点。而且，“窃取说”也不能涵盖所有宦权。明代宦官参与庶政的范围是非常广泛的，比如尚膳监督理光禄寺、尚宝监用印、印绶监理黄等具体事务，是否也是皇权遗落的片段？显然，用分割所谓“皇权”来解释宦官事实上拥有的政治权力，是说不通的。

究竟该怎样评价宦官及明代的“宦祸”

对宦官的恶评是与其“专权乱政”相因应的，许多研究者从其生理缺陷上寻找原因。例如，山昌岭、张安福《宦官专权原因的社会心理学分析》在分析“宦官专权必然性”时说："（宦官专权的）原动力来自宦官特殊的心理机制，以及由此而导致的心理变态。"作者引用弗洛伊德的理论，认定宦官心理变态来自"阉割焦虑"，以致形成"畸形的人格"；又引用"现代政治心理学理论"，认为宦官的自卑情结必然促使他追求"过度补偿"。

心理分析作为一门科学，必有严谨的方法。而许多针对宦官心理的"分析"，既不拿一个"病人"细加"诊断"，也不提供一个群体（各个阶层的、"好"或"坏"的宦官）作量的保证，辄径开出"变态"的脉方。鲁迅说："中国历代的宦官，那冷酷险狠，都超出常人许多倍。"（《坟·寡妇主义》）文学家言尽可恣笔张大，而学术则不可不谨严。在讨论宦官"变态"问题时，不应忘记此类人中亦有以"我形虽废，自有不废者存"的，宦官中并非没有"珠玑"（刘宝石《明代宦官中的珠玑》）；"宦官在政治生活中的作用并不都是恶劣的"（赵兴元《从明代成化年间宦官的活动看宦官评价》）。

对宦官的评价，在话语上常处于一种矛盾的境地。"变态"与否，在研究中也颇有因人而异的倾向，比如从来没人说郑和"变态""焦虑"。但研究者不能不注意到，在朝代的前期，政治较清明时，宦官多贤，至末世，则贤者尤难得。至此，心理学似乎失效了。作为一个群体，宦官的行为也是逃不脱社会的特定规范和影响的，并不简单是个心理问题。

明清易鼎未久，即有"明不亡流贼，亡于宦官"之说；更有人将明朝称为"历史上最大的太监帝国"。对明代"宦祸"

▲郑和下西洋六百周年纪念邮票。宦官当中有“变态”也有“珠玑”，不可一概而论。比如蔡伦造纸、郑和下西洋。

的评价，王天有认为：明朝二百七十六年，宦官“专权”不过二十几年时间，将明代政治概指为“宦官政治”或“特务政治”，显然是不合适的。

本文发表于2010年5月17日《北京日报·理论周刊》文史版，
原题为《宦官在明代专制主义国家中的位置》，
作者为北京大学历史学博士

晚明的“未富先奢”

商　传

我们在许多史料中可以看到，明朝中叶以后的人们，在谈到旧日风俗时，难免感叹一番，内容也无非是昔日如何淳朴节俭，今日如何奢靡。因知在从明初至中叶的历史中，曾经有过一个由俭入奢的过程。

明朝初年奢靡不过是少数社会上层富人生活的写照

洪武、永乐两朝名臣解缙的一份家书中，说尽了当时官员们生活的窘迫：

> 每月关米七石，其余每石折钞共七千贯，稻草亦甚贵。时时虽有赏赐，随得随用，又作些人情，又置些书，尽皆是虚花用了。衣服、靴帽、假象食之类，所费不赀。

《西园闻见录》卷十三记载，永乐朝户部尚书夏原吉弟弟来京探亲，临去时原吉送给弟弟俸米二石。永乐帝得知后，感到太过寒酸，问原吉何故。原吉答：“臣所遗俸，已寄之，无以为赠。”永乐帝过意不去，又特赐几匹好布。

明朝初年算得上是一个物质比较匮乏的时代，虽然国家可以兴土木、下西洋、迁都、出征，但从整个社会来看，不过国富民穷而已。不止民穷，即如皇室、官员们，也不能算得富有。明仁宗时为太子，留守南京的监国，经常因为手头拮据，不得不取给于城中富户伊氏。而如伊氏这样的富户，在当时实在少之又少。那时候新科进士们看榜就宴，都是徒步而行，未见有乘车马者。直到宣德以后，进京赶考的举子，也只见有骑驴者。那时在京的御史住所，有的敝败不堪，仅避风日。官员尚且如此，民间生活更可想而知。当时的官员邹缉曾说："今山东、河南、山西、陕西诸处，人民饥荒，水旱相仍，至剥树皮、掘草根、簸稗子以为食。而官无储蓄，不能赈济。老幼流移，颠踣道路，卖妻鬻子，以求苟活。民穷财匮如此，而犹徭役不休，征敛不息。"依据《明实录》统计，明永乐一朝，是中国历史上蠲免赈济最多的时段，邹缉这里所说的北方各地，则显然是并无蠲免的去处。

这种情况大约正统以后方有所变化。当我们看到成化间解职归乡的御史姚绶那种"粉窗翠幕，拥童奴，设香茗，弹丝吹竹，宴笑弥日"的生活时，我们会深感这些乡绅就是社会奢靡风气的引导者。但是其实这不过是当时社会上层富人生活的写照。

晚明奢靡流风自上而下影响整个社会

我们看历史，皆知首先得以享受这种奢靡生活的人，只能是官员与商人。但是流风自上而下，很快便影响整个社会。到这个时候，人们却又要说"士风俭薄，民风奢侈"了。不过此类说法，大都见于方志之中，这很能够说明民风趋奢成为一时之共见。这无非是地方修志者们认为，上层官员士绅与富商大贾的奢靡尽可理解，而民间的效法，则是社会风气由俭入奢的衰颓之变。

▲万历《通州志》记述了社会风气从俭入奢的前后变化。

我们翻开晚明的文集、笔记或者方志，几乎随处可见关于社会竞奢风气的记述，而且记述了社会风气从俭入奢的前后变化。万历《通州志》卷二记：

> 弘（治）、正（德）之间，犹有淳本务实之风。士大夫家居多素练衣，缁布冠。即诸生以文学名者，亦白袍青履，游行市中。庶民之家，则用羊肠葛及太仓本色布，此二物价廉而质素，故人人用之，其风俗俭薄如此。今者里中子弟，谓罗绮不足珍，及求远方吴绸、宋锦、云缣、驼褐，价高而美丽者，以为衣，下逮裤袜，亦皆纯采，其所制衣，长裙阔领宽腰细摺，倏忽变异，号为时样……故有不衣文采而赴乡人之会，则乡人窃笑之，不置上座。向所谓羊肠葛、本色布者，久不鬻于市，以其无人服之也。至于驵会庸流、么麽贱品，亦戴方头巾，莫知禁厉，其俳优隶卒，穷居负贩之徒，蹑云头履行道上者，踵相接而人不以为异。

旧时便宜的羊肠葛、本色布因为没有销路而不再生产，这是典型的市场选择的结果。但是里中子弟争相以价高而美丽者为衣、为裤袜，且“倏忽变异，号为时样”，则是追求时尚风气的结果。今日所谓追求时尚，其实是商家的行为，以此而促进商品的销售。年轻人永远是潮流的追逐者，晚明时代也是由青年们领导了时尚的潮流，并由青年人影响整个社会。

这里所说的通州，乃是南直隶通州，即今日江苏南通市，时属扬州府，较之苏松杭常诸地，犹有不及，然其风俗即已如此，且此种风俗，不仅限于南直隶、江、浙，当时的北方各地，也是“流风愈趋逾下，惯习骄吝，互尚荒佚。以欢宴放饮为豁达，以珍味艳色为盛礼。其流至市井，贩鬻厮隶走卒，亦多缨帽缃鞋，纱裙细裤。酒庐茶肆，异调新声，泊泊浸淫，靡甚勿振。甚至娇声充溢于乡曲，别号下延于乞丐”。

这些方志中的记录，从宴饮说到服饰，再从服饰说到民歌时调，从上层社会说到下层社会，从市井说到乡里，竞奢风气似乎成为当时城乡社会的普遍现象。

侈靡之风破坏了嘉靖以前淳厚的政治风气，又倒过来刺激社会风气

较早关注晚明竞奢风气的学者，中国台湾的徐泓教授和林丽月教授首先提出：“嘉靖以后，社会风气侈靡，日甚一日。侈靡之风盛行，消费增加，提供给人民更多就业机会，尤其商品交流的增加，更促进商品经济的发达。侈靡之风盛行，又影响明末社会秩序的安定，僭礼犯分之风流行，对‘贵贱、长幼、尊卑’均有差等的传统社会等级制度，冲击甚大。尤其侈

靡之风，刺激人们欲望，为求满足私欲，乃以贪污纳贿为手段，破坏嘉靖以前淳厚的政治风气，使贪贿成风，恬不为怪，而贪黩之风，又倒过来刺激社会风气，使其更趋奢靡。”既谈到了奢靡风气对于社会经济发展的刺激，也谈到了奢靡风气对于社会贪腐的推波助澜。其实晚明并非富裕到了可以尽享奢靡的程度，当时的实际情况只是未富而先奢。

> 迩来竞尚奢靡，齐民而士人之服，士人而大夫之官……贫者亦槌牛击鲜，合享群祀，与富者斗豪华，至倒囊不计焉。若赋役济，则毫厘动心。里中无老少，辄习浮薄，见敦厚俭朴者，窘且笑之。逐末营利，填衢溢巷。货杂水陆，淫巧恣异。而重侠少年，复聚党招呼，动以百数，椎击健讼，武断雄行。胥隶之徒，亦华侈相高，日用服食，拟于市宦。

明崇祯年间所修山东《郓城县志》这段记述，将当时竞奢的风气与社会生活中的僭越行为结合起来，而且谈及当时人在竞奢的同时，却不肯承担分内的赋役与社会救助。我们也因此看到，在晚明竞奢风气的背后，并未形成商品生产条件下对于旧有观念的真正冲击，只是更突出表现了拜金与对于享乐的追求，很难显现出对于社会发展的助动。

本文发表于2014年1月27日《北京日报·理论周刊》文史版，

原题为《晚明的“未富先奢”》，

作者时任中国社会科学院研究生院历史系教授、博士生导师

张献忠江口沉银真相

万　明

2015年年底以来，多家报刊以“四川江口考古新发现”为题，对张献忠江口镇沉银做了大规模报道，进一步坐实了张献忠江口沉银事件，掀起了探索沉银之谜的又一波热潮。以新材料研究新问题是重要学术取向，问题是，张献忠为什么会有大量白银沉于江口？江口沉银是一个表象，值得追寻的是背后关乎张献忠成败的历史真相。

白银货币是一把双刃剑

2005年，江口古镇岷江河道出土明代银锭，其形制与錾刻铭文都表明是崇祯时期征解的税银。江口所沉的这些税银，有一个宏大的历史背景。学界论及明末农民战争爆发的主要原因，有明朝政治腐败、土地集中、赋税加派、灾荒频发等，但是迄今鲜少关注到明代白银货币化的问题。追寻历史，白银从贵重商品最终走向了完全的货币形态，即货币化，是在明代。大规模使用白银，是明代一个重要的社会现象，发展到晚明，白银作为主要货币，在社会经济生活中起了重要作用。白银货币不仅是财富的象征，而且成为政权赖以存在的基础。

明初推行宝钞，禁用金银交易，白银不是合法货币。自14

世纪末开始，随着民间用银、官方赋役折银，白银货币极大地扩展，15世纪末白银货币化在社会内部的膨胀，促使出现了海外贸易热潮，使得货币和财产进一步活跃起来，唤起了人们新的更大的白银货币需求。嘉靖年间，白银在社会流通领域中已经占据主币的地位。此时，一方面，出现了国家财政上的入不敷出；另一方面，社会上从皇族到小民都有对于白银的需求，日益增加的全社会的商业性行为，正说明了无论从国计还是从民生看都存在对白银的大量需求。16世纪是全球化的开端，这种中国社会内部产生的巨大需求形成与全球的互动，导致大量白银流入中国。但我们切不能忘记，此前伴随白银货币化过程的，是经历了一个半世纪的赋役改革——从折银到征银，这是明朝赋役改革有别于历朝历代的根本特征。发展到张居正改革，核心是财政改革，改革存留于世的两部重要文献《万历会计录》和《清丈条例》，证明了白银货币成为国家财政体系主体的趋向，表明中国古代两千年以实物和力役为主的国家财政体系向以白银货币为主的财政体系转型，这标志着中国从传统赋役国家向近代赋税国家的转型。

在中外变革的历史大背景下，明代中国国家转型开端，经济货币化急速发展。白银货币成为一把双刃剑，无疑加速了明朝政治腐败、土地集中和赋税加派的愈演愈烈，更激化了社会矛盾冲突的升级。白银货币成为社会财富的集中代表，无形中使贪污更为便利，太监刘瑾被抄家时有黄金12057800两、白银259583600两。明后期财政货币化、赋役货币化、军饷货币化，到处都要银子。白银对于王朝存亡至关重要的作用由此显现，而明末农民战争是对聚敛白银财富的明朝腐败政治的荡涤。

张献忠白银的来源

江口沉银的大量白银源于何处？从已发现的银锭铭文可知，江口银锭实物是大西军转战湖广、四川等地获取的。晚明最突出的问题就是政治腐败，皇族勋戚、贪官污吏利用政治上的特权，大肆搜刮和积聚巨额的白银财富。皇室、勋戚和官僚豪绅的私有土地——皇庄和庄田急剧膨胀，“庄田侵夺民业，与国相终”。明宗室的人数大约以三十年翻一番的几何级数增加，明后期数以万计的龙子龙孙的禄米，成为国家财政和地方开支的严重问题。藩王宗室的禄米和赐予的庄田，大多通过加派赋税来实现，庄田遍布地区成为社会矛盾突出的地区。追踪张献忠白银的来源，他建立政权，军饷等费用来源于没收官府、宗室和官绅所得，打击明朝藩王宗室是一条重要线索。

崇祯十四年（1641年）二月，张献忠攻下襄阳，襄阳是明朝的军事重镇，是襄王的王府所在地，军需饷银，聚集在城内。张献忠处死了襄王朱翊铭和贵阳王朱常法，下令没收襄王宫中的全部财产，并“发银五十万以赈饥民”。

崇祯十六年（1643年）五月，张献忠攻下武昌。武昌是楚王朱华奎的王府所在地，楚王在武昌累世搜刮，聚集了大量财富，每年庄田租银就多达21300两。大西军到来之前，省城的文武百官曾齐集楚王府，向他借银作为军饷来守城，楚王却只是令人搬出一把洪武年间分封诸王时的裹金交椅，说："此可佐军，他无有！"张献忠入武昌后活捉了楚王，"尽取宫中金银各百万，辇载数百车不尽"。见到王宫中众多金银财宝，他不禁叹息道："有如此金钱不能设守，朱胡子真庸儿！"下令把楚王扔入河中。

崇祯十七年（1644年）六月，张献忠攻克重庆，处死了瑞王朱常浩。瑞王的两万顷庄田，一直是靠陕西、河南、山西、四川按分摊田亩数加派赋税取得租银的。成都是明蜀王的封地，蜀王凭借政治势力，霸占大量跨府连县沃土，积聚了惊人的财富。史载第一代蜀王朱椿霸占大量土地，共建了三百多个王庄，每天由一个王庄提供"王膳"，一年才轮换一遍，"富无与比"。万历年间，蜀王府庄田已经占有都江堰灌溉的十一个州县土地的七成。当大西军进川时，这位富有的末代蜀王朱至澍还舍不得出银子，居然说自己没有积蓄，仅有承远殿一座可以卖了充饷。张献忠于八月初九攻下成都，改成都为西京，建立大西政权。朱至澍和王妃投井身亡，张献忠将蜀王府改称皇宫。

江口沉银悲剧的原因

清军入关后，大顺三年（1646年）九月，迫于形势，张献忠率众五十万退出成都，准备移师陕西。十一月七日，张献忠在西充凤凰坡与清军交战，中箭身亡。此后江口沉银传说广为流传，直至21世纪为考古发现所证实。而留给我们的是国家转型与农民历史命运的沉重话题。

崇祯十六年（1643年）在湖南长沙，大西政权曾发布檄文，宣布"钱粮三年免征"。所谓"钱粮"，在万历年间全国清丈田亩统一征银、明朝财政体系发生从以实物与力役为主向以白银货币为主的重大转型以后，基本上是白银的代名词。张献忠一路转战，获取了大量白银财富，为在成都正式建立政权提供了经济保障。但是定都成都以后，一方面要解决庞大的军费和政府开支，另一方面"三年免征"，大西政权也就不可能建立正常的财政税收制度。财政是政权存亡的命脉，在文献记载中，我们看不到大西政权实行按土地或人口征收赋税的政策，看到的是几十万大军和各级政权的消费，基本上依靠没收官库和打粮来获得。这样一来，尽管张献忠严控财富，部下若私藏金银一两，斩全家，私藏十两，本人剥皮，斩全家，并铸造了"大顺通宝"，但是大西政权不能建立财政税收制度，也就不可能建立坚实的财政基础；打粮激化社会矛盾，不利于恢复社会经济发展，更不可能建立稳定的社会秩序。这正是张献忠徒有大量白银，只落得江口沉银悲剧的根本原因之一。

▲大顺通宝，明末农民起义军首领张献忠所铸的钱币。

本文发表于2016年12月12日《北京日报·理论周刊》文史版，
原题为《张献忠江口沉银真相》，
作者时任中国社会科学院历史所研究员

雍正继位疑案再断

冯尔康

雍正继位疑案是二百多年的老问题，今撰此文炒冷饭，原因有两个，一是近日始知雍正合法继位说首创者；二是雍正继位研究中利用中国第一历史档案馆所藏皇家玉牒的学术史。此二事事关继位疑案研究。

继位疑案有三种说法，即雍正篡夺乃弟允禵皇位；雍正系遵照康熙末命合法继位；雍正在康熙驾崩之际自立称帝。所谓“篡夺”“合法”乃是以康熙之是非为是非之用词，传统概念，不足为训，不过使用起来方便，可以节省文字。三说之中，我赞成合法说。

从民间传说到学术研究的篡夺说

雍正自继位之始，就被篡位说缠身，当时社会传言，康熙临终，遗命传位允禵，而隆科多矫诏传位雍正，在这个过程中，雍正毒死康熙，这就是雍正颁布的《大义觉迷录》一书中所说的社会议论：“圣

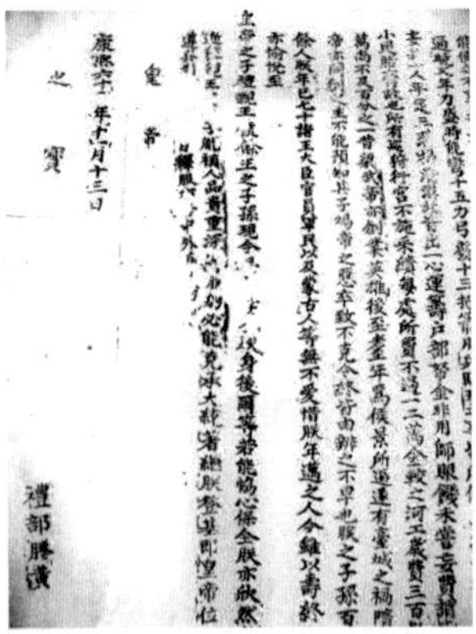

▲图为康熙遗诏中关于雍正继位的有关文字。

祖皇帝原传十四阿哥允禵天下，皇上将‘十’字改为‘于’字。”“先帝欲将大统传于允禵，圣祖不豫时，降旨召允禵来京，其旨为隆科多所隐，先帝宾天之日，允禵不到，隆科多传旨遂立当今。”“圣祖皇帝在畅春园病重，皇上（指雍正）就进一碗人参汤，不知如何，圣祖皇帝就崩了驾，皇上就登了位。”在很长时间里，人们传播雍正这种篡位故事，越往后传说的情节越丰富、离奇，以至20世纪初发行的《满清十三朝宫闱秘史》说雍正少小无赖，游荡江湖，结交剑客，在康熙弥留之际潜回宫中，偷改遗诏登基。如此二百多年的流传，人们多是当作奇闻趣事的谈资，并没有进行学术性研究。

时至1935年孟森发表论文《清世宗入承大统考实》，得出雍正实系“篡位”的学术观点：针对雍正在《大义觉迷录》中说的康熙召见七位皇子和隆科多宣布传位皇四子胤禛一事，认为根本没有康熙召见皇子和隆科多宣布继嗣末命的事，这是雍正捏造的企图说明其继位合法的谎言；雍正害死康熙得位，诸兄弟不服，于是迫害允禩、允禟等人，而允祉无意于政治，也被忌恨遭到囚禁；康熙要传位给允禵，雍正用川陕总督年羹尧钳制他，后来诛杀年羹尧、隆科多就是怕他们暴露自己夺位的秘密——所谓杀人灭口。这篇文章是雍正篡位说的奠基作，也是这一历史由传说、演义发展成为学术研究课题的标志。20世纪四五十年代之交，王锺翰在孟氏研究基础上，以允禵西征的历史进一步说明康熙属意这个儿子，把篡位说研究推进一步。70年代后期金承艺和王氏一样，在允禵史方面做文章，认为雍正原来不叫胤禛，为篡位夺了乃弟胤祯的名字，将康熙遗昭“皇位传十四子胤祯”改易为“皇位传于四子胤禛”，因而形成他的“盗名改诏”说。归结起来，篡夺说要点有二：一为康熙没有传位雍正的末命；二为康熙属意于允禵。

康熙末命雍正继位说

比起篡位说，合法继位说到20世纪70年代末才有像样的研究成果出现，但自此发展较快，有影响的论著相继面世。1979年，吴秀良撰《通向权力之路——康熙和他的法定继承人》一书，从康熙继位一直谈到雍正承嗣，提出以康熙重视孝道作为判断他选择继承人的线索，认为允礽因不仁不孝而见废，允祉、允禩皆以不孝而不中意或被斥责，唯独雍正因诚孝被选中了。2010年6月1日，中国社会科学院历史研究所举办学术报告会，吴秀良在演讲中说，他原来是相信篡夺说的，但在一次研讨会上，何柄棣提出，雍正夺位说需要再研讨，希望吴秀良来做。这表明何柄棣不赞成夺位说，他应是合法继位说的首倡者。吴秀良主动说出合法继位说倡导人，不淹没他人业绩，令人感佩。

1981年，杨启樵出版《雍正帝及其奏折制度研究》一书，次后写出《“雍正篡位”再论》等文，与支持篡位说的孟森、王锺翰、金承艺诸氏一一辩论，赞扬雍正的优点和政治能力，相信康熙传位于他的史料，把年羹尧、隆科多被戕归咎于他们破坏雍正密折制度，而不是什么杀人灭口。同年，笔者发表《康熙朝的储位之争和胤禛的胜利》，紧接着撰成《康熙十四子胤禵改名考释》《曾静投书案与吕留良文字狱述论》等文和《雍正传》一书。笔者的意思是把雍正嗣位放在康熙后期和雍正前期的政治斗争中来考察，从康熙对雍正的一贯态度，以及与对其他皇子态度的比较中，认为取中了他，说明年羹尧、隆科多之狱，系他们擅权、妨碍皇权所致，害死允禩、允禟是储位斗争的延续，具有保卫皇权性质，曾静大狱和《大义觉迷录》出笼是雍正在政治成功之后，争取社会舆论认同的性质。

“雍正自立”说及三说中的共识

雍正继位疑案，学界普遍以为只有篡夺与合法两说，笔者的认知是——还有一个自立说，虽然关于它的文章甚少，观点不那么鲜明，论证不那么清晰，但它不同于前述二说，已有了自己的观点。庄吉发撰著《清世宗拘禁十四阿哥允禵始末》《清世宗入承大统与皇十四子更名考释》等文和《清世宗与赋役制度的改革》专著，认为康熙从无立雍正的意思，允禵被看作是皇储的最佳人选，在允禵出征及其争储活动失败的情况下，雍正渔翁得利，于康熙驾崩时捷足先登，“入承了大统”，无所谓矫诏篡立，庄氏虽未明言雍正自立，其意已可见了。

雍正继位三说仍处于并立状态，然而取得一些共识，有益于今后的研讨，共识是：允礽、允禩等的继位可能性，经过讨论之后排除了，而把争储的焦点对准允禵和雍正；康熙第二次废黜允礽后，使储位久虚，因此诸皇子之间的争斗，不再是夺嫡，而是争储；改“十”字为“于”字的传说是虚妄的，不足为据；毒死康熙说，应予摈弃；雍正对其继位辩解太多，不同观点的研究者皆从中看出问题，做出批评；继位疑案的研究意义，不囿于合法与否的传统道德法统，着眼于对社会的影响，这是研究者的共同愿望。

笔者认为雍正合法继位的依据

笔者主要证据有五，另有一个排除允禵继统的旁证。

第一，召见七位皇子与隆科多应是事实，难于否定。雍正在七年（1729年）就夺位事，说康熙传位给他的情形：康熙在殡天那天的凌晨二三时，于畅春园寝宫紧急召见允祉、允祐、允禩、允禟、允䄉、允祹、允祥七位皇子和隆科多，宣布“皇四子胤禛人品贵重，深肖朕躬，必能克承大统，著继朕即皇帝位”。其时，允禄、允礼等四位皇子在寝宫外等候。据此，康熙宣布遗命有时间、地点、人物、情节，雍正是遵照遗命继位，应当是正常的、合法的。究竟有无召见的事，七位皇子最有发言权。雍正叙说康熙召见七位皇子事时，允禩、允禟已死，允祥是雍正死党，如果雍正是制造谎言，这三人不可能揭发。允祐，康熙说他“心好，举止蔼然可亲”，可能对雍正有看法也不会说，但允祉、允䄉、允祹则不同了。允䄉于雍正元年（1723年）被派往蒙古办事，擅自回京，在祈禳文中写“雍正新君”字样，表示蔑视；允祹，在雍正清理财政中涉及自己，公然把家产拿到大街上出卖，意在暴露雍正对兄弟的迫害，以示对抗；允祉遭到雍正打击，雍正八年（1730年）允祥死时，雍正亲自祭奠，允祉故意后到，毫无哀戚之意，给人以幸灾乐祸的感觉，表示与雍正态度的差异。如果雍正当面造谣，说他们被康熙召去听遗命，他们当场不便揭发雍正，事后还不抓住这个把柄在底下说明真相，把雍正搞臭，以发泄内心的愤怒？可是并没有这种事情。当事人不否认的事情，后人就难于否定了。

康熙紧急召见皇子就传位雍正事予以明示，合乎当时情理。康熙眼看自己危在顷刻，而国无储君，再不指定，一旦亡故，将会造成纷乱，或致江山不稳，则对不起祖宗，并使令名受损，故须立刻决定继承人。至于人选，早就集中在两三个皇子身上，这时不必说是否取中允禵，单从他在数千里之外来看，火急宣诏也赶不回来；设若指定他，驾崩大事出来，他不在京城，国无君主，在诸皇子十几年结党争位的严峻形势下，不就会爆发齐桓公死后五公子停尸不葬而争位的局面吗？早在康熙四十七年（1708年）废黜允礽时就想到过这种事情可能出现，这时怎么会忽视呢！弥留之际说出继承人为雍正，是刻不容缓的必然举动。

第二，从天坛祭天场所征召雍正必系将赋予其特殊使命——继承大统。康熙召见七位皇子的同时，紧急征召奉命在天坛代皇帝祭天的雍正。雍正在康熙殡天这一天是在畅春园，如果他是不召自来，擅离职守，置祭天大事于不顾，是违旨抗命，岂是康熙所能饶恕？再说雍正来了，面见父皇三次，自是奉召无疑。这时的特殊召见，当系预定传位给他的极其必要措施。所以笔者认为，康熙为了皇位的稳定移交，临终前当机立断，指定久在选择中的雍正继位，这就是雍正所说的康熙“仓促之间一言以定大计”。

第三，允祉等在康熙遗体前承认雍正继承大统。康熙事出，隆科多宣布康熙传位雍正遗命，这时皇三子允祉等皇子向雍正叩首，表示臣服，接着诸王大臣议定殡殓大礼，雍正为康熙更衣，奉送遗体回大内。虽然其时允禟有傲慢表现，允禩在沉思，然而授受之际一切正常，特别是允祉带动诸皇子向雍正行礼，不能说是拥戴，起码是认可雍正的继位。这一事实，过往研究中颇为忽略，应予重视。若同民间传说允祉让位的事联系起来看，亦见允祉跪伏的政治作用。民间是这样说的：“三兄有抚驭之才，钦遵父命，让弟居之，而圣君不敢自以为是，三揖三让，而后升堂践天子位焉。”将事情演义化，倒挺有意思。

第四，传教士马国贤回忆录反映雍正正常继位。马国贤住在畅春园附近，他把康熙病逝的夜间从寓所墙头看到和听到的事情，写在《清廷十三年》的回忆录里，提供了许多值得注意的信息：其一，康熙是病逝的，死亡时有御医在场；其二，雍正的继位，是康熙临终指定的；其三，继位之际状况正常，人人服从雍正；其四，雍正办的第一件事是尽孝子之责，装殓康熙，将遗体从离宫护送回大内。马国贤是在事发同时获得的资讯，用今天的话说是“第一时间”得到的，因而可信度高。马国贤的记叙令读者得到的印象是：康熙是正常死亡，雍正是正常继位，而且继位时状况正常，与允禩等人承认雍正的事实相符。

第五，综合分析“康熙遗诏”，是可信的。雍正公布的康熙遗诏包括三项内容，一是康熙对其毕生政治的看法，二是命雍正继位，三是命丧礼遵照礼制办理。遗诏第一、三部分没有作假的问题，第二部分指令雍正继位内容的真实性需要讨论，议题关键是遗诏非康熙亲自书写，系雍正制作，若与康熙有意立允禵合看，则是雍正作伪；然而如同许多学者所指出的，历朝皇帝遗诏，基本上都出自他人之手，不能以是否亲笔书写断定雍正造假。笔者综合前述四点，即七位皇子面奉康熙传位雍正遗命，允禩等向雍正行礼表示遵从康熙遗愿，雍正被从祭天斋所召至畅春园的行为本身，无不表明雍正是合法继位者，而且马国贤第一时间的见闻表明雍正是正常继位。

另外，笔者想谈谈皇家玉牒是否有雍正篡夺允禵皇位的资料及有关研究史。事情的缘起是孟森由隆科多私藏玉牒罪，想到玉牒是否有暗示传位允禵的信息。迨后金承艺的盗名改诏说，在允禵改名、雍正“夺名”上做文章。欲知允禵、雍正真名及允禵在玉牒中的地位，只有查阅玉牒，因它对人名的记录最具权威性。于是查考玉牒资料摆在雍正史研究者面前，1980年秋冬之际，笔者、吴秀良、杨启樵不约而同到中国第一历史档案馆查阅玉牒。笔者阅览康熙十八年（1679年）、二十七年（1688年）、三十六年（1697年）、四十五年（1706年），雍正二年（1724年）、十一年（1733年），乾隆七年（1742年）等年份编纂的《宗室玉牒》(每年份均含"帝系""直格本""横格本"三种，满汉两种文本)。康熙年间玉牒凡是提到皇四子名字的地方，汉文均作胤禛，满文与汉文字音相对，表明雍正名叫胤禛，始终用这个称谓，没有改名的事，"盗名改诏"无从谈起！允禵的名字，康熙年间修的《宗室玉牒》前后不一，早先的为胤禵，后来的为胤祯。雍正继位后又称他为允禵，笔者把这种情形称为给康熙皇十四子恢复原名。康熙玉牒的横格本、直格本记录皇子的名字、生年、妻妾、子、受封情况以及已死者的说明，别无其他内容；玉牒帝系，对康熙皇子列表，若系允礽为皇太子年代修纂的，中间为皇太子允礽，两侧按昭穆排列。这样玉牒写皇太子之外，其他皇子依长幼之序书出，内容是规格化的，不会对某皇子做任何特殊地位的暗示，允禵亦不例外。孟森的疑问系由没有机会检阅玉牒产生的，金承艺亦然，读过清代所修玉牒的人就会释疑了。

本文发表于2010年10月4日《北京日报·理论周刊》文史版，
原题为《二百年疑案再断：雍正继位问题考实》，
作者时任南开大学教授

“圆明园密旨”与乾隆继位之谜

刘　洋

雍乾二帝皇位更替是清代首次将秘密立储原则运用于皇位传承的一次成功实践，从而在中国历史上开创了一种新的最高权力交接模式。虽然乾隆帝嗣统不像其父那样有争议，但围绕“圆明园密旨”，对于雍乾皇位交接时的具体情境，相关文献的记载却众说纷纭，相互矛盾，给后世留下了历史谜团，至今学界对此问题仍鲜有专门论述。这里以乾隆朝上谕档为基础，综合其他各种史料，拟对雍乾二帝皇位交接时的几种不同说法，逐一进行考辨，以图还原历史真相。

“圆明园密旨”与乾隆帝嗣统的各种记载

第一，圆明园雍正面授遗命说。据《清世宗实录》记载：当日戌时雍正帝病情突然加重，遂召见庄亲王、果亲王及鄂尔泰、张廷玉等亲信大臣。随之大学士鄂尔泰、张廷玉在指示下捧出传位密旨并进行了宣读，确立了弘历（乾隆）嗣皇身份。弘历即任命庄、果二王及大学士鄂尔泰、张廷玉为辅政大臣。此后，雍正帝崩逝于圆明园。由此可见，弘历嗣皇身份的确立，是在雍正帝崩逝前的弥留之际，通过圆明园密旨，父子双方直接完成了皇位传承。

第二，乾清宫宣谕传位诏书说。据《清高宗实录》记载：雍正帝病危，宣召亲信大臣，随之崩逝于圆明园。返回紫禁城后，弘历在庄亲王允禄、果亲王允礼及大学士鄂尔泰、张廷玉的共同见证下，遵照雍正元年（1723年）乾清宫正大光明匾后封函的谕旨，继承了皇位。与《清世宗实录》相比，《清高宗实录》丝毫没有提及雍正帝在弥留之际于圆明园宣谕密旨的内容，只记载雍正帝崩逝后，众人在乾清宫恭宣传位诏书。

第三，张廷玉宣示密旨以正大统说。据《张廷玉年谱》记载：张廷玉当天二更时被紧急宣召至圆明园寝宫，并与先后赶至的庄亲王、果亲王和大学士鄂尔泰等亲信重臣一同向生命垂危的雍正帝请安。翌日子时，雍正帝崩逝于圆明园。随后，在张廷玉与鄂尔泰两人的提议和指示下，寻得传位密旨，进而确立了弘历嗣皇的身份。但与《清世宗实录》所记不同，这里讲到圆明园传位密旨并不是在雍正帝病逝之前宣谕的，而是其死后，在张廷玉等亲信大臣的直接指示下进行的。尤其是关于寻找密旨的细节，更凸显了张廷玉本人在确定嗣皇关键时刻所起的重要作用。

第四，鄂尔泰独受顾命拥立说。据《武英殿大学士太傅文端公鄂尔泰行略》记载：雍正帝病逝时，鄂尔泰系唯一的顾命大臣，在圆明园接受了临终遗命，并连夜赴紫禁城，遵照雍正帝意愿，拥立了皇四子弘历即位，这里就突出了鄂尔泰在雍乾皇位交接中的地位。所记雍正帝崩逝时间为八月二十三日夜，顾命大臣系鄂尔泰一人，与其他材料均存在差异，应值得注意。

综合上述各种相互矛盾的记载，加以分析，其问题主要集中在以下几个方面：一是是否在圆明园宣读传位密旨。二是雍正帝在嗣皇人选揭秘时是否已经崩逝。三是雍正帝崩逝的确切时间是什么，召受顾命的人员有哪些。

雍乾皇位交接时的相关问题考辨

第一，圆明园宣读传位密旨辨疑。笔者认为关于圆明园宣读传位密旨的事情，其真实性应值得肯定，即弘历在开启乾清宫正大光明匾后封函谕旨之前，已通过圆明园传位密旨确定了嗣皇身份，《清高宗实录》系缺载了该内容。对于缵承大统的经过，乾隆帝后来曾追忆道：“雍正元年，即亲书朕名，缄藏于乾清宫正大光明匾内，又另书密封一匣，常以随身。至雍正十三年八月，皇考升遐，朕同尔时大臣等，敬谨启视传位于朕之御笔，复取出内收缄盒密记，核对吻合，人心翕然。”

上述材料清楚地表明，雍正帝生前曾写有两份关于嗣皇人选的诏书。其中一份为雍正元年（1723年）八月，雍正帝当众宣布立储后缄藏于乾清宫正大光明匾后的谕旨。此外，其又“另书密封一匣，常以随身”，以备不虞。后来，雍正帝病逝时正驾临圆明园，就首先启用了随身的这份密旨，即“圆明园密旨”，回紫禁城后再次宣读了乾清宫内缄藏的谕旨，所谓“复取出内收缄盒密记”。可见，有关圆明园宣读传位密旨的这一记载应该是真实的。

此外，《清高宗实录》中关于雍正帝崩逝后的一系列记载也能说明弘历在圆明园时嗣皇身份已经确定。

按照惯例，老皇帝驾崩后，确立嗣皇帝的人选是当务之急。如不及时确立嗣皇，不仅会使权力出现真空，导致诸皇子为获取皇位继承权产生纷争，以致兵戎相见，而且会延误老皇帝丧事的办理。因为嗣皇帝在老皇帝治丧活动中居于核心地位，尤其是老皇帝崩逝于紫禁城之外，在奉其遗体还宫前，嗣皇帝要对相关程序做出详尽的安排。特别是按照礼制，嗣皇帝要先行作为前导，在城门或宫门前跪迎大行皇帝。因此，只有弘历嗣皇身份被确立后，才能着手办理奉雍正帝遗体回宫等各项治丧事宜。否则，嗣皇身份未定，决不能贸然护送大行皇帝还宫。按《清高宗实录》所载，弘历在奉雍正帝遗体回宫过程中，事实上已确实履行了嗣皇帝的职责。还宫前弘历对诸王大臣进行了任务分工，其本人则按照康熙帝驾崩时嗣皇的礼仪前导以行。大臣们对雍正帝遗体进宫时迎接地点的奏请，则更加明确了其嗣皇的身份。因此，圆明园宣读传位密旨的事情应该是真实的，否则弘历断不敢也无权指挥办理雍正帝的相关丧仪。还宫后，内侍将装有传位谕旨的封函捧至弘历前，则进一步证明了弘历嗣皇的身份。

回到乾清宫后，在庄、果二王及大学士鄂尔泰、张廷玉的见证下，宣读正大光明匾后封函的传位谕旨，只不过是嗣皇身份已定的弘历，为明确其继位合法性所履行的一种形式。毕竟乾清宫的诏书是雍正帝建储时当众告知群臣知晓的，较圆明园传位密旨更为神圣和正式。所以，嘉庆帝君臣在纂修《清高宗实录》时，大概考虑于此，只记录了乾清宫宣谕传位诏书的事情。

第二，嗣皇揭秘时间辨疑。按《清世宗实录》记载，圆明园宣读传位密旨发生在雍正帝崩逝前的弥留之际，通过重臣宣读御书密旨，父子双方在圆明园完成了皇位传承。而如张廷玉所云，此事发生在雍正帝崩逝之后，系在他和鄂尔泰的提议和指示下，寻得传位密旨，确立了弘历嗣皇身份。其详尽记述了寻找传位密旨的过程，突出了他本人在确定嗣皇关键时刻所起的重要作用。那么事情的真相究竟如何，是《清世宗实录》出于某种原因肆意篡改，还是张廷玉为突出其个人作用有意作伪呢？笔者认为，张廷玉的私人记载更接近历史真相。

张廷玉在雍正帝继位后，备受倚重，被视为股肱，升任保和殿大学士、军机大臣兼管吏部、户部。怡亲王允祥死后，张廷玉成为雍正帝最为信赖的大臣。雍正八年（1730年），"圣躬违和"，张廷玉等受命总理一切事务，如有密旨，则其一人承领。同时，雍正帝又将传位密旨独示张廷玉，以备不虞。后雍正帝遗命张廷玉配享太庙，以昭其赞襄之功。有清一代，汉大臣中享此殊荣者唯此一人。可见，张廷玉在雍正朝所处地位非一般朝臣可比，特别是参与机要事务方面，宗室王公尚不及也。

张廷玉尽管政务繁忙，但一直坚持写日记，内容大都系其亲历之事，"凡其所平章政事及召对诸语，归家时，灯下蝇头书于秘册，不遗一字"。每年冬月，汇总一年之事。所以其记载较他书更为原始，也不易受人干预，应更具真实性，不类实录等系后人编纂，且成书之前需皇帝御览，所谓“次第进呈，斋肃披阅”。此外，张廷玉本人虽深居高位，却为人谦和持重，谨言慎行。依照其小心谨慎、不事张扬的性格，他不太可能冒着政治风险，通过编造相关情节，来彰显自己在雍乾皇位交接中的作用。反而，他纂修《清世宗实录》时，很可能为突出嗣皇的地位，将圆明园宣读传位密旨提前至雍正帝崩逝前，进而采用雍正帝面授遗命、父子之间亲传皇位的方式降低自己与其他顾命大臣所起的作用，以博得新主乾隆帝的满意。事实上，乾隆帝嗣位后，张廷玉等顾命老臣不惜违背雍正帝遗旨，奏辞辅政之名等一系列举措都是为了突出嗣皇的地位，防止君臣之间产生矛盾。在君主专制集权下，张廷玉突出皇权的举动可谓明智之举，以至乾隆帝加恩授其为勤宣伯，开清文臣封公侯伯之例。

第三，鄂尔泰独受顾命辨疑。按袁枚的《武英殿大学士太傅文端公鄂尔泰行略》所记，八月二十三日夜，雍正帝崩逝时，鄂尔泰系唯一的顾命大臣，接受了临终遗命，并连夜赴紫禁城，遵照雍正帝意愿，拥立了皇四子弘历即位。对于此说法，笔者认为与事实不符。首先，《清世宗实录》《清高宗实录》《张廷玉年谱》等官私文献均明确记载，雍正帝弥留之际，召见庄亲王、果亲王，大学士张廷玉、鄂尔泰等多人接受顾命，并且雍正帝崩逝后，众顾命大臣分工协作，护送遗体回宫。其次，袁枚本人并非亲身经历此事，而系据他人所说，这不免有讹误之处。事实上也确实如此。雍正帝病危于八月二十二日夜，崩逝于二十三日子时，其所记八月二十三日夜亦不确。另外，鄂尔泰自从雍正十年（1732年）内召入阁起，即为保和殿大学士，非武英殿大学士，这进一步降低了其可信度。最后，袁枚与鄂尔泰私交甚好，其所作又是祭文行略，因此在追述鄂尔泰生前事功时难免有夸张之词，故极可能为凸显鄂尔泰在雍乾皇位交接中的作用，略去了其他顾命大臣。综上所述，鄂尔泰独受顾命拥立嗣皇的说法不成立。

雍正帝秘密立储的特点与意义

通过对上述史实的考订，我们基本还原了雍乾皇位交接时的历史真相，即雍正帝病危时，众亲信大臣被紧急宣召至寝宫，接受顾命。随即雍正帝崩逝，在张廷玉等顾命大臣的提议和指示下，寻得其随身携带的传位密旨，进而在圆明园确立了弘历嗣皇的身份。此后，众顾命大臣分工协作护送遗体返回紫禁城。至乾清宫后，在庄、果二王及大学士鄂尔泰、张廷玉的见证下，宣读了正大光明匾后封函的传位谕旨，再次确立了弘历嗣皇的身份。可见，雍乾皇位交接分别在不同地点经历了两次揭秘。

纵观雍正帝秘密立储，其具有以下特点。

第一，雍正帝在实施秘密立储的过程中，至为周详。雍正帝生前曾亲书两份传位谕旨，一份收藏于乾清宫正大光明匾后，一份随身携带，二者皆有效。由于时常住在宫外，雍正帝对这份随身密旨格外重视，分别告知鄂尔泰、张廷玉两位满汉亲信重臣，以备紧急时取用。同时，雍正帝还精心选派庄亲王允禄、果亲王允礼与大学士鄂尔泰、张廷玉四人为辅政大臣，通过宗室亲王与亲信重臣的配合与制约，保证嗣皇初政实现平稳过渡。汉臣张廷玉能位列辅政大臣，且在雍乾皇位交接中发挥重要作用，足见雍正帝用人有道，不拘成例，亦见其秘密立储之周密。

第二，雍正帝的秘密立储，主要是对皇嗣人选加以保密，以至于弘历、弘昼二人同日封王，共同参与苗疆事务，兄弟之间基本上保持平等的待遇，但在其他方面仍具有一定的公开性。这表现在雍正帝于乾清宫当众宣布实行秘密立储，并明确告知群臣传位谕旨存放于匣内，置于乾清宫正大光明匾后，随后在大臣的见证下，函封收藏。对于随身携带的谕旨，雍正帝也不保密，反而连函封样式也告知亲信重臣。张廷玉能在雍正帝崩逝后的紧急时刻，迅速指令太监取出密旨以正大统，与雍正帝秘密立储的相对公开性具有密切关系。

总之，雍正帝秘密立储的周密性和相对公开性保证了在突发事件情况下皇位的顺利交接，因此具有重要意义。但雍正以后，清帝过于强化秘密立储的保密原则，反而对皇位交接产生了一些不利影响。一方面，从乾隆帝第二次秘密立储开始，取消了在正大光明匾后收藏传位谕旨的成例，所谓“是以前于癸巳年，复书所立皇子之名，藏于匣内，常以自随”，因而皇帝随身携带的谕旨成为皇位交接的唯一凭证。另一方面，乾隆帝第二次秘密立储时，也没有如同雍正帝当年于乾清宫当众晓谕群臣，而只是将已行建储之事“谕知军机大臣”，而嘉庆帝生前更是对立储问题只字不提。清帝对秘密立储保密原则理解的僵化，给皇位交接造成了潜在的危害。嘉庆帝暴卒于避暑山庄后，随行大臣无法及时找到传位谕旨，使得皇位悬虚数日，即是明证。

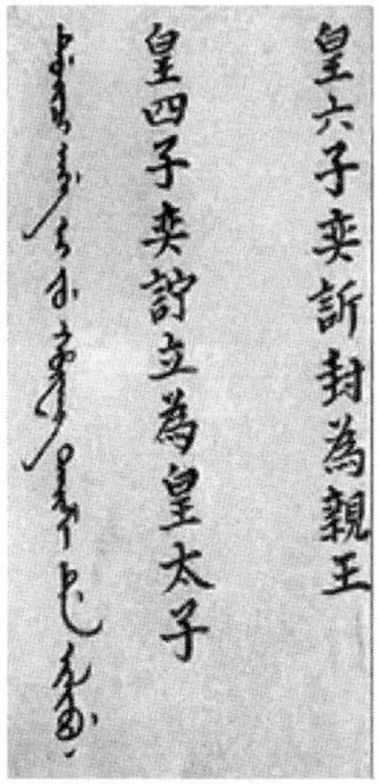

▲图为道光帝临终前秘密立储的原始档案，是我国现存的唯一由皇帝亲笔所书关于封建皇帝承袭传位的原始文献。

本文发表于2014年7月28日《北京日报·理论周刊》文史版，

原题为《“圆明园密旨”与乾隆继位之谜》，

作者时任辽宁师范大学历史文化旅游学院讲师、硕士研究生导师

“清朝中衰”的重要诱因

林　乾

中国古代非常注重维系行政与监察的权力平衡，这是封建王朝得以长治久安的重要制度因素。顺治十八年（1661年），清朝废除了沿自明代的巡按御史制度，地方权力制衡的架构被打破，总督、巡抚成为真正的封疆大吏，其权力扩张的同时，监督制度严重缺失。故康雍乾时期，屡有臣僚奏请恢复巡按制度。清政府通过扩大密折制在地方官中的使用范围，在浙江、福建等“问题多发”省份派遣巡察官等措施，试图弥补巡按御史废除后地方大吏监督缺失的负面影响。伴随强有力的康雍乾“盛世”三帝的谢幕，监督缺失的制度性弊病在嘉道时期得以暴露，并成为“清朝中衰”的重要诱因。

▶清世祖（1638—1661年），即爱新觉罗·福临，清朝第三位皇帝，清朝定都北京的第一位皇帝，1643—1661年在位，年号“顺治”。图为南薰殿旧藏顺治像。

巡按制度废止，不但打破了中央与地方的权力平衡，也使得自秦以来历代王朝“内外相维”“行政与监察并重”的基本制度遭到破坏，行政、监察两套系统合而为一，其利害关系，康熙时诗文家储方庆在“裁官论”一疏中讲得非常清楚。他说：天下之官以数万计，而其大势常出于两途，六部操政柄，行之于督抚，督抚之下府县，以集其事，此一途也；科道察部臣之奸，巡方制督抚之专，而推官实为之爪牙，此又一途也。认为“天下之大，天下之人之众，并为一途，以乱一人之视听，恐非天下之福”（《清经世文编》）。他认为当时之弊，地方官上下勾结，互相欺蒙，足以乱天下有余。

储方庆的上疏，指出行政与监察乃并行不悖的两套系统，功能各有不同，不能混而为一。巡按等裁撤后，监察系统在地方不复存在，尽管总督兼右都御史衔，巡抚兼右副都御史衔，负有监督其下地方官的职责，但谁来监督督抚？

储方庆的“忧虑”很快得到验证。雍正元年（1723年）二月初四，翰林院检讨李兰密奏说：督抚本是守令的表率，负有进贤退不肖的职责。而各省地方或一二千里，或数千里不等。守令散处四方，督抚端居省城，形迹隔绝，上下莫通。十数年来种种弊端难以悉数，此皆有督抚而无按臣之所致也。“且近来督抚提镇之权，亦大盛矣，挟赫赫炎炎之势，令人敢怒而不敢言，即有过举，谁为参究？”（军机处录副奏折）督抚无人监督，且上下勾结，地方下情无法上达，使得中外一体的政治格局遭到破坏。

历代王朝多注重发挥监察对行政的制衡作用，而清朝打破了这一平衡。这也是乾隆中期以来，地方连续发生数十起侵贪大案的重要原因之一。这些大案具有时间长、数额大、集团性的特征。最后案发也并非因督抚之间，以及督抚与布按之间揭劾出来，相反，不少案件形成自上而下的贪腐团伙。例如，甘肃冒赈案，正法及免死发遣者达一百余人，府道以上衙署为之一空。乾隆帝也承认，此案“竟无一人举发陈奏”。乾隆五十五年（1790年），内阁学士兼礼部侍郎尹壮图上疏称“各省督抚声名狼藉，吏治废弛”，各省“大抵皆然”（《清高宗实录》），堪称是对“极盛之世”地方情况的总结。

整体上看，巡按制度废止后，历经康雍乾一百三十余年，之所以能够继续维系中央对地方的权威，靠的是“盛世”三帝的“乾纲独揽”，督抚尚不敢为所欲为。但嘉道以后，督抚以欺蒙为能，社会危机终于爆发。

道光十二年（1832年），御史冯赞勋上奏称：近日各省州县，玩视民瘼，只知有上司不知有百姓，只顾一己之考成，而不顾民间之疾苦。而为督抚者姑息徇庇，致使灾害频仍，贼匪充斥，地方之所以日疲，民生之所以日蹙也。这种现象在全国具有普遍性。他提出，只有恢复巡按制度，才能缓解社会危机。道光帝将此奏交大学士、军机大臣会同吏部、都察院等议。但讨论的结果是“各省督抚，悉由皇上灼知慎简，较之巡察官，受恩既重，扬历亦久，皆当竭忠图报，不负委任”，且乾隆、嘉庆年间又有“责成籍隶本省之科道访闻明确，指名纠参”的谕旨，结果以国家法制相维已极周备，所请应毋庸议（军机处录副奏折，大学士等折，道光十二年七月初六）。巡按制度最终未能恢复，社会危机随即爆发。

本文发表于2017年1月23日《北京日报·理论周刊》文史版，
原题为《“清朝中衰”的重要诱因》，
作者时任中国政法大学法律史学研究院教授

清朝贪风炽盛与这条“祖制”有关

杜家骥

清代吏治败坏的重要特征是贪风炽盛，带有普遍性，中国古代史上最大的贪污犯和珅也出现在清代。官吏侵贪历代都有，清代如此突出，与其财政制度有很大关系。清初鉴于明代三饷加派激化社会矛盾而导致王朝速亡的教训，清朝皇帝向全国官民宣布，在赋税征收上“永不加赋”，并成为清帝严格循守不变的“祖制”。与此同时，为了缓和社会矛盾，赢得百姓的好感，还经常蠲免田赋，实施“爱民”政策。这种财政制度对缓和社会矛盾起到了重要作用。但同时实行的相关措施又造成诸多弊端。税收“永不加赋”，还经常实行蠲免，遇到财政拮据又如何解决？清朝皇帝另有其节流、开源措施。节流的重要措施是压低百官薪俸、缩减官衙行政经费。开源的主要途径是捐纳，以及咸丰以后的厘金之征、晚清的苛捐杂税等。

低薪薄费催生变相加征赋税

清代官员的薪俸是中国古代王朝中最低的，晚清曾任中央户部官的何刚德在清亡后曾总结说：“前清官俸之薄，亘古未有。”以七品官知县为例，年俸银四十五两，每月三两多。这等收入，一般平民百姓之家可维持日常生活。而对于需要雇请用人、送往迎来的官员而言则甚为拮据，甚至远远不够，在几乎“无幕不成衙”的清代，仅雇用一个幕宾，一个月少说也得一二十两银子。更严重的不足，是官衙办公经费。就地方官署而言，官衙行政开支有纸张、蜡烛、柴炭以及衙署宅院、器具修理费，还有坛庙修建，祭祀等礼仪之操办，官场之往来迎送，大批无国家俸禄之胥吏的工食银，等等。低薪俸、微薄的官衙经费不敷用度，官员们便不得不以变相加征赋税的办法来解决，即使清官也不得已而为之。有的还挪用公款作为行政开支，造成亏空。

加征赋税的主要手段就是“耗羡”之征，所谓“耗羡”，有征收粮食储存时的“鼠耗”；有“火耗”（是借口征收赋税多为碎银，须熔铸为大锭银上交，有炉火损耗，因而必须多征）。这种加征也为皇帝所默认，康熙帝就曾对即将赴任的河南巡抚鹿祐叮嘱说，“所谓廉吏者，亦非一文不取之谓，若纤毫无所资给，则居官日用，及家人、胥役何以为生？如州县官止取一分火耗，此外不取，便称好官。其实系贪黩无忌者，自当参处，若一概从苛纠摘，则属吏不胜参矣”。他认为官员征火耗可以理解，也是官员家属生活、雇募用人所必需，仅加征一成（十分之一）而不另外多取，便可以称得上是清官。由于皇帝的默认、纵容，加征、亏空、侵贪之风恶性发展，康熙晚年已到了异常严重的地步，多征者有的已达七八成，耗羡之征实际已成为地方官苛敛以充私囊的借口与手段。新继位的雍正帝不得不做严厉整顿，其做法，便是众所周知的实行“耗羡归公”

及“养廉银”制度。首先将所加征的耗羡压低，并且作为公开征收的单独项目——耗羡，划入收入额内归公，然后将归公的耗羡银一部分发给官员，以增加官员俸禄，称之为“养廉银”。耗羡银的另一部分，留在地方做办公经费之用。中央的文职官员，则发给双俸。

雍正朝实行耗羡归公、养廉银制度后，对减少耗羡之征、制止官员贪腐和贿赂起了一定作用。但雍正的改革并不彻底：一是耗羡的加征并不是杜绝，朝廷也不下令规定固定征额，只是各地根据需要少征，大多在一二成之间加征。二是仍然以自征自用耗羡以解决官员薪金、本单位行政开支的做法，实际是公私混淆，尽管动用大数目耗羡须中央批准，又有奏销管理制度，但具体事情复杂，所加征部分究竟是公用还是私用，上司、中央又如何能查得清？以公用名义加征而中饱私囊的行为如何能够禁止？这就导致康熙时期的侵贪现象有可能再度出现并发展。

乾隆以后，由于种种原因，如物价上涨，官场往来交际、招待比以前奢侈腐化，经征赋税的州县官养廉银较低等，前述康熙朝的问题又开始出现。还有，由于清前期精简地方衙署佐杂官以减少官俸开支（因这部分官额远较京官为多），地方衙署之佐杂官少或根本不设，地方各级长官多自聘幕宾，用度不菲的幕宾雇用费（脩金），也成为官员养廉银不足的重要原因。有时督抚遇有无法开支的款项而动用省库耗羡银，少发通省官员的养廉银，下属州县官便借机“遂尔需索百姓”。凡此种种，导致地方官再次加征。不仅增征耗羡，而且生出新的私征手段——浮收、勒折，贪腐程度比康熙后期更为严重。浮收，是指利用各种手段多征，如征银时用加重的砝码或大秤，或“浮收零尾”，利用“乡民多不识字”而“多开数钱、数分”。征漕粮、本色仓粮时，有的用大斗、大斛，有的“立有鼠耗、斗口名色，兼以淋尖、踢斛，每斗浮收至三四升”。有的令“交仓折耗、盘仓供应之费”，或加征“漕耗”、名目繁多的运漕费，等等，手段繁多。勒折，是利用银钱比价变动、粮价变动等，增加折算差价以加征，或借口所交税银成色低潮而折扣、漕粮湿杂而增收。甚者勒折加征成倍，如江苏、浙江，道光时本来“纹银一两约计合制钱一千二三百文，而赴县完纳钱粮，则库平纹银一两，需交制钱二千四五百文之多”。浮收、勒折在乾隆中期以后恶性发展，嘉道之时，严重地区高达正额的五六成甚至一倍，漕粮征收加征尤多。还有，贪官污吏以“虚出实收”“征多报少”即隐瞒收入而虚开支出的手段侵占，也是较普遍现象。以上巧立名目、各种手段的多征，很多是打着公用的旗号，多征的赋税官员自行掌握，后称为“陋规”，也即其“小金库”。嘉道时期，以陋规名义解决公用不足、借机中饱私囊的恶行惯例，已到积重难返的地步，带有普遍性。

“规礼”“陋规”上下风行

清朝的京官大多不经征赋税，除出任崇文门税关监督等征税官外，还借出任地方税关监督、盐政、织造、学政、考官收取陋规。而大部分京官正俸之外的灰色收入也即陋规收入，是来自与其有政务关系的官员，主要是地方官的馈送。

地方官尤其是与赋税有关的地方官，为免遭拿捏、抑勒，甚至为打通关节，以隐匿贪污行为，或保官、升官，便以送礼为主要手段。收礼者与其有行政关系，与送礼之贪官有连带责任，收受财礼者，无论为己、为送礼者，都要欺上瞒下。京官的收受规礼形成惯例，送规礼者不情愿也不能免俗，规礼名目繁多，诸如：炭敬，是冬季送给京官之礼，带有助其驱寒之“敬”意，送者名正，收者便于接受。冰敬，则是夏天以“消暑”之名馈送。别敬，官员被选任到地方做官，或地方官员来京后离京时，送给京城有关官员的礼物。程仪，官员过境，送给他的招待费。年、节所送叫年敬、节敬。喜庆之事所送叫喜敬。送给女子的称妆敬。打点门房之人与仆人的，称门敬、跟敬。还有陪敬、菲敬等，不一而足。礼单的用语也颇隐讳，如送银两三百两，便称为“毛诗一部”。在户部、工部任职的官、吏，所得规礼更多。户部掌各省财政收支的审核，户部、工部掌工程项目的预算、竣工后的奏销，与此有关的机构、官员，便以陋规打点疏通掌握奏销审批权的户部、工部官员，有的形成固定的馈送陋规项目，如“部费”，清代因而有金工部、银户部的“肥缺”机构之称。

地方官也盛行规礼的收送，如督抚、藩司、粮道、盐道、州县官之间，以及其他有行政关系的官员之间，还有如榷关税官、盐官收受行商、盐商的馈送等。前述诸多名目之“规礼”

的收送，也流行于地方官之间。送礼已成定规，所以又习称“规礼”，什么时候送什么官，数目多少，也有不成文的惯例。

额外加征的收入称为“陋规”，以此上下打点称为“陋规”，既鄙“陋”而又成“规”，官场、朝廷默认风行，可见侵贪国税民膏、收受规礼已成见怪不怪的普遍性恶习，积重难返。

虽不“加赋”却要卖官

清朝财政制度的另一大弊端，是虽不加赋但别开财政来源的捐纳卖官。清末户部官员何刚德曾总结说：清帝“恪守永不加赋之祖训，国用不足，推广捐例以卖官”。清代的捐纳有常行捐例、暂行捐例两种，前者经常实行，只捐荣誉虚衔及功名出身，如捐生员（秀才）、监生、贡生、举人等。暂行捐例则是捐实官，遇到大项开支如战争军费、河工、赈灾、赔款等，而卖官以收捐。“暂行捐例”数额颇巨，少者收银百万两以下，多者达数千万两，嘉庆以后这种开捐次数较多。

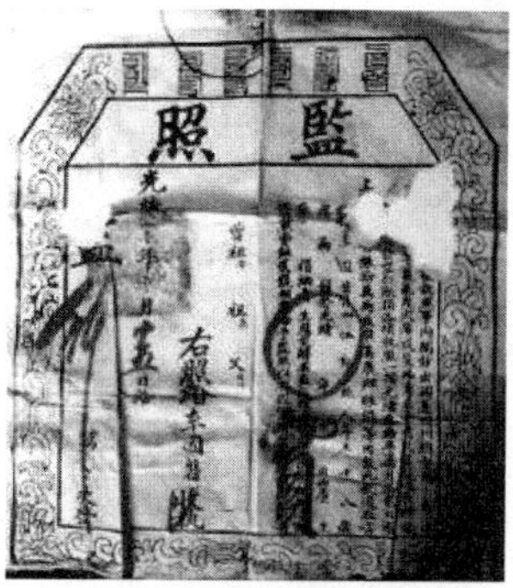

▲图为清光绪年间的“监照”。“监照”上明确注明李国磐是通过捐纳资财成为“贡生”的。

捐纳亵渎了国家官制的严正性，纳入了下本求利的贪官，不少无才少德乃至市井无赖之徒也凭资财混入官场，加剧了吏治的腐败。大批捐纳者进入仕途，也造成科举等入仕者在选任官职上的壅滞，这种情况在道光及以后各朝尤为严重。道光三十年（1850年），都察院官员吕贤基曾披露：近年捐纳所得银两“不下千万两”，捐纳之官则充斥官场，当时已是“捐班之道、府、州、县（官）已居天下官十分之半”。皇帝明知捐纳对官场贪腐的负面影响，道光帝就曾对官员说：“我最不放心者是捐班，他们素不读书，将本求利，‘廉’之一字，诚有难言。我既说捐班不好，何以又开捐班？”随后拍手叹息：“无奈经费无所出！”道光帝宁可捐纳而纳入贪官以解决经费开支，也决不“加赋”。

皇帝不加征而默认官员加征

清代财政采取了以上节流、开源措施，维持了财政收支上的平衡，使其坚持所谓“永不加赋”的祖制，而且经常蠲免，以示与明朝不同，博得臣民好感，对缓解社会矛盾、维持统治起到了一定作用。但这些措施中，捐纳，纳入了官僚队伍中一批又一批贪官污吏；低薪制，极力压低地方存留经费、缩减官衙办公经费，迫使官员私征，加征有了公用开支的理由，而且征收和使用又由官员私人掌握，没有严格额度，遂使财政收支公私混淆，官员以自己的养廉银聘雇幕宾以办公务，养廉银又来自耗羡之征，实际也是公私混淆现象。巧立名目的有限度加征被披上合法的外衣，加征的额度就只能取决于官员的道德良心了。以官箴自律者，谨守官德底线，贪婪者，恣意加征以中饱私囊，特别是以捐纳得官者，下本求利、庸贪之辈尤多。这种财政制度的结果是，皇帝不加征而默认官员加征，而且私自加征远远超过所谓“不加赋”的数额，并引发严重的苛敛中饱行为，产生了大批的贪官污吏，因而上有“轻征”“爱民”的皇帝，下有“三年清知府，十万雪花银”的大批贪官，也就成为清代政治的一大特色。花样百出的“陋规”之征，又异化为官员之间互相包庇、利用的“规礼”收送，名目繁多，盛行官场，长久普遍，成为吏治腐败的重要特征。

此后晚清时期，不仅上述陋规之征、规礼收送依然如旧，而且增加了新的苛征项目——厘金、苛捐杂税。这些加征，多以“捐”等名义行之于地方，而非中央皇帝下令的加赋，与以前的陋规之征有类似之处，地方自筹征用，而且征收无正规法度，带有随意性，中饱私囊也自然依旧如故。

咸丰三年（1853年）以后，军费浩繁，又实行厘金之征，在商品关税之外，加征商人百分之一（厘）的货税，称之为“商贾捐厘”，名义上是取之于商，仍避“加赋”于百姓之名，而且征、用权归于地方。战后，厘金之征不仅延续，而且滥征，大大超过1%，大多省份抽收4%～10%，高者达20%。所征的厘金，大部分落入经征者的腰包，公用部分不到一半。厘金的加征、滥征，导致物价上涨，加重了百姓的经济负担，早在厘金征收不久，就有官员评论：“我朝爱民永不加赋，取逐末（商业）之微利以饷军，其滴滴归根处是百姓食贵耳”，以致造成“民怨沸腾”。晚清赔款、办洋务、新政，又频增苛捐杂税，诸如房捐、车捐、竹木捐、猪捐、肉捐、酒捐、米捐、船捐、硝捐、铺捐，以及烟茶糖统税、煤炭统税、丝绸统税、木植统税、纸张统税、印花税等，多如牛毛。有的地方“勒索过甚，几激民变”。

反贪，是一个古今中外长久性的话题。只要人有私欲，道德约束不力，就有产生侵占他人或公众财物的可能。贪污偷占公众款项、财物，实际上是一种可耻的偷盗行为，这是连小孩子都懂的简单道理，贪污绝不是由缺乏教育和学习导致的。为官者清廉不贪，一方面靠道德约束，这种道德约束又因吏治情况而异，侵贪者越多，约束力越低，因为侵贪者有法不责众的侥幸心理，当官场贪污具有普遍性时，道德底线也低下，约束也就无力。另一方面靠制度的约束与惩治，尤其是防患于未然的制度性约束。除了完善财政制度外，官员贪污既然是侵占公众财物，只有令其将所有收入、支出按期公之于众，公开、透明，处于公民大众的经常监督之下，尽量做到这一点，才能有效杜绝。而这在古代王朝时代是不可能做到的。

本文发表于2015年11月30日《北京日报·理论周刊》文史版，原题为《清朝腐朽的起因探——“永不加赋”与卖官贪腐的关联》，

作者时任南开大学历史学院教授

清代为何没能适应世界变迁

陈支平

当我们今天回首清代历史的时候，有必要从传统中国的文化传承及其演变的长期趋势中去认识它、评价它，而不应该继续坚持用传统的思维来观察思考清代的这段历史及其与世界历史的关系。只有这样，才能更加客观全面地还原清代的本来面目和历史地位。

谈论清代历史地位及其与世界史的关系，有两个问题不可忽视

谈论清代的历史地位，大概没有人会否认清代与世界史的紧密关系。然而，以往人们在研究清代历史地位及其与世界史关系的时候，往往忽视了两个问题：一是就清代论清代，把清代与世界史的关系仅局限在清代之内，而未能在更长远的历史时空中考察中国与世界史整体格局的变化；二是近现代的学者，对于清代后期中国的丧权辱国，大多归咎于清朝政府的闭关锁国、自大腐朽等一系列的无能执政之上。

其实，对于19世纪西方列强的入侵以及清朝政府的丧权辱国，当时的大部分士大夫和知识分子的认识是十分清醒的，即此为“千年未有之变局”。清朝作为传统中国的一个王朝，在

政治体制、文化意识等各个领域，与宋、明等之前的王朝，基本上是一脉相承的。西方列强的入侵，毫无疑问也是中国历代王朝所未曾经历过的。在这种“千年未有之变局”面前，所有承袭传统体制与意识的王朝统治者们，大概都将一时手足无措吧。因此，我们如果要比较公正客观地评价清代的历史地位，就有必要进一步探寻世界历史的演变历程以及清代在这一历程中所处的历史地位。

“东西方碰撞与交融”的突然沉静

探寻清代社会与世界史的联系，就必须追溯到更早的15世纪的明代社会。从15世纪开始，西方的殖民主义者逐渐东来。到了16世纪初叶，西方葡萄牙人、西班牙人相继东航，逐渐伸张势力于中国沿海。这些欧洲人的东来，刺激了东南沿海地主商人的海上贸易活动。于是嘉靖、万历时期，民间私人海上贸易活动，冲破封建政府的重重阻碍，取代朝贡贸易而迅速兴起。中国沿海海商的足迹几乎遍及东南亚各国。15至17世纪，固然是西方殖民主义者向世界各地扩展的时期，从而也逐渐推进了“世界史”的涵盖空间。但是其时东方的明代社会以及明末清初时期，中国商人们以积极进取应对的姿态，同样也把自己的活动范围向海外延伸进展。这种双向碰撞交融的历史进程，无疑在另一个源头促进了“世界史”大概念的形成与发展。因此可以说，15至17世纪的中国明代社会，同样是推进“世界史”格局形成的一个重要组成部分。

然而，历史进入18世纪，即清代的康熙中后期，从15世纪开始的“东西方碰撞与交融”，却突然沉静下来。研究中国历史的学者们，对于这一世界历史的变化及其对中国社会的影响，也基本上不闻不问，视为无关紧要。事实上，这一“东西方碰撞与交融”的突然沉静，才是影响清代在世界史上地位的重要因素。

在“世界史”整体格局基本形成的情况下，东方世界与西方世界的任何一方发生重要的变故，都将对另一方产生直接或间接影响。康熙中后期之后的一个多世纪里，世界史上的“东西方碰撞与交融”突然沉静下来，是源于西方欧洲列强各国力量的重新组合与分化。16世纪西方殖民主义者的东来，主要是以葡萄牙、西班牙两个国家为主体的。17世纪后期，英国人和法国人奋起直追，并很快后来居上，打败并取代西班牙人成为东西方海上的霸主。然而在巨大的海洋利益面前，英、法两国互不相让，争夺殖民地霸权的斗争迅速展开。1689年，开始了几乎拖延一个世纪、直到1763年英国大获全胜为止的接连四次的英法战争。紧接着，法国爆发了资产阶级革命，再次对欧洲的势力格局产生了严重冲击。特别是18世纪末、19世纪初拿破仑执政的出现，在欧洲引起了强烈恐慌，欧洲再次卷入十余年的战争之中。在此期间，他们都无暇顾及远东的中国。

显然，17世纪后期直至19世纪初期百余年的西方欧洲政治格局的变乱和争夺北美洲、非洲、亚洲印度的战争，是导致东方清王朝康熙中后期之后的一个多世纪里，中国与西方“东西方碰撞与交融”突然沉静下来的真正原因。

清王朝没能抓住适应世界历史变迁的机遇

从表面上看，17世纪后期直至19世纪初期百余年的时间里，西方殖民主义者无暇顾及包括中国在内的远东世界，为清王朝的发展提供了一个比较安定的社会环境。但是在15、16世纪“世界史整体格局”已经形成的大背景下，这样的安定环境并不能给清王朝带来真正的发展机遇，相反地，它更隔阂了中国与外部世界的了解与联系。

当时，传统中国应对的最好方式，是需要不断地“东西方碰撞与交融”。在碰撞与交融之间逐渐适应世界历史的前进。但遗憾的是，当欧洲在清朝康熙中后期之后至19世纪的一个多世纪里无暇顾及远东区域时，中国没有主动与外部世界发生关系，从而使得中国与西方的“东西方碰撞与交融”突然沉静下来，这无疑使清王朝的中国失去了调整自身、适应世界历史变迁的持续性机遇。因此，到了19世纪三四十年代，当西方列强完成了自身的资产阶级革命和势力范围调整之后，再次来到远东区域，传统的中国就不得不手足无措，暂时地走向丧权辱国的困境。

近现代人们在论述清王朝这期间的“闭关锁国”时，往往举出乾隆皇帝接见英国使节的一段对话。其实，对于乾隆皇帝这种话语的理解，我们同样不能仅仅局限在乾隆皇帝一个人身上，他的这种话语，实际上体现了传统中国至少是宋

▲清高宗（1711—1799年），即爱新觉罗·弘历，清朝第六位皇帝，定都北京之后的第四位皇帝，1736—1796年在位，年号“乾隆”。图为南薰殿旧藏乾隆像。

明以来绝大多数统治者乃至一般士大夫、知识分子对于自身与世界的认知。从传统中国的发展历史与自身文化变迁的轨迹上得出这样的认知，应该是十分正常合理的。传统中国地大物博，只要政治清平、风调雨顺，不失为一个国泰民安的国度，自然没有必要远涉重洋，与人争胜于千里之外。这种现实与心态，即使是在西方欧洲的法国，也在一定程度上存在过。可见，历史发展及其转折的因素是极其复杂多样的。我们用一种固定不变的思维模式来评论乾隆皇帝及清王朝的世界观，显然是比较片面的。

有着五千年文明发展史的传统中国，人们对于自己的历史与文化充满相当的自信是理所当然的，其文化的惯性思维同样也是理所当然的。而在15至19世纪“世界历史整体格局”开始形成的转折关头，传统中国无疑需要与快速变化的外部世界保持关系，这也就是16世纪以来“东西方碰撞与交融”对于传统中国的重要性，反之，17世纪后期至19世纪初“东西方碰撞与交融”的突然沉寂给中国造成了严重后果。显然，我们把近代中国的丧权辱国完全归咎于清朝的所谓“闭关锁国”和“腐朽无能”，这也是有失公正的。因为清王朝的这种政治思维与文化思维，是中国历史文化传承的必然产物，而不是任何一个朝代或一个人所能突发奇想的。

本文发表于2012年9月10日《北京日报·理论周刊》文史版，
原题为《以世界史视野看清代的历史地位》，
作者时任厦门大学人文学院历史系教授

这样看待清代辽阔疆域的治理是一种曲解

周振鹤

有些西方人和日本人老是认为，清代中国的疆域只有清代的“本部十八省”，藩部是不算的，他们总说满蒙地区不是中国的领土。这是一个很大的问题。这里面涉及中国疆域的结构。

清代中国的疆域由三部分组成：一是东北，即满洲，那是满人的根据地，清王朝的龙兴之地；二是藩部，也就是东北西部和十八省之外的地区，从内外蒙古到新疆到青海再到西藏，这一大片都属于藩部；三是内地十八省，这是俗称，一般正式称呼为直省，因为其中有一直隶，是由中央政府六部直辖的。这十八省基本上是继承明代疆域而来的。明代有两京十三布政使司，也就是十五省，到了康熙六年（1667年），把明朝的南直隶，也就是清初的江南省分为江苏、安徽两省，又把湖广分为湖北、湖南两省，陕西分为陕西、甘肃两省，这样就成了十八省，一直延续到光绪初年不变。因为有藩部，日本人故意造出“本部”一说，“本部”这个词原来是没有的。于是，西方人和日本人就讲，长城以外的地方就不属于中国。我们知道，清代是中国历史上最后一个皇权专制的中央集权制皇朝，疆域极广，行政统治却极为深入，中央集权达到登峰造极的地步。因为疆域广袤，地理环境极其多样，地域差异极其显著，民族

▲清太祖（1559—1626年），即爱新觉罗·努尔哈赤，后金第一位大汗、清朝实际奠基者。图为南薰殿旧藏努尔哈赤像。

成分极为复杂。这样大的一个帝国，清政府要治理好，就采用了分地域管理的方法。清朝有几个皇帝是很厉害的，像努尔哈赤、皇太极、康熙，都有很高明的政治思维。

中国自古以来就是一个多民族国家，对于少数民族始终采取特殊的统治政策。即使同是农耕民族，但生活方式与汉人不同的少数民族，治理方式也是不一样的。从历史上看，对于少数民族的治理，秦代有道，西汉有初郡，魏晋南北朝有左郡左县，唐宋有羁縻府州，元代以后有土司，到了清朝还有藩部。在这些非郡县制地区，中央采取的治理方式都比较宽松，基本上是“统而不治”，只要你承认统一，在某些方面就允许你实行自治。这些地方往往不征收赋税，或基本上是轻赋薄税。在清代，藩部是指内外蒙古民族的生息地及蒙古势力范围所及之处。清朝统治者对满洲、藩部和直省这三大区域的管理方式是很不一样的。

努尔哈赤拿下辽沈地区以后，满洲的势力范围就扩展到东北大部地区。满人是半游牧民族，在这种生活方式的影响下，满族的社会组织就采用军政合一、兵民合一的方式，也就是通常说的八旗组织。这种制度是以人丁为单位的，跟按照地域划分居民的管理形式很不一样。在内地十八省，清代的行政管理体系延续了从秦代开始的郡县制。清代的政区层级分为三层，省是高层政区，省以下是府州一级，为统县政区，府州以下则为县级政区。而在地方职官的设置方面，却形成五层管理形态，即总督—巡抚—道员—知府（知州）—知县。也就是说，三级政区（省—府—县）却对应五级政府。清代中期定制以后，专管一省的最高行政官员是巡抚，个别省如直隶与四川则设总督而无巡抚，反之，有些省如河南、山西与山东在巡抚之上则不设总督。另外，有两省或三省之上设总督一员，如江南总督、两广总督之类。

藩部地区的管理制度比较复杂，大致可分为三大块：一是蒙古地区，二是回部地区，三是西藏地区。这三大地区都曾在蒙古族军事统治之下，但内部管理则先后有所不同。

理藩院最初称作蒙古衙门，因为这个衙门的设立就是专为管治蒙古地区的。蒙古后来征服西藏和回部，理藩院的范围自然随之扩展。但西方学者把它比附为近代欧洲国家在海外建立的殖民省，是完全错误的。理藩院和六部是平行的，都是中央机构，只是所管地域不同。理藩院长官也是尚书侍郎，与六部一样。

清人在入关前就已经统辖了漠南蒙古，入关后，又向漠北蒙古与漠西蒙古逐渐推进，蒙古地区采用盟旗制度进行治理。在西藏地区，清政府也是因地制宜，容忍西藏地区实行政教合一制度，但这是一个特例。中国历史上的传统是政在教之上，所谓“不依王法，佛法难立”，即政治永远要统辖宗教，与欧洲的历史过程完全不同。即使在允许政教合一的西藏地区，在进行达赖、班禅转世的奔巴瓶抽签仪式时，也必须有中央大员在场才算合法，牢固地保证西藏不会脱离中央政府的管治。这个方法后来国民政府也采用了，其形式一直延续到现在。

本文发表于2018年6月11日《北京日报·理论周刊》文史版，
原题为《这样看待清代辽阔疆域的治理是一种曲解》，
作者时任复旦大学特聘资深教授

防治奢靡之风，关乎国运兴衰

韩　伟

风，《毛诗大序》言："风也，教也。风以动之，教以化之。"愆，则指罪过、过失。风愆，就是人们在日常生活中的不良风气或小的罪过。对于普通人而言，沾染不良的风气或犯下了小的过失，恐怕在所难免，只要过而改之，仍然"善莫大焉"。但对于国家兴亡负有重大责任的执政者，由小小风愆，到贪污腐化，就会对政权造成巨大威胁。《尚书·伊训》言：巫风、淫风、乱风等"三风十愆，卿士有一于身，家必丧，邦君有一于身，国必亡"。检视历代王朝兴衰成败规律，此绝非虚言。

由奢靡之风愆而至腐化堕落是一条共同规律

商汤之初，曾制定法令，欲禁淫奢腐化之风，但武丁以后，统治阶层就开始腐化，《尚书·无逸》载："自时厥后立王，生则逸。生则逸，不知稼穑之艰难，不闻小人之劳，惟耽乐之从。"到商末帝乙、帝辛时，情况更为严重，统治者沉迷于奢靡、享乐中，纣王帝辛"厚赋税以实鹿台之钱而盈巨桥之粟"。在邯郸之南、朝歌以北一带修建大量离宫、别馆，又作酒池、肉林，"为长夜之饮"。统治者及大小官吏沉溺酒色，不顾民

▲古代奢靡之风，时消时长，延至清代。上图为清朝官吏行酒令图。

生，终于导致商纣败亡。秦创业之初，内立法度，禁奢靡，外连横而斗诸侯，不数世即“振长策而御宇内，吞二周而亡诸侯，履至尊而制六合，执敲扑而鞭笞天下，威振四海”。然甫得天下，“秦乃恣其奢淫，好行刑罚，不过二世而灭”。留下惨痛的教训。

在西晋，司马炎灭掉吴国后，自以为天下一统，渐渐沉溺于淫乐奢靡之中，《晋书》载：“帝既平吴，专事游宴，怠于政事，掖庭殆将万人。常乘羊车，恣其所之，至便宴寝，宫人竟以竹叶插户，盐汁沥地，以引帝车，而后父杨骏及弟珧、济始用，交通请谒，势倾内外。”皇帝带头奢靡，臣下自然相互沿袭。重臣何曾，在晋国建立中立下功劳，位居高位后，“性奢豪，务在华侈。穷极绮丽，厨膳滋味，过于王者”。在君臣腐化奢侈之下，晋朝社会世风日下，“纲纪大坏，货赂公行，势位之家，以贵陵物，忠贤路绝，谗邪得志”。西晋统治者醉心奢华，无心理政，不久便出现“八王之乱”，五胡进逼，王朝统治的崩溃遂成定势。

隋代之初，文帝曾依靠“慎独”来保持自身的俭朴，在推行吏治清廉方面亦取得一定成效，但晚年就开始沉溺酒色、纵欲无度。隋炀帝杨广即位之初，亦曾下诏“务要从俭”，表示不再建造新的宫殿。但待其巩固权位，无人再能监督时，就开始营建东都洛阳，并在各地修筑离宫。洛阳城外，一座周长两百里的“西苑”建成，在西苑中的湖泊上，以仙山方丈、蓬莱、瀛洲为原型，建造了几座百尺高的小岛，岛上筑有宫殿。隋炀帝冬天时若乘船在西湖游览，就有人凿破冰封，在水上布置出彩纸制作的荷花与菱角。其后，隋炀帝又开挖通济渠，建造豪华龙舟，两下江南游历。龙舟极尽奢华，最上面一层是正殿，中间两层是一百六十间雕梁画栋的房间，据史载，仅拉船的纤夫就数以万计。隋炀帝的豪奢无度，掏空了国库，加重了民众负担，不久便烽烟四起，最终落得个身死国灭的下场，隋朝成为著名的短命王朝。

明初虽建立严法防止腐败，但在嘉靖以后，仍无法避免腐败愈演愈烈。正德、嘉靖等皇帝沉迷玩乐，醉心奢靡生活，无心朝政。任职内阁二十余年的严嵩，任人唯亲，“子为侍郎，孙为锦衣中书，宾客满朝班，姻亲尽朱紫”，士大夫多“辐辏附嵩”，“天下藩臬司岁时问遗动以千计”，边将把“诸边军粮百万，强半贿嵩”。严嵩及其家人享受奢靡生活的同时，军士饥馑、边防大坏，北方鞑靼三次进逼京师，明朝遂内外交困。

观诸历朝因风愆贪腐走向败亡的历史，不能不给今人深刻的警示。虽不能说为政者生活奢华必然导致王朝败亡，但由奢靡之风愆而至腐化堕落，确是王朝走向衰败的一条共同规律。历朝兴衰，凡是能不断走向兴盛的王朝，主政者总是时刻反躬自省、励精图治，从自身始，从严防止奢靡等些微风愆。凡是走向衰落败亡的王朝，自上而下的统治集团往往骄奢淫逸、腐败横行，导致民心尽失，最终走向败亡之途。

防止风愆变腐化必须严明法度

早在商代，《汤官刑》中就有“三风十愆”之法，“敢有恒舞于宫、酣歌于室，时谓巫风；敢有殉于货色，恒于游畋，时谓淫风；敢有侮圣言、逆忠直、远耆德、比顽童，时谓乱风。惟兹三风十愆……臣下不匡，其刑墨，具训于蒙士。”（《尚书·伊训》）这就是说，臣下必须依法监督君王，臣不正君，则服墨刑。即便像蒙士这样的小司法官，也必须依法对上司官员谏诤，不可置三风十愆匡正之外。据史载，商王太甲不遵守汤法，伊尹即根据《汤官刑》给予放逐处罚。历代立法对官员风愆行为的防治一直延续，到了唐代，《永徽律》等律令不仅对一般受贿枉法从严规制，还对各类借贷、借用、卖买等非直接物质利益，以及在任职地婚娶、纳妾等情色贿赂，都做出了明确的规范，严格防止官员养成奢靡之风，侵害职务的廉洁性。

比建章立制更重要的是严格执行，并且真正做到刑无等级、一断于法。唐朝规制官员贪赃的律令制度十分完备，仅《永徽律》就以二十条律文疏议规定了五十七项受贿罪，总共可分为受财、乞物、强取、借贷、卖买有剩利、役使六大类。然而，在惩贪的实际过程中，却肆行“选择性执法”，对于官吏贪腐因时而异、因人而异。唐玄宗时期，宰相杨国忠倾力肃贪，查办了宋浑、吉温等大案。宋浑、吉温确实存在贪贿事实，但杨国忠及其同党却并非清廉自好，《旧唐书》记载了诸多杨国忠及其同党贪贿之事，“国忠自侍御史以至宰相，凡领四十余使，又专判度支、吏部三铨，事务鞅掌，但署一字，犹不能尽，皆责成胥吏，贿赂公行”。杨国忠及其同党贪贿横行，“车马盈门、财货山积”，生活极为奢靡。担负惩贪职责的法司毫无作为，反倒是杨国忠一声令下，法司即穷追宋浑、吉温贪贿之罪，直至将二人配流或决杀，成为史上典型的选择性办案案例。明代后期，上下官吏更腐败奢靡，法纪松弛，顾炎武慨叹说：“本朝姑息之政甚于宋世，败军之将可以不死，赃吏巨万仅得罢官，而小小刑名反有凝脂之密，是轻重胥失之矣。盖自永乐时，赃吏谪令戍边，宣德中，改为运砖纳米赎罪，浸至于宽，而不复究前朝之法也。呜呼！法不立，诛不必，而欲为吏者之毋贪，不可得也。”（《日知录·除贪》）可见，对于官吏的腐败奢靡，若不能依法严惩，“一断于法”，一旦容忍姑息，反腐实效必然受损。

主政者要纳言自省率先垂范

主政者必须见微知著、防微杜渐。唐朝时，太宗对四子李泰甚为宠爱，李泰礼仪等第和爵禄品级与太子一样，生活极为奢侈，太宗说“当日尧制造漆器，舜雕刻其案板，谏言者不下十人”，此等小事不算什么。褚遂良谏言说：“雕琢害力农，纂绣伤女工，奢靡之始，危亡之渐也。”他又说，如果对漆器不加以制止，就会出现金器，对金器不加以制止，就会出现玉器，所以须在源头上对这些行为进行遏制，就不会出现后续那些更为奢侈的行为了。太宗闻此言，心悦诚服地接受意见，及时纠正了李泰的不当行为。欧阳修说，“祸患常积于忽微，而智勇多困于所溺”（《新五代史·伶官传》），王朝衰亡往往缘起于些微“小节”，千里之堤毁于蚁穴，执政者必须时刻保持警醒，吸取历史教训。

广开言路方能防止各种风愆腐败。《毛诗大序》说，“上以风化下，下以风刺上，主文而谲谏，言之者无罪，闻之者足以戒，故曰风”。风之本意，不只是自上而下的教化，还有自下而上的劝谏。察诸历代为政得失，即便从政者出现风愆腐化现象，只要广开言路，及时谏止，仍有可能挽回危亡之势。反之，若堵塞言路，掩耳盗铃，必然无法避免败亡之命运。隋炀帝奢靡暴虐，又不闻进谏，“臣下钳口，卒令不闻其过，遂至败亡”。明太祖开基时，则广开言路，举凡百官布衣皆可上书言事，“中外臣僚建言，不拘职掌，草野微贱亦得上书”。（《廿二史札记》卷三十五）但到了宪宗之后，谏言就受到限制，宪宗喜奢侈、好方技，世宗则专求长生之术，“臣下有谏者必坐以重罪”，自此便谏言者日少，统治者更加奢靡无忌，王朝开始衰败。诚然，个别的言论不具有强制力，是否发生作用，全赖于主政者是否能虚心接纳。但具有正面价值的谏言若形成合力，成为引领一时之舆论，那主政者就不能不为之警醒，进而作躬身自省。明成化嘉靖时百官两次伏阙争礼，虽付出惨重代价，但因秉持祖训礼制，义正词严，很大程度地影响了宪宗、世宗的行事决断。

居上者需率先垂范。以儒家文化为代表的中国传统文化具有悠远的“尊尊、长长”传统，如果法令不遵，必自上犯之，相反地，“上有所好、下必甚焉”。明代各级官吏优待“方技”，沉迷游乐奢靡之风，正是源于“上有所好”。《廿二史札记》载：明“宪宗徒侈心好异，兼留意房中秘术，故所昵多而尚非诚心崇奉。世宗则专求长生，是以信之笃而护之深，与汉武之宠文成、栾大遂同一辙，臣下有谏者必坐以重罪，后遂从风而靡，献白兔、白鹿、白雁、五色龟、灵芝、仙桃者，几遍天下”。与之形成鲜明对比的是，唐朝李世民躬身自省、虚心纳谏，时刻警惕奢靡腐化之风，带动贞观时期整个官场的清明，在与魏徵对谈时，李世民特意提及秦王恣其奢靡，不二世而亡的历史典故，称“岂非为善者福祚延长，为恶者降年不永？朕又闻桀、纣，帝王也，以匹夫比之，则以为辱。朕每将此事以为鉴戒，常恐不逮，为人所笑”。（《贞观政要·君臣鉴戒》）虽然主政者的垂范不具有强制效力，但在中国的政治文化中，居上主政者的正面示范，身体力行，对于整个官吏集团的积极效应，无疑不应忽视。

本文发表于2014年11月10日《北京日报·理论周刊》文史版，
原题为《风忩消长关涉王朝兴衰》，
作者时任陕西省社会科学院廉政建设研究中心研究员

怎样读史

阎崇年

马克思和恩格斯说过："我们仅仅知道一门唯一的科学，即历史科学。"我理解，这句话的原意不是说历史科学以外的科学不重要，而是说历史科学重要。历史是先人的足迹，是亿万人经验与教训的记录。历史科学对于每个人来说，其重要性是：有助于提高资治能力，有助于陶冶人文素质，也有助于个人修身养性。

既然读史重要，那么怎样读史呢？俗话说：一部"二十四史"从何读起呢？在"二十四史"中，有确切文字记载的历史大约三千多年。第一个一千年，主要是商、周，《三字经》中"东西周、八百年"，再加上商，概数是千年。其后的两千年，秦王政二十六年（公元前221年），嬴政自以为"德高三皇、功过五帝"，而自称始皇帝，从此中国开始有了皇帝；到清宣统三年（1911年），辛亥革命推翻清朝、废除帝制。这段历史有一个特点，就是有皇帝。我将这段历史称作中国皇朝历史。中国皇朝历史，总计为2132年。这两千多年的皇朝历史，有多少位皇帝呢？有人统计共492位皇帝，有人统计共349位皇帝，康熙帝让他的大臣统计，说是有211位皇帝（加上尔后8位，共219位）。其统计数字之差异，主要是取样标准不同。这可以不管，我们重在思考这两千多年皇朝的历史。

中国两千多年皇朝历史大体分作前后两段：前一段一千年，中国的政治中心主要在西安。这期间，政治中心经常东西摆动——秦在咸阳，西汉在长安（今陕西西安），东汉在洛阳，唐在长安，北宋在汴梁（今河南开封）。后一段一千年，中国的政治中心主要在北京。这期间，政治中心经常南北摆动——辽上京在临潢（今内蒙古巴林左旗波罗城）；金都先在上京（今黑龙江哈尔滨市阿城区），后在中都（今北京）；明都先在南京，后在北京；清都先在沈阳，后在北京。从上述可以看出一个有意思的历史现象：中国两千多年皇朝历史政治中心的摆动，先是东西摆动，后是南北摆动，从而呈现出大“十”字形变动的特点。

就其后一千年来说，辽、金、元、明、清五朝，一个重要的特点是国内的民族融合。辽—契丹、金—女真、元—蒙古、清—满洲，五朝中有四朝是少数民族建立的。明朝虽然是汉族人建立的，但朱元璋以“驱除鞑虏，恢复中华”为号召，结果又被清朝替代。满洲贵族以“七大恨告天”的旗号起兵，又被孙中山以“驱除鞑虏，恢复中华”为纲领推翻。

在后一千年以北京为政治中心的历史中，有三个重要的历史关节点：第一个是元末明初，第二个是明末清初，第三个是清末民初。前一个元末明初关节点离我们今天较远，后一个清末民初关节点离我们今天太近，我们都不去讨论；中间一个明末清初关节点离我们今天不远不近，所以我就其有关问题进行讨论。这个关节点，从明万历十一年（1583年）清太祖努尔哈赤起兵，到康熙二十二年（1683年）统一台湾，前后变化整整一百年。当时的中国用了一百年时间，基本上实现了社会稳定、国家统一。这一百年时间，最关键、最激烈的矛盾和斗争是明亡清兴这六十年。解剖这段历史，对整个中国历史关节点的研究，特别是对我们治国、对我们政治经验的丰富，有很大帮助。作为历史明鉴来说，明亡清兴的原因，可以从政治、经济、文化、军事、外交、民族、吏治、制度等多方面、多角度、多层次分析，每个问题都可以写专题论文，合起来可以写一部百万字的大书。但是现在大家非常忙，谁有工夫看探讨明亡原因的百万字大书呢？我有一个习惯，就是要把复杂问题简明化，把复杂的问题简明为“一”。《老子》说：“天得一以清，地得一以宁，神得一以灵，谷得一以盈，万物得一以生，侯得一为天下正。”（《老子》第三十九章）我借用《老子》的“一”，从一个角度、一个侧面、一个切入点分析明朝覆亡、清朝兴起的原因，虽有以偏概全之嫌，却可以简括为一个“分”字与一个“合”字。分与合是对立的。明朝灭亡的一个原因是“分”——民族分、官民分、君臣分；清朝兴

▲《资治通鉴》，是由北宋史学家司马光主编的一部多卷本编年体史书。在这部书里，编者总结出许多经验教训，供统治者借鉴，宋神宗认为此书“鉴于往事，有资于治道”，即以历史的得失作为鉴诫来加强统治，所以定名为《资治通鉴》。

起的一个原因是“合”——民族合、官民合、君臣合。

司马光《资治通鉴·进书表》说：“鉴前世之兴衰，考当今之得失，嘉善矜恶，取是舍非，足以懋稽古之盛德，跻无前之至治。”也就是人们常说的“以史为鉴，可以知兴替”。总之，读史要考盛衰、知兴替，以史为鉴，达到至治。

本文发表于2013年6月24日《北京日报·理论周刊》文史版，
原题为《读史要考盛衰》，
作者时任北京市社会科学院研究员、北京满学会会长

中国古代“三大盛世”有哪些共性

岑大利

中国人自古以来就有一种盛世情结，历史上也确实出现过多次盛世、治世。那么，何谓盛世？何谓治世？这些盛世、治世是怎么来的？盛衰转换又是怎么发生的？其间有什么经验教训值得深思？

中国的封建社会长达两千多年。这期间，先后出现过三次公认度最高的盛世，即从“文景之治”到“武帝极盛”的西汉盛世，从“贞观之治”到“开元之治”的大唐盛世，以及“康雍乾”的清朝盛世。它们都是在前朝大乱之后，经过新一代封建统治者们拨乱反正、励精图治，最终实现新的大治的结果。对中国历史上的盛世，需站在历史唯物主义的立场辩证地看待。

大乱之后盛世兴，新朝统治者推行了不同于前朝的治国理念

大乱之后盛世兴。新朝统治者们吸取前朝灭亡的教训，适时转变前朝的治国思想，推行不同于前朝的治国理念，推动中国社会走向长治久安。

第一，汉朝的无为而治。西汉初年，经济凋敝，人口流散，

社会动荡不安。为了恢复和发展生产，巩固新兴政权，刘邦开始“拨乱世反之正，平定天下”，将混乱的政治局面恢复到合理的政治秩序上来。针对秦王朝实行的苛政，他反其道而行之，采纳文人陆贾的建议，用黄老的“无为而治”思想指导治国。刘邦去世以后，西汉王朝尽管经历了吕后专政，但随之即位的文帝和景帝继承了这一治国思想，并由此开创了文景之治的盛世局面。

▲汉高祖（公元前256或前247—前195年），即刘邦，汉朝开国皇帝，公元前202—前195年在位。中国历史上杰出的政治家、战略家和军事指挥家，对汉族的发展以及中国的统一有突出贡献。图为《三才图会》所载刘邦像。

老子的“无为”思想，本意是行事处世应当顺应自然变化。而运用到治国理政上面，正如老子所说：“圣人无常心，以百姓心为心。”皇帝要以百姓的愿望作为自己的愿望，一切顺应民心，“去甚，去奢，去泰”，即治国不可走极端，不可奢侈，不可过分。统治者要克制自己的欲望，不能做出超过民众承受能力的蠢事。在萧何为相时，“因民之疾秦法，顺流与之更始”，利用民众对秦法的不满，进行改革。在曹参继任为相时，仍旧坚持“治道贵清静而民自定”的方针，强调治国要做到“上无苛令，官无烦治”，避免举措过多，扰民不安。

第二，唐朝的居安思危。亲历隋末动荡的李世民称帝之后，经常同身边的近臣讨论如何避免重蹈隋亡的覆辙，认为隋炀帝“不恤民事，君臣失道”，最后落得“民叛国灭”的下场。他认识到民众的强大力量，撰写的《民可畏论》提出，“天子者，有道则人推而为主；无道则人弃而不用，诚可畏也”，说明他注意吸取隋末农民战争的教训。

贞观十五年（641年），唐太宗问身边的大臣：“守天下难易？”魏徵回答：“甚难。”“观自古帝王，在于忧危之间，则任贤受谏。及至安乐，必怀宽怠，言事者惟令兢惧，日陵月替，以致危亡。圣人所以居安思危，正为此也。安而能惧，岂不为难？”在此，魏徵提醒唐太宗坚持任贤受谏，才能治国安邦、守住天下。

第三，清朝的乾纲独揽。1644年，以满族上层为主体建立起来的清王朝政权，开始治理和管辖中国这样幅员辽阔、人口众多的大国。为此，清朝统治者们采取乾纲独揽、高度统一的方针，继承并强化前朝封建君主专制的政治体制，与蒙古族结盟加强军事力量，拉拢汉族士大夫加入统治集团，形成强有力的满汉统治机构。特别是康熙、雍正、乾隆三帝革除弊政，宽容民众，严惩贪官，努力创造适合农业发展的政策环境，促成持久盛世的到来。

三朝盛世的统治者们创造新策，推行新政

三朝盛世的统治者们转变治国思想，进而结合治国理政的实践，创造新策，推行新政，成功地推动中国社会不断走向文

明和进步。

第一，轻徭薄赋。西汉初年的统治者一改秦朝赋役繁重的苛政，田租从“十税一”改为“十五税一”，汉文帝时改为“三十税一”，徭役从每人每年一个月减为三年一个月。唐太宗时期主要不是减免租赋，而是防止滥用民力。唐太宗带头减少“劳弊之事”。贞观元年（627年），他本打算建造宫殿，材料已齐备，但想到秦亡的教训，便停止了。翌年，群臣以“宫中卑湿”为由，多次请求建造新的宫殿，他始终未同意。

第二，广开言路。汉文帝即位不久，便废除诽谤妖言之罪，允许臣下大胆提出不同政见，努力营造宽和的政治氛围。在这方面，唐太宗做得尤为突出。贞观二年（628年），唐太宗问什么样的君主是明君，魏徵回答：“君之所以明者，兼听也。”他深明隋炀帝偏听偏信的结果是身死国亡，自己便虚心纳谏，要求臣下踊跃谏诤。在他的倡导和鼓励下，前后有三十多人进谏。其中，魏徵一人所谏就有二百余事，数十万言。太宗从谏如流的开明作风，影响了当时的政治，改变了君臣甚至臣民上下阻隔、闭目塞听的状况，使君臣能够比较真实地了解下情。

第三，任用贤才。三朝盛世的统治者们深知，用人得当与否，关系到国家的兴衰。

一是建立选官制度。察举制始于汉文帝，成于汉武帝，就是由地方官以德和才为标准举荐人才。察举制实行之初，确实选拔了一批人才，使文帝、景帝和武帝时期成为人才济济、功业鼎盛的黄金时代，但到后来，逐渐出现了弊端。科举制自隋朝创立，延续至清末，实行了一千三百多年。科举制把读书、应试与做官联系在一起，否定了门第出身，使一批出身寒门、有才华的知识分子进入官吏队伍，扩大了封建统治基础，推动了革新的实现和盛世的形成。

二是重视搜罗人才。李世民称帝之前，就开始揽聚人才。每击败一个武装集团，就“先收人物，致之幕府。及有谋臣猛将，皆与之潜相申结，各尽其死力”。李世民称帝之后，“开馆于宫西，延纳四方文学之士”，供给珍膳，恩礼优厚。唐太宗不讲门户，不分亲疏，不避仇嫌，不论前后，只要他们确有才能，忠心于唐，都委以重任。而他们也辅佐唐太宗成就了贞观之治。

三是知人善任，用人不疑。唐太宗任用房玄龄、杜如晦做尚书仆射，共掌朝政，分别发挥各自长处。他认为：“玄龄善谋，如晦能断故也。”治理国家，难求贤才，更难充分信任贤才。皇帝要能辨别是非真伪，与贤臣建立信任关系，贤才就会打消顾虑，尽忠效力。唐太宗听从魏徵的建议，“竭诚以待下”，与群臣推心置腹，形成上下同心的大好局面。唐玄宗放手让贤才处理政务，不多加干涉。对此，后人评论道：“人君劳于求贤，逸于任人。苟得其人，则任而勿疑，乃可以责成功。明皇即相姚崇，而委任之如此，其能致开元之治，不亦宜哉！”

第四，崇尚节俭。汉文帝是有名的节俭皇帝。他在位二十三年，宫室苑囿等无所增添。他多次下诏禁止郡国贡献奇珍异宝。他平时常穿价格平易的黑色服饰，所宠爱的慎夫人衣不拖地，宫中的纬帐不施纹绣。

第五，完善法制。唐太宗令长孙无忌、房玄龄整理和修订唐高祖制定的《武德律》，删繁就简，变重为轻，成《贞观律》，奠定了《唐律》的基础。唐玄宗下令编撰行政法典，特别是历时十六年，修撰完成《唐六典》共三十卷，详尽规定唐朝的各级机构和官吏任用，是开元时期政治体制的完善总结，也是我国现存最早的行政法典。

第六，团结周边民族。唐太宗说：“自古皆贵中华，贱夷狄，朕独爱之如一，故其种落皆依朕如父母。”唐太宗处理民族关系思想开明，对周边民族实行“羁縻”政策，即在各民族共同尊奉唐朝中央集权统治的基础上，承认各民族拥有一定的自主权，不强迫他们改变民族习俗，不迁徙他们入内地，不设立同内地一样的州县等。因此，贞观时期，民族关系比较融洽，不少部落主动要求归附。

古代“盛极而衰”现象反复出现的背后，隐藏着深刻的社会历史原因

中国历史上的盛世，都未能避免“盛极而衰”。唐朝盛世，史所未见，但“安史之乱”的狂飙，瞬间吹散旷世繁华。康乾盛世何等辉煌，但乾隆刚一退位，就爆发白莲教起义。各地骚乱，使清朝从此陷入风雨飘摇。在盛极而衰现象反复出现的背后，隐藏着深刻的社会历史原因。

第一，统治者后继乏人。国家的发展，需要不断地注入活

力，提出新的奋斗目标，再加以正确的政策指导。安于现状、墨守成规，不能长久地维持繁荣富强。中国历史上的盛世，最终都趋向守成。统治者们由开拓进取转为“持盈守泰”，社会各界由奋发有为转向享受太平，各种各样的问题和矛盾逐渐滋生、积累、酝酿。而封建统治者后继乏人，直接加剧了这种状况。回望盛世，都有明君领航。汉有文帝、景帝、武帝，唐有太宗、武后、玄宗，清有康熙、雍正、乾隆。他们雄才大略，励精图治，知人善任，身旁有一批志存高远、才略卓越的名臣辅佐，共同促成盛世降临。然而，在封建社会，人治大于法治，国家的发展没有可靠的制度保障。在实行家天下的专制王朝中，君主的素质总体上一代不如一代。数世之后，即位者全都“生于深宫之中，长于妇人之手”，才略根本不能与其太祖、太宗相比。朝中则老臣凋零，裙带风行，宦官当道。守成已难，更谈何开拓进取。

第二，统治集团丧失忧患意识。唐太宗执政早期尚能听从魏徵的劝告，居安思危。后来，他滋生自满心理，逐渐走向奢靡，在纳谏、用人、执法方面不如以前那样清醒和公正。唐玄宗实现开元之治以后，“好大喜功”，由“明”转“昏”，怠于政事，委任奸佞；偏听偏信，不纳忠言；追求奢靡，激化矛盾。玄宗晚年宴乐无度，喜好女色。在他的带动下，“公私相效，渐成风俗，由是物务多废”，史称“侈心一萌，邪道并进”。官僚机构庞大，贪污腐化成风，必然造成百姓负担加重，阶级矛盾日趋尖锐。

第三，统治阶级故步自封，看不到世界发展大势。大清盛世的缔造者盲目乐观，沉湎于荣华富贵，使盛世成为近代中国落后于世界进步潮流的肇端。从1662年到1795年，几乎与满清盛世同期，西方国家正在经历自文艺复兴以来延续数百年的思想解放运动。它最终促成如火如荼的资产阶级革命和工业革命，推动资本主义国家加速发展经济、科技和军事。值此世界剧变的关键时期，康雍乾三朝却进一步强化闭关锁国政策，使中国社会更加封闭愚昧、妄自尊大，使"东方睡狮"深陷封建社会泥沼，停滞不前、不可自拔。中国与西方国家的发展差距越拉越大，不知不觉中成为世界进步潮流的落伍者。

本文发表于2016年1月11日《北京日报·理论周刊》文史版，
原题为《再论中国古代的盛世》，
作者时任中共中央党校文史教研部教授

“三大盛世”的通用治理经验

陈美贞

在中国两千多年的封建社会中，频繁被提及的盛世主要是三个朝代的，即西汉盛世（公元前180—前49年）、唐朝盛世（627—756年）和清朝盛世（1662—1796年）。从历史上看，古代盛世基本上具备国家统一、社会安定、吏治清明、经济发展、文化繁荣、人心所向及持续时间较长等特点。纵观古代历史，在承接经济凋敝、社会动荡的大乱之后，建立新朝并形成盛世的朝代不多，从大乱走向大治的经历中蕴含着一些治理经验。中国古代三大盛世是农业文明、农村广阔、农民众多，统治者都确定农业为国之根本，强调通过轻徭薄赋来减轻农民负担。除此之外，这三大盛世在治理上主要还有以下通用经验。

在体制措施上：重视“民”意，监督约束权力

在古代三大盛世中，统治者在体制机制上都采取了一些有效措施。概括地说，主要有以下方面。

其一，重视“民”意。封建社会是一个以官府为主导、民众个体发展空间受到严格控制的社会，但是在以尊重王权、遵守王法为前提的三大盛世之时，为维护统治，统治者在一定程度上是重视“民”意的。唐朝吴兢在《贞观政要·君道》中说：

“为君之道，必先存百姓。”这与唐太宗“朕为天子，所以养百姓，岂可劳百姓以养己之宗族乎”具有相同含义。虽然古代盛世中“百姓”的深层含义是“臣民”，而非现今的“公民”，但相对于其他朝代君主无视“民”的存在，已是非常大的进步。以民为本，还体现在对人和人格的尊重上。西汉文帝时，废除肉刑、株连刑、诽谤法和妖言罪。唐太宗说：“自古皆贵中华，贱夷狄，朕独爱之如一。”这体现了唐朝对少数民族的尊重。

其二，制度约权。监察御史制度是最基本、最重要的制度，其主要职能是监察百官、监督司法。监察权行使具有独立性，监察御史由皇帝直接任命并直接对皇帝负责。西汉设置“上计”制度对官员进行年度考核。唐朝在中央设置与三省并列的御史台，御史台下设台院（纠察中央政府官员）、察院（巡察地方州县官员）、殿院（负责向皇帝进谏）。清朝建立多元监督约权体制，包括监察制度、巡按制度、养廉银制度、回避制度。设立史官也是一种约权制度。唐太宗曾定下一个制度：“中书、门下及三品官入奏事，必使谏官、史官随之，有失则匡正，美恶必记之。”统治者力图通过制度建设强化监督、约束高层、追究责任来整肃吏治，从源头上加强管理，实现在专制政治框架内的权力规范运行。

其三，监督约权。权力与监督保持平行是政治良性运行的保障，建立有效合理的权力监督制约机制是政权自身发展完善的必要选择。古代三大盛世监督约权体现在：一是机构间相互牵制。唐朝中央政府机构尚书省、中书省和门下省之间建立驳议制与合议制，实现三省间的监督与合作关系。二是统治者自我约束。统治者自我约束是实现其他约权的前提，权力本质是人与人之间的互动关系，监督制约权力也是如此，权力运行、权力监督最终由人来操作实现。官员不是道德完人，但必须是有道德的人。虽然国家盛衰治乱的关键是法令制度，但法令制度最终能否发挥作用取决于统治者的态度。东汉王符认为："且夫国无常治，又无常乱。法令行则国治，法令弛则国乱。法无常行，法无常弛。君敬法则法行，君慢法则法弛。"统治者放权和自我约权，有利于巩固封建专制王朝统治，实现皇族利益最大化。

在人才管理上：兼备德才，适时知人善用

官吏在以人治为主、法治为辅的封建社会政治结构中起支撑作用；在社会生活中，官吏与民生休戚相关。贤明圣主除自身具备超凡才能之外，更重在用人。《史记·高祖本纪第八》记载了刘邦的一段话："……夫运筹策帷帐之中，决胜于千里之外，吾不如子房。镇国家，扶百姓，给馈饷，不绝粮道，吾不如萧何。连百万之军，战必胜，攻必取，吾不如韩信。此三者，皆人杰也，吾能用之，此吾取天下也。项羽有一范增而不能用，此其所以为我擒也。"刘邦的这段话道出了一个道理：懂得用人更能体现领导者的智慧。作为君王或上级领导者，都希望得到德才兼备、务实出众、清正廉洁的人才，但在退而求其次之情况下，对德才的要求则有所偏重：乱世偏才，盛世

重德。

乾隆帝对于人才的使用标准与前期盛世之时大体一致——德才兼备为上上之才，二者取其一当为德长者。《清实录·高宗纯皇帝实录》记载：“大凡论人之道，才品兼长，固属甚善……但才胜于品，虽一时图饰可观，而心志不诚、根本不固，将来荡检逾闲，必至难驾驭。若品胜于才，虽一时肆应不足，而心术端方，操守廉洁，将来扩充历练，必能不愧循良。”这也印证了民间流传的话：“有德有才，大胆使用；有德无才，培养使用；有才无德，坚决不用。”“一般人的无德与领导干部的无德或失德所带来的危害是完全不可同日而语的，官员失德，特别是从政一方的官员失德，就会损害社会进步、危害人民利益。”由此可见，政权根基能否坚固稳定，很重要的因素在于法律和制度框架之内官员的德，包括私德、公德、官德、政德，先有德而后才有绩。

▲郎世宁的《塞宴四事图》（局部），描绘了乾隆皇帝举行盛大宴会的场面。

在统治理念上：兼容儒法，巧用礼德治国

自汉武帝“罢黜百家，独尊儒术”后，儒法并用的思想和方针一直占据统治政策中心。表面的儒与实质的法相互交融，盛世时相得益彰，乱世时用之偏颇，儒法间平衡点的确定取决于统治者及统治集团的智慧。统治者倾向“法”的刚性，被统

治者青睐“儒”的柔性，明智的统治者既不损害自身利益，又能取悦被统治者，从而实现双赢。甚至有统治者巧妙地把“法”隐藏在“儒”中，或者以“儒”示人，将“儒”中的“礼德”呈现在世人面前：把私德中的伦理、规范、亲缘关系等运用到公礼中，实现从“内仁”到“外礼”；把礼德紧密地捆绑在国家政治秩序上，孝顺延伸到忠诚，长幼有序升华为等级身份。

汉初，文帝、景帝推行仁政，减轻农民负担，树立节俭典范，即是典型的儒学实践。汉武帝时，董仲舒的“天人感应”思想认为：“阳之出也，常悬于前而任事；阴之出也，常悬于后而守空处……王道之三纲可求于天。”汉武帝利用“天人感应”思想把政治制度、政治理念融入社会生活中。

唐朝的儒法结合体现在推行宽容政策上。唐太宗认为：“天子者，有道则人推而为主；无道则人弃而不用，诚可畏也。”德是道的具体表现，唐太宗把是否有德作为衡量能否为人君的标准，贞观时期，行仁政、重法纪。

康熙帝尊崇儒学的另一种形式——程朱理学，他认为：“宋儒朱子，注释群经，阐发道理，几所著作及编纂之收，皆明白精确，归于大中至正，经今五百余年，学者无敢疵议。朕以为孔孟之后，有裨斯文者，朱子之功，最为弘钜。”康熙确立理学为官方正统，深谙“民教之以德，齐之以礼，则民有格心；教之以政，齐之以刑，则民有遁心”的道理，把儒学说教外化为百姓日常行为准则，曰“圣谕十六条”。

雍正帝强化“天人感应”，亦崇尚儒学，强化伦理道德，整饬社会风气，强调忠、信、礼、义、廉、耻。乾隆帝对待儒学的态度更接近于康熙帝。

总之，在中国古代三大盛世中，统治者能够吸收儒学中对自己有利的思想并充实新的内容，并且采取儒法结合、突出礼德的方针，从而有效维护了统治秩序和统治地位。

本文发表于2016年3月21日《北京日报·理论周刊》文史版，
原题为《中国古代三大盛世通用的治理经验》，
作者时任福建省泉州市委党校党史党建教研室副教授

第三章　高人

商鞅：身虽死新法不废

张国刚

▲商鞅方升。战国时期秦国铜制量器。商鞅辅佐秦孝公，积极实行变法，使秦国成为富裕强大的国家，史称“商鞅变法”。商鞅方升是中国度量衡史上不可不提的标志性器物，是战国至秦汉容量、长度单位量值赖以比较的标准，是秦统一六国后造量器的标准器具。

《史记·商君列传》记载“公子虔之徒告商君欲反，发吏捕商君”的情况，比《资治通鉴》多了一些细节。秦孝公死后，惠王即位，曾经被商鞅割掉鼻子的公子虔举报商鞅谋反。惠王发出逮捕令，商鞅逃亡至关下，欲匿名投宿客舍。客舍前台的工作人员以无证件为由，拒绝为他办理入住，曰：“商君之法，舍人无验者坐之（店客若无证件住宿，客舍要判连坐之罪）。”商鞅长叹一声道：“嗟乎，为法之敝一至此哉！”后来商鞅走投无路，复入秦，被秦兵攻杀，车裂示众，秦惠王“遂灭商君之家”。

秦孝公死后，商鞅为何处境危若朝露

在商鞅罹难之前的五个月，有个叫赵良的人来看望他。两人曾有一番关于商鞅功绩评价的对话。商鞅自认为有大功于秦国，功劳和待遇都应该超过秦之贤相百里奚：当初，秦国习俗，同于戎翟，父子无别，男女老少同室而居。今我更制其教化，而为其制男女之别，大筑宫廷城阙，把秦国营建得壮观如鲁、魏这样的文明国家。“子观我治秦也，孰与五羖大夫贤？”

赵良说：请允许我直言。您与五羖大夫百里奚根本不能比！出身和觐见君王的门路不能比，功劳不能比，得到百姓的拥戴更不能比。百里奚是楚国乡下人，穿着粗布短衣给人家喂牛，秦穆公选拔于牛口之下，加位于万人之上，秦国人人拥戴。为秦相六七年，百里奚不仅在国外建功立业，而且在国内施行德化。五羖大夫出任秦相，劳不乘车，暑不张盖，足迹遍国中，无须警车随从，无须武装防卫，功垂史册，德泽后昆。五羖大夫死时，秦国男女老少无不举哀怀念。

您商君来到秦国，走的是秦王宠臣景监的门路。执掌秦国相印，不造福百姓却大建宫阙。上加黥刑于太子师傅，下施酷法于黎民百姓，招致举国怨恨。所以，您出门必需数以十计的警车防卫，军队扈从，您的处境危若朝露啊！

我劝您交还商於十五邑封地，退避荒野，浇园自耕；劝秦王启用山林遗贤，养老抚孤，施行德政，也许还可保全您自己的平安。假如您还要贪图商於的富有，享受独揽秦国政教的尊贵荣宠，积聚百姓怨恨，秦王一旦捐弃宾客而不能当朝，秦国要收拾您的仇人难道能少吗？

商鞅没有听从赵良的劝告，五个月后果然被残酷杀害。

商鞅的命运与归宿

商鞅变法的成就，应该是无可怀疑的。没有人能否定，秦国的统一大业，发轫于商鞅变法。商鞅损害了贵族的利益，反对者未必是普通民众。根据《史记·商君列传》的说法："行之十年，秦民大说，道不拾遗，山无盗贼，家给人足。民勇于公战，怯于私斗，乡邑大治。"《史记·李斯列传》也说："孝公用商鞅之法，移风易俗，民以殷盛，国以富强，百姓乐用，诸侯亲服，获楚、魏之师，举地千里，至今治强。"无论是"秦民大说（悦）""乡邑大治"，还是"家给人足""民以殷盛"，都是说商鞅变法，符合民心，有很好的社会效果和经济效果。

当然，商鞅本人行事，也有霸道和诡谲的瑕疵。法令推行之后，"秦民初言令不便者，有来言令便"。当初对新法不理解有抵触情绪，现在改变了态度，赞扬新法，这本来是好事情，要加以鼓励。可是，商鞅说："此皆乱法之民也！"把这些议论新法的人，尽数发配到远方去戍边，"其后民莫敢议令"。这种做法，自然不得民心。

齐魏马陵之战（公元前341年）后，太子申被俘，庞涓丧命，魏国损失了十万大军。商鞅建议趁机收复西河之地。他欺骗昔日同在公叔痤门下的旧交公子卬，致使秦国不战而胜。这种不择手段的行为，也会对商鞅的国际形象与声誉造成损害。但是，最后商鞅却以谋反之罪被捕杀，真是欲加之罪，何患无辞！因此，商鞅罹难，并不是因他工作失职，改革失败；也不全是因为个性张扬，处事强霸。商鞅作为客卿，侵犯了贵族利益之后，陷于孤立，必然会有这样的命运和归宿。

商鞅之死，为什么没有影响新法的继续实行

简单地说，有几点原因，首先是这些法令适应了秦国的社会发展，有利于富国强兵。其次，许多变法内容，比如县制的推广，基层保甲组织的建设，在秦献公时期已经实行。在墨家的影响下，重视农耕、重视军事防御装备（墨家主张“非攻”，却重视军事防御技巧）等思想已经为秦王室统治者所熟悉。在秦人看来，秦孝公才是变法的主动者。实际情况恐怕也是如此。《商君书·更法》说：“孝公平画，公孙鞅、甘龙、杜挚三大夫御于君。虑世事之变，讨正法之本求使民之道。君曰：‘代立不忘社稷，君之道也；错法务明主长，臣之行也。今吾欲变法以治，更礼以教百姓，恐天下之议我也。’”

可见，是秦孝公主动谋划改革，召集商鞅、甘龙、杜挚三位大夫，讨论变法事宜。秦孝公说：国君继位，要不忘社稷之重；大臣辅佐，要实施变法以张君威。“变法以治，更礼以教百姓”，是秦孝公非常自觉的主动行为。商鞅只是孝公意志的坚定的、具有创造精神的执行者。因此，商鞅被处死，不会影响新法的继续实行，是自然而然的事情。

如果比较一下古代希腊城邦改革，可以使我们更进一步认清商鞅改革的实质。雅典城邦从梭伦（约公元前640—约前558年）到伯利克里（约公元前495—前429年）的改革，基本方向是注重权力制衡，鼓励工商业发展。商鞅变法则是注重提升政府的社会管控能力、战争动员能力，促进农业发展。

商鞅改革之后，从外来普通移民而跻身卿相的客卿，如张仪、范雎、蔡泽、吕不韦、李斯，不知凡几，平民走向政治道路，似乎秦国比雅典更彻底。非贵族化和平民化的政治，导致没有任何势力可以挑战君主的权力，反而强化了中央君主权威；社会的过度平面化，又使得只有不断地强化君主权威，才能阻遏混乱，维护社会的统治秩序。相反，公民政治中的等级制度，倒使秩序规则的维护和统治权力的制约拥有了现实的操作基础。

本文发表于2015年9月28日《北京日报·理论周刊》文史版，
原题为《再说商鞅》，
作者时任清华大学历史系教授

我们对商鞅还存在哪些误读

叶自成

媒体上有《最黑不过〈商君书〉》《警惕商鞅主义的幽灵》等不少评论。有的认为商鞅祸国殃民，是中国封建专制的总根源；有的说商鞅的思想就是民众不能太有思想的愚民政策，就是不至于饿死的饥民政策，愚民是商鞅思想的幽灵。到底什么是商鞅思想的糟粕，什么是商鞅思想的真精神，成了一笔糊涂账。

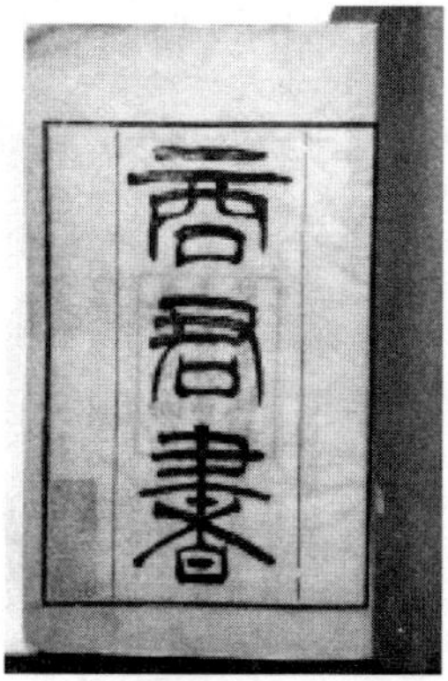

▲《商君书》也称《商子》，现存二十六篇，是战国时期法家学派的代表作之一，着重论述商鞅一派在当时秦国施行的变法理论和具体措施。图为清代木版《商君书》书影。

“自汉以来，学者耻言商鞅”？

事实上，商鞅死后，历史上一直有两种对商鞅的对立评价，这种论争已经持续了两千多年，大概还会持续很长时间。宋朝的大文豪苏轼在文学诗词上有极高造诣，但在评价商鞅上却开了一个极端评价的坏头。他声称“自汉以来，学者耻言商鞅”。其实这是罔顾事实，汉之刘向、刘歆，唐杜佑，宋裴骃、王安石等大学者对商鞅的评价都非常高。宋之后，尹桐阳、朱师辙、章太炎、严复、梁启超、麦孟华、常燕生、陈启天、吕思勉等大多数为《商君书》注释或为商鞅写传的学者，在批判商鞅的燔诗书等极端行为的同时，对商鞅给予很高的评价。例如，刘向说商君“极身无二虑，尽公不顾私”，梁、麦、常等皆赞商鞅为中国历史上最伟大的政治家之一。司马迁虽然也批判商鞅“刻薄寡恩”，但对商鞅的评价其实是最高的，直比三皇五帝的圣贤时代的用语，说商鞅的法治行之十年，“秦民大说，乡邑大治”，苏轼为此攻击司马迁，说司马迁诉商鞅之功是一大罪。

没有人否认商鞅思想中有许多阴暗的东西，如愚民、弱民、制民、燔诗书、禁文教、君权独占、什伍连坐、轻罪重罚、不告腰斩、严刑峻法等。但商鞅思想的主体，不是什么愚民的幽灵、专制的幽灵，商鞅思想的真精神，是反对人治、反对蒙昧、反对专制的法治精神。商鞅的改革也有重大局限，其思想有不少糟粕，但商鞅是中国历史上一位以身殉法的尽公不顾私的伟大政治家，其人格是伟大的，其思想是中国古代历史上唯一的以法治国的思想遗产。

《商君书》祸害最深的是毁商？

现在批判商鞅的许多观点，不能客观公正地对商鞅的思想做出历史的评价，往往攻其一点，不及其余。比如，批判者言，《商君书》祸害最深的是毁商。商鞅采取了抑制商业的严厉打压政策，但是我们翻阅《商君书》发现，他明明把农、商、官定为“国之常官”。商是三大合法职业之一，甚至把商列在官的前面，从来没有说过取消、消灭商业商人，甚至在《垦令》中提出在军队中设立“军市”。军市禁止女子、游手好闲者进入，不能买卖粮食，但可让商人参加军品的生产和供给。这说明并无明令不能经营。商鞅的政策是把市利让给农民，减少商人与农民争利的机会。商鞅在农村地区限制商业，但对城市的商业没有明令限制。

更重要的是，商鞅经济改革的重大措施，是允许土地私人买卖，这与取消市场的“计划经济”就更不搭边了。有些政策实际上也没有那么严格地实行，比如《垦令》中有“废逆旅”（废除旅店），但实际上没有做到，如批评商鞅的司马迁记载，甚至在秦国荒僻的边界上还有旅店的存在。从历史上看，秦国的商业实际上发展得相当好，战国时期的八大商人，有四个出自秦国。所以，说商鞅视商人为仇雠，自由商人几乎被消灭，可能有些过了。

商鞅的“愚民”究竟是何意?

“愚民”是最易用来全盘否定商鞅的一个话题，而且人们也很难对这种批判提出反对：难道商鞅没有愚民思想吗？难道愚民思想不应该批判吗？但这其实也是一个以偏概全的话题，对人们的误导也最大。确实，商鞅非常明确地提出要让民“愚”。这里的关键在于商鞅的愚民是何意，针对谁，是否反智，反什么智。

“愚”这个概念，并不都是我们今天意义上的愚昧无知、傻笨蠢呆痴、百依百顺的奴才之意。商鞅的“愚”有三种不同内涵。

第一，商鞅之“愚民”是不读书、没有文化的人，它的对立面是好礼乐诗书教化的儒生，所谓六虱亡国、国有十二者则亡，就是说的儒生。愚，就是让人不贵学、不知、不好学问（主要是不学儒家）、不擅游。这的确让人愚昧无知，应该批判。但若因此说商鞅反智就似是而非，不准确，因为智知，并非儒家独有，对法家、农家、兵家之智知，商鞅不但不反，而且大力提倡，并以法为学，以吏为师。

第二，商鞅之“愚民”带有纯朴、务本（农）之意，针对的重点是秦国大量的“不愚之民”。秦国是当时文化落后的野蛮之国，没有几个读书人，不少是带有戎翟野蛮习气之民，商鞅说的“五民”（实际上有十多种）就是指这些人，这些人与愚民一样，不读书，不学四书五经，但不同之处在于这些人比愚民更愚，他们不务农不劳动，是一些褊急之民、狠刚之民、怠惰之民、费资之民、巧佞之民、花言巧语游手好闲之民、蛊惑之民、邪僻之民。因此，让这些“不愚之民”，从不劳动之民成为务农务本的“愚”民，虽有为统治者出谋之意，但也含有开明进化之意，不能完全否定。

第三，商鞅之“愚民”，与“弱民”“强民”“制民”等概念一样，都与是否守法相关，守法即是愚民弱民，不守法就是强民。守法的“愚民”并非今天我们说的那种唯官是从的奴才，愚民一方面在守法，另一方面也能依法自治，避祸就福，与官吏发生矛盾时，他们依法抗争，让吏不得非法扰民。

商鞅的“愚民”，第一种有历史局限性，第二种、第三种在当时的秦国则有一定合理性和进步性，不能一概而论。

商鞅之法只治“邪民”？

法治当然要制民，但商鞅之法并非只是塞民以法。商鞅提出弱民、制民、胜民的概念，主要目的是使百姓守法，同时，商鞅也提出了利民、爱民的概念。法者，爱民之本，最好的爱民利民方式，莫过于以法律保护老百姓，凡是合法的，都应受到法律保护；利民爱民的思想也要通过法律制度实现，商鞅时代提出的军功、粮功，本质上都是利民的。与批判者指责商鞅饥民苦民害民残民愚民的虚拟推理和想象不同，司马迁说及商鞅变法与老百姓的关系时指出，秦法“行之十年，秦民大悦，道不拾遗，山无盗贼，家给人足，乡邑大治”，李斯认为秦“用商鞅之法，移风易俗，民以殷盛，百姓乐用”。

商鞅之法既治邪民，也治邪官。有蛮横任性不受约束的权力，才会有唯唯诺诺唯官是从的愚民。为了打破官吏对百姓的蒙昧，商鞅的法治改革中，设计了许多环节来治邪官，比如《垦令》规定，公务要及时处理，不得过夜，不给官吏以任私的时间；官吏的人数要少，减少官吏扰民的可能性，官吏不得随便到处公费游玩。还规定，要使天下吏民无不知法，这样，吏不敢以非法愚民，避免官吏以强权压迫百姓，大大减少了愚民产生的可能性。

为何说商鞅的思想具有启蒙进化意义？

愚民是一种文化蒙昧，而政治上最大的蒙昧就是人治。商鞅的变法也有开启文明之蒙的社会改革的内容，就是移风易俗，使秦民知男女之别、男子成年分立，改变父子兄弟共妻等落后习气。更重要的是，商鞅是中国历史上最大的政治启蒙家，打破了人治、权治、君治的蒙昧。

第一，商鞅打破了君主专制独裁之蒙昧，第一次在政治制度设计上对君权进行约束：君主虽独有立法权，但立法应该以强国、利民、因循国情民情为原则，不得随意立法；君主有人事任命权，但不是君主随意任命官吏，只能论功依法任命，人事权被虚化；君主有行政权，但被下放到各级长官，国治断家王，断官强，断君弱，行政权被虚化；君主有司法权，但司法权由君主任命的各级法官法吏独立行使，司法权被虚化。这已经具有了初步的分权治理的框架。在商鞅的法治思想中，君主只是实行法治的工具，而不是法治的目的。

第二，商鞅打破了贵族世袭的政治蒙昧，以事功主义开启平民政治、上下流动、机会平等、能力平等的大门。军功（武爵武任）、粮功（粟爵粟任）、政功（常官者迁，依法治理有功的官员应升迁）、告功（下级官员监督揭发上级官员违法有功者可代其职）等，使得下层的平民百姓、普通士兵获得了凭本事、凭业绩升迁进入国家政治上层的机会。

第三，商鞅打破了刑不上大夫贵族的蒙昧，开启了壹刑、刑无等级，从卿相将军至庶民百姓，在法律面前一律平等的新气象。这种法律平等，包括功臣与平民平等、名人与普通人平等、行善与行恶平等、官与民平等、富人与穷人平等。这些法律平等，有些内容如富人与穷人平等，已经超越了希腊民主制下的法律平等。

本文发表于2016年1月18日《北京日报·理论周刊》文史版，
原题为《我们对商鞅还存在哪些误读？》，
作者时任北京大学国际关系学院教授、中国战略研究中心主任

韩非：老子的升级版

喻　中

作为荀子的学生，韩非得到了荀子的真传，理论功底比较扎实。既有对宫廷政治的亲历亲见，又有学术思想名家的指点，再加上自己的理论悟性，造就了韩非超越其他人的政治卓识。他给我们留下来的文字，是公认的先秦散文的“四大台柱”之一。按照郭沫若的说法，韩文的峻峭，与孟文的犀利、庄文的恣肆、荀文的浑厚相比，实在是各有千秋，难分伯仲。

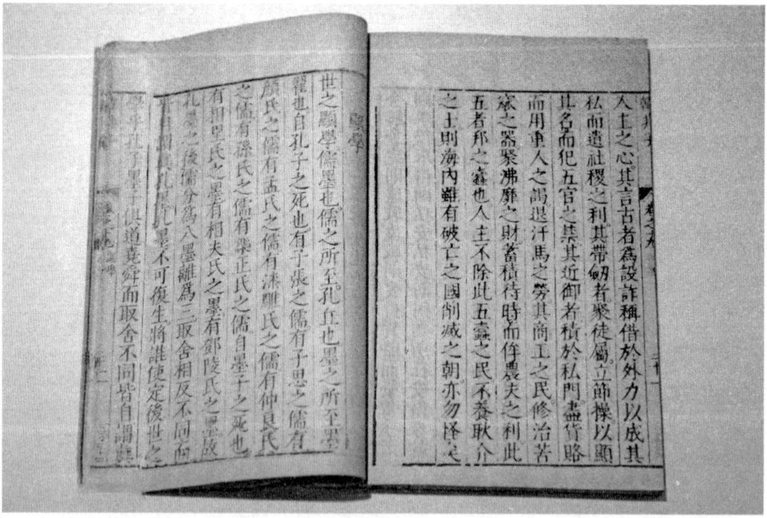

▲《韩非子》是战国时期思想家、法家韩非的著作总集，共二十卷，是在韩非子逝世后，由后人辑集而成的。其学说一直是中国封建社会时期统治阶级治国的思想基础。图为明刻本《韩非子》书影。

韩非的一生，思想大于行动，立言胜过立功。因此，要认识韩非，从思想与文字着眼，能够更准确地描绘出韩非的肖像。

冷峻的韩学

在先秦时期一流思想家群体中，韩非对于政治实践的介入最深。他生于韩国宫廷，死于秦国宫廷，飞来飞去帝王家，从这个君主身边辗转到那个君主身边，因此，韩非对于现实政治的理解也是最准确的。正是这样的现实主义风格，为韩非的思想与文字打上了冷峻的色彩。如果与其他学派稍作比较，这种色彩就更鲜明了。

以韩非与儒家的关系为例。如果说韩非是冷峻的，那么孔孟就是温热的。冷峻的韩非注重现实的利害关系，因而可以看作是极端的现实主义者；温热的孔孟重义而轻利，因而可以看作是极端的理想主义者。韩非的现实与冷峻，在那个弱肉强食的年代，满足了精明的君主们的需要，所以，秦王一读到韩非的文章，就产生了“甚合我意”之感。可见韩非的话，真是说到君主们的心坎上了。与之相映成趣的是，孔孟的理想主义，因为过于高蹈，往往令各国君主们敬而远之，因为不好用啊。所以，无论是孔子还是孟子，在奔走于各国的路途中，几乎处处碰壁，最后只落得个无功而返。所以，孔子与孟子的简历，大致都可以归结成一句话：游说各国君主不成，最终只好寄身于教书先生的行业。至于韩非，则是君主们争抢的对象，韩王安舍不得，秦王政非要不可。反差如此之大，原因只在于，孔学与韩学的精神不同：孔学体现了“善之渴望”，是“向善之学”；韩学体现了“真之追求”，是“求真之学”。

当然，在儒家的系统中，还包括荀子。他是韩非的老师。他没有孔孟那样浓厚的理想主义。他是儒家的现实主义者，但又不像他的学生韩非那样冷峻。他的学说虽然出于儒家，但又广泛汲取了百家的智慧——尤其是法家的智慧，因而可以视为儒家与法家共同孕育出来的混血儿。这是荀子的优点，但也可以说是一个缺陷：个性不够突出。不像孟子，善养浩然之气，调门提得老高，因而满足了人们对于理想化、纯粹化的精神境界的追求；也不像韩非，只说利与害，只讲权与术，“酷”就“酷”到底，从而为丛林世界中的残酷而血腥的竞争提供了技术指导。高又高不上去，低又低不下来，这就是荀子悲剧的根源。

乱世用韩非

放眼环顾春秋战国时代的精英人物，他们虽然胸中各有丘壑，但也包含着一个最大公约数，那就是“天下一致而百虑，同归而殊途”，讲的都是一个“治”。

虽然都讲治国之道、治理之术，虽然表达与修辞可以百花齐放，但是，专就应用价值而言，尤其是在“求真务实”方面而言，韩非的优势却是明显的。

春秋时代，“弑君三十六，亡国五十二，诸侯奔走不得保其社稷者不可胜数”。这样的形势，在战国时代愈演愈烈。在一个国家随时消灭另一个国家的时代，各国君主最急需的“高新技术”是权谋术、斗争术、合纵连横术。浓得化不开的政治浪漫主义，只能让各国君主们敬而远之。也许有人会说，既然孔孟的东西不行，为什么后来又得势了呢？答案是：世易时移。孔孟的东西在急促的乱世、在战国时代虽然不好用，但在从容不迫的大一统时代，却可以成为香饽饽，因为他们讲的君臣父子之礼、夫妇长幼之别，对于维护既有社会秩序，那是相当有效。概而言之：乱世用韩非，治世用孔孟；战国用韩非，统一用孔孟。

墨子强调节约，主张建立一个节约型社会，一切从简。这在理论上是对的，但在实践中是行不通的。因为这种思想主张的立足点是侠客。墨子领导的侠客团队过着集体生活，他们四处漂荡，很可能都没有家室，也用不着积累，当然不需要烦琐的生死礼仪。但是，江湖上的规则不可能适用于庙堂。因而在体制性的政治生活中，尤其是在国家政治的层面上，墨子那一套就用不上了。司马迁的父亲司马谈老先生评之曰“俭而难遵”，还算是比较客气的。在各国当政者看来，这样的政论根本就不具有可操作性。难怪一度与孔子齐名的墨子，只能落得一个“昙花一现”的结果。

只有道家的东西，尤其是老子的《道德经》，与韩非同声相应、同气相求。事实上，老子的《道德经》可以视为韩非的思想先导。从这个层面上说，老子还要高于、先于韩非。但是，韩非也有自己的优势，那就是把老子那些模棱两可的话变成了具体的、可操作的政策建议。因此，我们可以把韩非视为老子的升级版。对于各国君主来说，升级版用起来当然更方便、更顺手。

本文发表于2018年3月12日《北京日报·理论周刊》文史版，
原题为《韩文峻峭，韩学务实——战国时期君主缘何青睐韩非》，
作者时任首都经济贸易大学法学院院长

司马迁的人生观与生死观

韩兆琦

司马迁的人生观、生死观是非常积极、非常壮烈的，这贯穿在《史记》的各个篇章、人物、事件中。扩而言之，说《史记》全书就是对司马迁本人的人生观、生死观的深刻阐释，也未为不可。试从几个方面看。

▲司马迁（公元前145—前90年），西汉史学家、文学家、思想家，他以“究天人之际，通古今之变，成一家之言”的史识创作了中国第一部纪传体通史《史记》(原名《太史公书》)，被公认为是中国史书的典范。图为《三才图会》所载司马迁像。

司马迁认为：人生一世，应该不失时机地艰苦奋斗，以期为社会、为国家做出一番贡献，扬名声，显父母，使自己列于“立德、立功、立言”的士君子之林

《太史公自序》在表述《史记》选择什么人入“列传”时说：“扶义俶傥，不令己失时，立功名于天下，作七十列传。”毫无疑问，《史记》所敬佩、歌颂的都是轰轰烈烈，为社会、为人世做出突出贡献，或是在“立德”“立言”上有突出表现的人。在司马迁笔下，不只他所敬佩的人是如此艰苦奋斗，勇于事功，即使那些受他批判的人也几乎都具有这种积极奋斗的精神。例如，李斯人生哲学的要义就是“得时勿怠”，就是“因瑕衅而遂忍之”。

司马迁这样看别人，也这样要求自己。他在《报任安书》中说：“立名者，行之极也。”又说：“君子鄙没世而文采不表于后也。”他在《太史公自序》中引用父亲的话说：“孝始于事亲，中于事君，终于立身。扬名于后世，以显父母，此孝之大者。”他感于时代的要求与父亲的教导，立志要继孔子之后写第二部《春秋》。志大才疏是许多知识分子的通病，司马迁的认识也难免有偏颇之处，但不可否认，这里所表现的那种积极入世、艰苦奋斗、勇于建功立业的精神是极为可贵的。人类社会正是靠着这种锐气、力量，才得以不断前进，如果都像庄周那样把一切看穿了，都去追求个人的自由与潇洒，那人类社会还能有什么创造，有什么进步呢？

司马迁认为：人在困难面前应该百折不挠；在灾难与逆境中要忍辱发奋，而困难与逆境恰好是激发人前进、鞭策人夺取最后胜利的绝好动力

正是本着上述精神，《史记》写了越王勾践、伍子胥、苏秦、张仪、范雎等一系列忍辱奋斗的人。越王勾践卧薪尝胆之事已为人们所熟知。范雎早年，曾被魏齐所害。魏齐“令人笞击雎，折胁拉齿。雎佯死，即卷以箦，置厕中，宾客饮者醉，更溺睢”。后来范睢逃到秦国，几经奋斗，当了秦相，终于报了深仇。《苏秦列传》的文字，基本上取自《战国策》。《战国策》写苏秦功成名就衣锦还乡，亲戚家人向其献媚讨好时，苏秦叹息道：“嗟乎！贫穷则父母不子，富贵则亲戚畏惧，人生世上，势位富贵盍可忽乎哉？”到了《史记》里，司马迁将其改写为：“此一人之身，富贵则亲戚畏惮之，贫贱则轻易之，况众人乎？且使我有洛阳负郭田二顷，吾岂能佩六国相印乎？”这种改动，分外突出地表现了司马迁旨在借题张扬他的忍辱发奋的思想。

司马迁倒过霉，受过极大的痛苦与侮辱，这件事“激”发了他发奋著书的更大动力，这些我们可以很清楚地从《太史公自序》与《报任安书》中感觉到。司马迁甚至由此把这种情绪推衍到极限，说一切伟大的事业通通是倒了霉的人干出来的。他在《报任安书》中说：“古者富贵而名摩灭，不可胜计，唯倜傥非常之人称焉。盖文王拘而演《周易》，仲尼厄而作《春秋》；屈原放逐，乃赋《离骚》；左丘失明，厥有《国语》；孙子膑脚，兵法修列；不韦迁蜀，世传《吕览》；韩非囚秦，《说难》《孤愤》；《诗》三百篇，大抵圣贤发愤之所为作也。此人皆不得通其道，故述往事，思来者。”

司马迁在这里所表现的情绪，也许有些偏激，但这种思想情绪对于后世的影响，却是很重大、很积极的。它给了旧社会一切受打击、受迫害、受侮辱而怀才不遇的人们一种极大的鼓舞，给了他们一种巨大的精神力量，并给他们提供了一种有章可循的光辉范例。后世文人们在创作上有一种说法叫作“穷而后工”，这既是对于仕途不幸者的一种宽慰，同时也反映了一种在逆境中自强不息，从而使坏事变为好事的常见事实。司马迁在这方面留给我们的精神财富是异常宝贵的。

司马迁认为：人在生死关头要慎于抉择，要死得重于泰山，万不可死得轻如鸿毛

生命对于人只有一次，因此在生死关头必须慎于抉择，既不能无原则地苟且求生，也不能糊涂一时地随便轻生，司马迁通过他笔下的许多人物，向我们揭示了这方面的人生哲理。蔺相如先是为了和氏璧，后又为了维护赵国的尊严，两次在强秦面前奋不顾身。司马迁对此无限敬佩。他说：“知死必勇，非死者难也，处死者难。方蔺相如引璧睨柱，及叱秦王左右，势不过诛，然士或怯懦而不敢发。相如一奋其气，威信敌国；退而让颇，名重泰山，其处智勇，可谓兼之矣。”这里整个说的是生死观问题，可惜读这篇文章的人们对此往往不太注意。蔺相如威折了强秦，这当然好；即使蔺相如在这种场合被秦王杀掉了，其死也是“重于泰山”。屈原屡遭打击迫害，有志不获伸，最后在君昏臣佞、大敌压境的情况下，他不愿眼看着自己的国家灭亡，于是投汨罗而死。这种死是令才人志士为之痛心、为之丧气的。但是这种死可以激起人们对于昏君佞臣的愤恨，可以引起人们对于更广泛、更深层的许多问题的深思，可以树立起一代爱国知识分子的光辉人格。司马迁为此歌颂屈原说：“其志洁，故其言物芳；其行廉，故死而不容。……推此志也，

虽与日月争光可也。”屈原也果然因为司马迁的这种歌颂而与日月争光。

但司马迁同时认为，在意义不大的时候，人绝不应该随意轻生，绝不能动不动就“豁出去”拼命。为此，他赞成韩信的忍受胯下之辱；他赞扬伍子胥的弃小节，背父兄，去国远逃；他也肯定季布的东藏西躲，甚至给人当奴隶以逃避刘邦的缉拿。

司马迁赞赏这种人，自己做的也是这种人。当他触怒汉武帝，被以“沮贰师”与“诬上”罪名判处死刑时，他忍辱含愤地自请改判了辱没族门的宫刑，其目的就是留下命来以图完成他那部正在写作中的《史记》。司马迁最终挺着活了下来，完成了他的历史名著，博得了古今中外一切世人的敬仰。如果司马迁当时就那么糊里糊涂地死了，历史在当时就已经给他画上了句号，那今天谁还会议论他与汉武帝谁是谁非的这桩历史公案呢？

既赞成必要的“豁出去”，又赞成必要的“忍辱”，二者的矛盾怎样统一呢？其取彼舍此与取此舍彼的原则又是什么呢？《伍子胥列传》中伍子胥与其兄伍尚的一段对话可以给我们一些解答。伍子胥的父亲伍奢为楚平王所囚，楚平王以伍奢的名义派人来叫伍氏兄弟回去，兄弟二人所面临的情势是一样的。伍子胥说：“楚之召我兄弟，非欲以生我父也。恐有脱者后生患，故以父为质，诈召二子。二子到，则父子俱死，何益父之死？往而令仇不得报耳。不如奔他国，借力以雪父之耻，俱灭，无为也。”伍尚说：“我知往终不能全父命，然恨父召我以求生而不往，后不能雪耻，终为天下笑耳。”于是二人分别做出了各自的选择，一个束手被擒回去陪着父亲死，一个杀出重围逃到吴国去了。在这里，他们所考虑的就是怎样做才能使生命呈现出更大的价值，日后能报大仇的，那就“活”下去，不必顾忌眼下被人视为如何的大逆不道；日后不能有所作为的，那就不如现在“死”，还能落一个忠义孝顺之名。

这样一来也就清楚了，司马迁并没有给人规定什么问题就应该死，什么问题就应该忍，他是要求每个人在面临生死抉择的时候，要衡量客观形势，也要考虑自身的具体条件。其唯一标准还是“人固有一死，或重于泰山，或轻于鸿毛，用之所趋异也”这四句话。司马迁的这个标准比历代儒家所规定的限制人们的教条要合理得多，民主得多，因而也更有价值得多。比如，后代儒家常说什么“饿死事小，失节事大”，于是就引导一些妇女在受到强人侮辱时，纷纷自杀，而历代统治者也一味表扬这种消极的无所作为的态度。只有唐代的谢小娥和明代白话小说中的蔡瑞虹等少数几个女子行动起来了，她们在受辱之后没有死，而是运用她们的智慧勇敢，坚决斗争，结果既为自己报了仇，也为社会除了害。这几个女子的行为倒是非常符合司马迁的原则。

大至一个国家、一个民族，小至一个团体、一个个人，总是要有点精神的。什么叫真理，什么叫荒谬；什么叫大公，什么叫小私；什么叫凛然正气，什么叫不正之风，这些是任何时候都要分明的。对于邪恶的东西要斗争，要消灭；对于美好的事物要爱护，要扶持。为此就要求善良的人们要有责任感、使命感，必要时甚至要付出血的代价。鲁迅曾说："我们从古以来，就有埋头苦干的人，有拼命硬干的人，有为民请命的人，有舍身求法的人……虽是等于为帝王将相作家谱的所谓'正史'，也往往掩不住他们的光耀，这就是中国的脊梁。"（《中国人失掉自信力了吗》）中国如此，任何一个国家也都是如此，如果没有这么一批前赴后继、大义凛然、勇于为真理正义而奋不顾身的人，那么这个国家就不可能立于世界民族之林。这是就大事、就大节而言的。反过来，在日常生活中，在一些非原则的问题上，往往就不必那么针锋相对，那么斤斤计较，以至于为一些无关紧要的事情去拼得你死我活了。当年毛泽东曾经说过："中国有两部大书，一曰《史记》，一曰《资治通鉴》，都是有才气的人在政治上不得意的境遇中编写的。看来人受点打击，遇点困难，未尝不是好事。当然这是指那些有才气，又有志向的人说的。没有这两条，打击一来，不是消沉，便是胡来，甚至去自杀，那便是另当别论。"（《毛泽东的晚年生活》）

本文发表于2010年4月5日《北京日报·理论周刊》文史版，
原题为《司马迁的人生观与生死观》，
作者时任北京师范大学教授、中国《史记》研究会名誉会长

戴胄：与唐太宗的生死之辩

林　乾

戴胄是唐太宗时期的著名大臣，明习律令，品性坚贞刚正，颇有治事之才。戴胄曾多次犯颜直谏，依据法律匡正皇帝的判决，折狱能析秋毫，言若泉涌，太宗更加倚重他。贞观七年（633年）戴胄去世，太宗为之辍朝举哀，因其宅舍简陋容不下祭丧，下诏为之立庙。房玄龄、魏徵与他关系友善，每到其生前所居之处，辄流涕不已。

▲戴胄（573—633年），唐太宗即位后，迁大理少卿、太子左庶子。生性忠直，犯颜直谏，迁尚书左丞。贞观三年（629年），代理吏部尚书，主持选官。转户部尚书、武昌郡公，参与朝政，位列宰相。图为清修《安徽休宁戴氏宗谱》所载戴胄像。

贞观元年（627年），戴胄与唐太宗之辩被天下传为佳话。当时，通过玄武门之变登上皇位的唐太宗急于建立自己的干部队伍，于是大张旗鼓，在全国招贤纳士。一时间，多年不得志的人，包括原来在隋朝做官者无不趋之若鹜。然而，选拔官吏的部门压力很大，因为他们无法一一核查每个人填报的履历真伪。情况反映上来后，唐太宗专门发布敕令，内容是自敕令发布之日起，伪造资历或官阶者自首免死，如果不自首，被查出来或被他人告发，一经核实，杀无赦。

敕令发布不久，有人举报徐州司户（主管民事的官员）柳雄伪造在隋朝的做官经历，蒙蔽朝廷才做了现在的官。有人劝柳雄自首，他却抱着侥幸心理回答说："伪造官阶的人肯定不止我一人，朝廷岂能一一查实？"最终竟不肯自首。自首期过后，大理寺查实柳雄伪造官阶罪名属实，按照太宗敕令，大理寺卿将柳雄判处死罪。

这时，戴胄作为次长官——大理寺少卿，坚决反对这样的判决，并按照大唐的基本律法判柳雄为流刑。案子呈上去后，唐太宗怒不可遏，下令法官去执行死刑。戴胄坚守法律，反复与唐太宗争辩，达四五次之多。

唐太宗对戴胄说："朕刚刚发布敕令，不自首者处死。你却断为流刑，这不是让朕失信于天下吗？难道你受了柳雄的贿赂要卖狱？"戴胄毫不退让，跟唐太宗争论说："臣为天下人捍卫律法，不敢有一毫之私，更不能玷污法律。陛下既然把案件交给大理寺审理，就要按照我大唐律法来判。柳雄伪造官阶，没有死罪，应该断以流刑。"唐太宗更加气愤地说："你遵守律法，将朕置于何处？我这个做天子的还有什么颜面？皇帝还有什么权威？"戴胄回答说："法者，国家所以布大信于天下也；言者，当时喜怒之所自发。陛下因为有人在选官时舞弊作假，就发一朝之忿，而发敕令杀人，这将置大唐国法于何地？陛下收回成命，表面上有损皇帝权威，实际上这才是让律法为天下臣民所信守，彰显国家的大信啊！”

戴胄一番话，浇灭了太宗的一朝之忿。唐太宗承认自己的做法不妥，对戴胄说：“法有所失，公能正之，朕何忧也！”柳雄最后被判处流刑。

《唐律》有“辄引制敕断罪”一条，实际解决了“权大”还是“法大”的问题。该法律规定：诸制、敕断罪，临时处分，不为永格者，不得引为后比。“辄引”是擅自引用。制和敕，是皇帝的命令。如果法官在审判时擅自引用皇帝的制、敕，而这些制、敕只是临时处分、不为永格，即没有载入法典中，这种情况下导致罪有出入者，以故失论。这条规定表面上是约束司法人员，实际上是约束皇帝的个人行为不能超越国家的根本大法：皇帝因为某件事下达指示，司法官员就援引作为判案的依据，这是禁止的，因为这样的“皇言”没有上升到法律层面。如果援引导致罪有出入，要以故失论，属于主观故意，要加重惩罚。戴胄对法律坚守的事例，还涉及一个大人物——对唐代立法做出突出贡献的长孙无忌。长孙无忌与唐太宗李世民是布衣之交，在玄武门之变中起到关键作用，加之其妹又是皇后，故地位尤为尊崇。史书记载，太宗时常召长孙无忌到寝宫议事，对其礼遇为其他群臣所不及。贞观元年（627年），长孙无忌拜为左仆射，即宰相。

一次，长孙无忌奉召入宫议事，由于事出急迫，竟然忘记把随身携带的佩刀解下来，而是直接进入东上阁门。这件事情在当时影响太大了，一时人们议论纷纷。唐太宗只好按程序把案子交给臣僚议罪。尚书右仆射封德彝认为：监门校尉失察，罪当死；长孙无忌误带刀入殿，应徒二年，罚铜二十斤以折罪。唐太宗认为所议恰当，想要采纳。但大理寺少卿戴胄不同意，他反驳说：“校尉是因为长孙无忌牵连而致犯法，不应该重判。如果援引他们二人所犯的是过失犯罪，那么从情理上来看是没有任何差别的，而对他们判处的结果却是生与死之间，这完全不同，臣非常冒昧，仍坚持原来的意见。”因戴胄固守原议，一再犯颜谏阻，唐太宗最后赦免了监门校尉的死罪。

回过头来看，长孙无忌“不解佩刀而误入阁”案，因为长孙无忌身份尊贵，所以不能完全按照法律条文来判决，而要由只有皇帝才能行使的“八议”予以特别处理。《唐律》在解释“议”字时指出：议者，原情议罪者，谓原其本情，议其犯罪。因而戴胄提出，唐太宗可以援引“八议”之条，赦免死罪。但监门校尉职位低贱，不属于“八议”适用范围，因此，完全按照法律条文来判处的话，就是死刑。这样就出现了问题：监门校尉与长孙无忌罪过相当，而且校尉是因为长孙无忌所误在前，即牵连犯罪，但判决却有生死之间的本质区别，这在情理上又行不通。于是，才出现了文中的判决结果。

本文发表于2015年5月18日《北京日报·理论周刊》文史版，
原题为《戴胄直谏明断案》，
作者时任中国政法大学教授

姚崇：三朝宰相，以不贪为宝

沈文凡

姚崇，本名元崇，曾改名元之。唐代陕州硖石（今河南南陕县）人。先后在武则天、睿宗、玄宗三朝任过宰相，并兼兵部尚书。姚崇吏事明敏，“以不贪为宝”，尤其是在玄宗时期，“以廉慎为师”“耸廉勤之节，塞贪竞之门”“首佐玄宗起中兴业”，协助玄宗革除了许多弊政，为开创“开元盛世”局面，促使唐代进入鼎盛时期做出了一定的贡献。

▲姚崇（650—721年），唐朝名相、著名政治家，曾任武则天、睿宗、玄宗三朝宰相常兼兵部尚书。提出《十事要说》，力主实行新政，推行社会改革，为“开元盛世”的出现，奠定了政治基础和经济基础。图为《历代古人像赞》所载姚崇像。

武则天时期伸张正义

姚崇少年时期风流倜傥，重视气节。年龄渐长，益发好学。万岁通天元年（696年），契丹攻陷河北数州，时军书纷集，姚崇“剖析若流，皆有条理”，被武则天看重，破格提拔为夏官侍郎，掌管全国的军政。不久，升为凤阁鸾台平章事（宰相）。

武则天称制时，重用酷吏，滥施刑威。酷吏周兴、来俊臣等，凶狠残暴，告密罗织，大兴冤狱。许多朝臣和李氏宗室被无辜杀死。因此，朝臣人人自危，甚至每次上朝前，都要与家人诀别，担心性命朝不保夕。姚崇苦心劝谏，终于说服武则天改变酷治，并于长安二年（702年）复按来俊臣等酷吏造成的冤假错案，为受害的官员“伸其枉滥”，“由是雪免者甚众”。

长安四年（704年），姚崇为相王府长史兼春官尚书（礼部尚书），掌管国家典礼等事。时武则天宠幸的张易之在定州（今河北定县）私立寺庙，因没有僧师，便从京师强迁十名大德高僧到定州。寺僧们对张易之的无理之举不满，向姚崇哭诉。姚崇下令停止迁移。张易之数次向姚崇请托，姚崇毫不惧其骄宠，坚决予以拒绝。结果姚崇遭张易之谗毁，被降为司仆卿，充任灵武道（今宁夏灵武西南）大总管。后又令姚崇为灵武道安抚使。

睿宗时期革除弊政

景云元年（710年）睿宗即位，启用姚崇。姚崇极力革除弊政。当时官僚机构臃肿，百官泛滥，铨官制度紊乱。特别是公主、后妃们，依势用事，大搞“斜封官”。所谓斜封官，就是皇帝受公主、后妃等的请谒，任意颁下敕书任命官员，用斜封交付中书省。她们的“以公器为私用”，目的是卖官利己，鬻法徇私，进而搞裙带关系，各树朋党，扰乱吏制，致使“政出多门”。任命官吏的政府机构形同虚设，庸碌之徒花钱就可以买到官，“虽屠沽臧获，用钱三十万，则别降墨敕除官”。这些人占据官位后，“忽事则不存职务，恃势则公违宪章，徒忝官曹，无益时政”。更具有讽刺意味的是，由于官职设得太多，滥官充溢，当时，宰相、御史及员外官办公时连座位都没有，故时戏称为“三无坐处”。政府机构的工作难以正常开展，混乱状况亟待整治，姚崇联合宋璟等上言：“先朝斜封官悉宜停废。”睿宗采纳了他们的建议，“罢斜封官凡数千人”。

同年，睿宗又以姚崇为兵部尚书，与宋璟两人负责铨选文武官吏。他们不畏强御，对“嬖幸用事，选举混淆，无复纲纪”的混乱状况大力整治，杜绝向皇帝请谒讨官的各种途径，使吏治有所改善，出现了“赏罚尽公，请托不行，纲纪修举”的清新局面。可惜好景不长，形势很快发生了变化。太平公主干预朝政，其时“宰相七人，五出其门”。她与诸王结为朋党，危害政局。

玄宗时提出著名的十项治国建议

开元元年（713年），初即皇位的玄宗召见了姚崇。姚崇针对历史遗留下来的种种弊政，提出了著名的十项治国建议：反对滥施刑威，主张以仁义治理国家，安定社会；反对穷兵黩武，追求边功；不准宦官干扰朝政；等等。十项建议成了玄宗开元时期的重要施政纲领。

姚崇为玄宗辅政，拨乱反正，大力整肃吏制，以任人唯贤、量才授职作为铨选官吏的主要标准。严格铨选制度，继续罢免以前的斜封官。对于用请托等不正当手段谋取官职的，不论是谁，姚崇都坚决予以制止。

开元二年（714年）二月，申王李成义向玄宗请托，要求把他府中的阎楚珪由录事（九品）破格提拔为参军（正七品），玄宗答应照顾。这是任人唯亲、违反官吏提拔程序的做法。对此，姚崇坚决反对。他和卢怀慎等上书，指出量才授官的权力应归属官吏任命部门，反对因亲故之恩就得以升官进爵，覆前朝冗官泛滥之辙，扰乱国家法纪。姚崇的力争，使玄宗收回成命。自此，向皇帝请谒讨官的恶习，大为收敛。

开元前期，姚崇虽身居宰相要职，但他并没有自己的专门宅第，全家人住在离朝廷很远的地方。他上朝处理政事后往往不能回家，只得就近住在一个叫罔极寺的寺院里。有一次，姚崇得了疟疾，只好叫家人到罔极寺来照料他。在寺里，他还带病协助源乾曜处理政务。“每有大事，上常令乾曜就寺问崇。”源乾曜和姚崇接触较多，对于姚崇严于律己、勤俭的生活作风深感佩服。他奏请玄宗让姚崇搬进四方馆（属中书省）住，玄宗当即批准。但姚崇感到四方馆豪华又藏有公文，不便住进去，坚决谢绝。玄宗感动地说：“设四方馆，为官吏也。使卿居之，为社稷也。恨不可使卿居禁中耳，此何足辞！”

开元九年（721年），姚崇去世。是时，国家经济状况比较好，社会上厚葬成风。三朝宰相姚崇却未随波逐流。去世前，他留下了遗令，告诫子孙不准崇佛敬道，不准为他厚葬。

姚崇作为封建社会地主阶级的政治家，在推进社会进步中之所以能起到一定的作用，与当时向上的社会氛围有关，与唐太宗时期魏徵等正直清廉的官吏的影响有关，与唐玄宗前期识贤任贤有关，更与他自己的为政思想有关。《十事要说》敏锐、准确、及时地提出了治国纲领。《五诫》既是他自身品格的表露，又是他吏治思想的集中体现。

姚崇一生为政，言行一致，以身作则，为人师表，深得玄宗和大臣们的推许，也影响了后代。元和十四年（819年），唐宪宗问宰相崔群："玄宗之政，先理而后乱，何也？"崔群回答说：玄宗用姚崇、宋璟则理，用李林甫、杨国忠则乱，"故用人得失，所系非轻"，对姚崇和宋璟的为政还念念不忘。

本文发表于2020年6月22日《北京日报·理论周刊》文史版，
原题为《三朝宰相姚崇：耸廉勤之节，塞贪竞之门》，
作者时任吉林大学文学院教授、博士生导师

宋璟：居官鲠正，为政清廉

沈文凡

宋璟，唐代邢州南和（今属河北）人。他在武则天、唐中宗、唐睿宗、唐玄宗四朝都担任过重要官职。开元四年（716年），宋璟接替姚崇的宰相职后，“善守法持正”，对推进“开元之治”起了重要作用。史称“唐世贤相，前称房、杜，后称姚、宋，他人莫得比焉”。《容斋随笔》把他和汉唐两朝另外七位著名的宰相萧何、曹参、丙吉、魏相、房玄龄、杜如晦、姚崇一起誉称为“汉唐八相”。

▲宋璟（663—737年），唐朝名相，一生为振兴大唐励精图治，与姚崇同心协力，辅佐唐玄宗开创“开元盛世”。图为《历代古人像赞》所载宋璟像。

宋璟少时耿介有大节，年稍长，博学多闻，擅长文章。二十岁中进士，累迁凤阁舍人。其人最大特点是居官鲠正，一身正气。

长安三年（703年），武则天的宠倖张易之、张昌宗兄弟，诬陷宰相魏元忠有“不臣语”。魏元忠因此被打入大狱。张昌宗又威胁利诱凤阁舍人张说出来做伪证。宋璟不惧淫威，坚持正义，劝阻张说："名义至重，鬼神难欺，不可党邪陷正以求苟免！"告诫他应说实话。宋璟以自己的生死代价做保证：若有杀身之祸，一定扣阁力争，冒死营救，不成功，则同死！张说感受到了一股刚正之气，俱以实告，坚持不做假证，使魏元忠免遭杀害。

后来，宋璟做了宰相，但他依然保持着犯颜直谏的好作风，深得玄宗嘉许。一次，朝廷举行春宴会，玄宗令身边侍臣把金箸赏赐给宋璟，宋璟"莫知其由，未敢陈谢"，玄宗向他解释说："非赐汝金，盖赐卿之箸，表卿之直也。"这就是后来传诵的"金箸表直"的佳话。

中宗即位后，宋璟迁为黄门侍郎，仍不改"鲠正"之风。神龙元年（705年），武后的侄子武三思恃宠，请托宋璟，被宋璟严词拒绝。后来，中宗行幸西京，令宋璟检校并州（今山西太原西南晋阳城）、贝州（今河北南宫东南）两州刺史。当时河北频遭水灾，粮食歉收，百姓饥馁。武三思的封邑在贝州，但他置百姓的生活于不顾，仍派专使臣到贝州征收租赋，搜刮民膏。当地百姓已无力承受这种盘剥。宋璟当时处于受贬的位置，但他首先替百姓考虑，不惧武三思势大压人，拒绝来使，拒交租赋。百姓的生活困难因而在一定程度上得到了缓解。从此，宋璟更受武三思的排挤，调任杭（今浙江杭州）、相（今河南安阳）二州刺史，"在官清严，人吏莫有犯者"，受到百姓的欢迎和爱戴。

景云元年（710年）睿宗即位。迁宋璟为吏部尚书，同中书门下三品。“（宋）璟与姚元之（姚崇）协心革中宗弊政，进忠良，退不肖，赏罚尽公，请托不行，纲纪修举，当时翕然以为复有贞观、永徽之风。”官僚机构臃肿，冗官泛滥，铨官制度紊乱等一系列吏治上的弊病，从中宗景龙以来就十分严重。特别是公主、后妃们，依势用事，大搞“斜封官”。宋璟和姚崇在睿宗时，就着手整治吏治上的弊病。景云元年，宋璟和姚崇等上言：“先朝斜封官悉宜停废。”睿宗采纳了他们的建议，罢斜封官凡数千人。同年，睿宗又任姚崇为兵部尚书、宋璟为吏部尚书，负责铨选文武官吏。他们不畏强御，对“嬖幸用事，选举混淆，无复纲纪”的混乱状况大力整治，遏制向皇帝请谒讨官的各种途径。因而，一个时期内恢复了“三品以上官册授，五品以上制授，六品以下敕授，皆委尚书省奏拟，文属吏部，武属兵部”的好的“旧制”，吏治有所改善。

睿宗即位之初，太平公主挟持睿宗干预朝政，其时“宰相七人，五出其门”，宰相大都在她的控制之下。她与诸王结成朋党，交构其间。宋璟与之斗争，被贬为楚州（今江苏淮安县）刺史。又历任魏、冀、兖三州刺史，河北按察使，幽州都督，御史大夫，又出为睦州刺史，转为广州都督。宋璟为人正直，不阿附权贵，“玉立冰姿”，所任皆有政绩。在广州任职期间，关心民瘼。广州旧俗，皆以竹茅为屋，屡有火灾。宋璟教人烧瓦，改造店肆，自此无延烧之患。人皆怀惠立颂，以纪其政。

开元四年（716年），玄宗任命广州都督宋璟为刑部尚书，西京（西安）留守，并派杨思勗去迎接宋璟。一路上，宋璟竟没与之交言。杨思勗是个宦官，一向贵幸，对宋璟不愿与他交结很感恼怒，归而诉诸玄宗。玄宗嗟叹良久，更看重宋璟耻于谄媚的品格了。史家赞美为“风度凝远，人莫涯其量”。

开元五年（717年），玄宗巡视东都洛阳，途经永宁（今河南洛宁）崤谷，驰道狭窄，车骑拥挤，难于前行。玄宗生气，下令罢黜河南尹李朝隐、知顿使王怡等人的官职。宋璟却从另一方面思考，若是罢黜李朝隐、王怡，换上其他人，道路也许会修好，但必定以劳民伤财作为代价。因此，他劝谏玄宗，不要因道路不好而治罪臣下，免得惊扰百姓。玄宗收回了自己的成命。

开元七年（719年），玄宗的“藩邸故吏”妻舅王仁琛，向玄宗求取高官。玄宗为他开后门，令与五品官。宋璟反对，劝谏玄宗：“王仁琛已得到很多恩宠，若再随意提拔，则不公平。王仁琛若确有才能，应经吏部检勘，注拟后才可授官。”经宋璟阻拦，玄宗取消了原来的任命。

宋璟“当官正色”，反对阿谀逢迎。他在广州任都督期间，为当地做了很多好事，当地官民要立颂碑纪其政德。但宋璟严于律己，坚决反对为他立颂碑。宋璟向玄宗“请敕广府即停”，下诏制止立碑。“于是他州皆不敢立”。

玄宗朝承袭旧制，皇帝、宰相每年都要听取各地方派来的使者的工作汇报。这些使者当时称为朝集使。朝集使们来京的时候，带来许多珍贵的各地名产，送给权要，以求进达。每到第二年春天要返回各地任所时，这些朝集使一个个都升官晋级了。宋璟看到这种现状，深以为忧，上奏玄宗，请勒令退还一切礼物，以革其弊，绝其侥求之路。

宋璟“为相，务在择人”，在任用官吏上，不着私人感情色彩，而是细致地考察每个人的实际情况，甚至连人的性格特征也列入考察范围之内，使百官真正做到各称其职，利国利民。

开元七年（719年），玄宗岳父王仁皎死了，其子请求厚葬，为其筑坟高五丈二尺。宋璟阻止，认为社会上务奢之风正盛，皇亲国戚更应收敛。他说：“俭，德之恭也；侈，恶之大也。僭礼厚葬，前世所诫。”坚决阻止了这次厚葬。

开元二十年（732年），宋璟上《乞休表》请致仕。开元二十五年（737年），宋璟离世，终年七十五岁。

宋璟的德才和政绩在其生前就被人充分肯定，后来的史学家也给予了他恰当的评价。在开创、推进“开元之治”中，宋璟起了重要作用。

本文发表于2021年1月4日《北京日报·理论周刊》文史版，
原题为《居官鲠正、为政清廉的宋璟》，
作者时任吉林大学文学院教授、博士生导师

陆贽：为政不背人情债

刘绪义

▲陆贽（754—805年），字敬舆。唐朝著名政治家、文学家、政论家、宰相。陆贽为中唐贤相，其学养才能、品德风范，深得当时及后世称赞。图为《三才图会》所载陆贽像。

唐贞元三年（787年）的一天，东都洛阳的官员、豪绅富商们都早早地赶到嵩山的丰乐寺，不为别的，就为祭奠一个人。这个人虽不是什么达官贵人，却是一个达官贵人的母亲。这个达官贵人名叫陆贽。

陆贽何许人也？苏轼称赞他“才本王佐，学为帝师”。陆贽，字敬舆，苏州嘉兴人。陆氏本为江南望族，只可惜陆贽出生时，家道已经衰落。然而，陆贽很有才，大历六年（771年），年仅十八岁即高中进士，先后担任华州郑县（今陕西华县）县尉和渭南县主簿。

唐德宗即位后，即征召他担任翰林学士、监察御史，参与机务，成为德宗极为倚重的近臣，虽无宰相之位，却被称为“内相”。陆贽协助德宗走出泾原兵变危机，挽大唐江山于将倾，时人呼为“救时内相”。

这一年，陆贽的母亲因病去世，他按照规定回乡“丁忧”守孝，经过洛阳，陆贽将母亲的灵柩停于东都洛阳嵩山的丰乐寺。洛阳当地官员、豪绅富商们听说后，自然不会放过这个千载难逢的结交机会，于是纷纷带着奠礼登门拜祭。然而，这些前来拜祭的官员商绅却吃了一次闭门羹。对于当地官员、商绅的做法，陆贽毫不领情，他一口回绝说：“家母过世，是我的私事，诸位与我非亲非故，仅只是宦途之交，你们厚馈的奠礼我是绝对不能收的，请诸位拿回去吧！”无奈，碰了一鼻子灰的官员商绅们，只好悻悻而去。

事实上，陆贽为官清廉，不事积蓄，丁忧期间生活常常捉襟见肘，最后靠朋友韦皋的资助，才渡过了给他母亲治丧、守制的难关。

陆贽的做法，毫无疑问引起了很多人的不解甚至不满，唐德宗听到这些议论后，在一个极私密的场合，对陆贽说：“你的清廉和谨慎也有点太过分了吧。各地官员到长安来，给你送一些礼物，那是人之常情。你全都拒之门外，一点都不接受，那是很不近人情的。其实，如果送你一根马鞭、一双皮靴之类的小礼物，你就收下好了，也是无伤大雅的。”

没想到，德宗的这一番启悟，不仅没有使陆贽改弦更张，第二天，德宗还收到了陆贽的一份奏章，正儿八经地回复了皇帝：“官员接受贿赂，哪怕只有一尺布，也算犯罪，必须惩处，更何况是身为百僚之长的宰相，岂可开此方便之门？受贿之门一旦打开，欲望一定膨胀，一开始是马鞭和靴子，接下来就是黄金和美玉；眼前有种种诱惑，内心又岂能不乱？”

因此，接受“鞭靴”之类的馈赠，绝对不是“受亦无妨”的小事，因为“伤风害礼，莫甚于私；暴物残民，莫大于贿”，上梁不正，焉能使下梁不歪？

为政不背人情债，并非不讲人情。但是，靠金钱来维系人情，维系的只是肤浅的关系、表面上的一团和气，相反却正是腐败产生的土壤。它助长了人际关系中的算计，将真正的人情庸俗化。陆贽心里很清楚，假如自己是丢官回乡，那些官员富绅还会因为母亲去世而争着来拜祭吗？

陆贽对此有着自己清醒的头脑：“利于小者必害于大。贿道一开，展转滋甚，鞭靴不已，必及衣裘……必及金璧。”不难明白，其实很多腐败都是从人情开始的。刚开始很小，慢慢地就大了起来；刚开始用私款，慢慢地就会用公款。

在民间也一样，“人情是笔债，提起锅来卖”。很多人砸锅卖铁，就是受人情之累。官场何尝不是如此，官员的人情来往要远远大过民间百姓，总有一天会入不敷出，到时就会打公款的主意，历史与现实中的教训还少吗？

本文发表于2018年7月23日《北京日报·理论周刊》文史版，
原题为《“利于小者必害于大”——
唐代官员陆贽“为政不背人情债”》，
作者时任长沙税务干部学院教授

范仲淹：天地间第一流人物

程民生

范仲淹被誉为“本朝人物第一”，甚至有人推崇其为“有史以来天地间第一流人物！”凭什么？不说他作为政治家主持的“庆历新政”，不说他作为学问家是开启宋学的先驱，不说他作为军事家在西北边防主持军政时的民谣：“军中有一范，西贼闻之惊破胆！”不说他作为文学家的诗句“江上往来人，但爱鲈鱼美。君看一叶舟，出没风波里”，仅凭“先天下之忧而忧，后天下之乐而乐”，就足够了！一句话把中国人的精神境界提高了几个刻度，成为中华文明史上一笔宝贵的精神财富，一千年来，鼓舞了多少仁人志士！

▲范仲淹（989—1052年），字希文，北宋时期杰出的政治家、文学家。范仲淹在地方治政、守边皆有成绩。其文学成就突出。他倡导的“先天下之忧而忧，后天下之乐而乐”思想和仁人志士节操，对后世影响深远。图为《三才图会》所载范仲淹像。

范仲淹很伟大，也很幸运。这取决于特殊的时代——北宋，也取决于其生活的地区苏州。即使是他主政过的泰州，也非同小可。泰州濒临黄海，是宋代最主要的海盐生产基地，盐产质高量大，利润丰厚，是国家财政的重要来源之一。况且，由于土肥水美，农业生产也颇发达。例如，州治所在的海陵县，据范仲淹记载，“邑之田特为膏腴，春耕秋获，笑歌满野，民多富实，往往重门击柝，拟于公府”，居民富裕欢乐。生产有优质稻米“泰州红”，诗人有“饭馈海陵红稻软”“香粳炊熟泰州红”之赞赏，品种流传到外地和后代。文化气氛浓郁，教育普及，居民文质彬彬，史称：“虽穷巷茅茨之下，往往闻弦诵声”“俗务儒雅”。

在北宋前期，泰州可不是这样的。经常遭受海潮的摧残，严重影响了盐业和农业生产。《宋史》云：至本朝天圣改元，范仲淹为泰州西溪盐官日，风潮泛溢，渰没田产，毁坏亭灶，有请于朝，调四万余夫修筑，三旬毕工。遂使海濒沮洳泻卤之地，化为良田，民得奠居，至今赖之。

另有记载说，江淮发运副使张纶在泰州修复了久废不治的捍海堰，大片农田重新耕种，“复租户万二千七百”，故而“州人感之，为立生祠”，被誉为“国朝言水利者”“有绩效之最”。这一功业的建立，实际上是两人合作完成的。范仲淹有创意、规划、兴工之功，但因为母守孝离职，未能完成。张纶则有领导、支持、完成之功。毕竟，范仲淹官太小，只是一个县级“国企”的老总，张纶则是其厅级上司。虽然“功成不必在我”，但当地百姓千百年来，一直把这座捍海堰称作“范公堤”。

这样的人物，太正；这样的背景，太平；这样的事件，太偏，不好写小说。毕竟，一个太平年代的文官，不像战时的杨家将、岳飞那样英武、冤屈的武将，可以硝烟弥漫、血光剑影、曲折跌宕，有感官刺激；更不像李师师、李清照、梁红玉那样的美丽女子，光名字就抢眼球。一个建筑工程，再艰难再重要，也很“理工男”，读者买账吗？可是，《范公堤》的作者太爱这个人物，太爱这片土地，好像有使命在催促，有灵感在涌动，无论如何，也要让范仲淹的人文光芒照亮当代，让优秀传统文化的亮点高光不被湮没。

如何让尘封黄卷中的历史鲜活起来？像让枯木逢春一样，要水和阳光来滋养，这就是作者的心血，以及历史的细枝末节，文学的添油加醋。大如议政论道，小如精通盐业，外则熟悉宋史，内则深邃儒典，明应谙识古文，暗当洞悉吏道，都是作者所需，而在《范公堤》中体现出来。文学的细节自是创作，不需外行置喙。

在正史本传里，仅有范仲淹“监泰州西溪盐税”七个字，这就是历史；《范公堤》一书则有二十余万字，这就叫小说。从那无血无肉的七个字中，我们看不到任何有价值、感兴趣的东西。本书则把历史文学化，把人物鲜活化，把事实情节化，把宏大的主题生活化，入眼入心，抵得上史学家的千言万语。

就大众影响而言，自古史学拼不过文学，史实拼不过小说戏剧。司马光之名路人皆知，不是因为《资治通鉴》，不是因为“元祐更化”，而是因为小时候砸了一口缸。周敦颐出名，也不是因为太极图以及哲学贡献，而是一篇《爱莲说》。

宋今荏苒千年，沧海桑田，差异大矣。有古不如今者，有今不如古者。所以，当代有复兴优秀传统文化的需要和号召。

优秀传统文化的高峰在哪里？史学大师陈寅恪指出："华夏民族之文化，历数千载之演进，造极于赵宋之世。"从这个角度来说，其中无疑有范仲淹的贡献。他"先天下之忧而忧，后天下之乐而乐"的情操，具有永恒性，历久弥新，虽为"古心"，未尝不是"初心"的源流。

万物离不开阳光。在精神领域，范仲淹及其精神也是一丝阳光。这丝阳光，在宋代西溪、现代盐城格外温暖明亮。那道丰碑般的范公堤造福后代，经历朝增修，迄今已长达二百九十公里；为纪念晏殊在西溪任职时写下"无可奈何花落去，似曾相识燕归来"的千古名句，范公建了一座"仰止亭"，西溪百姓后来称为"范公读书亭"。现今的盐城，是江苏沿海中心城市、长三角新兴的工商业城市，雄踞黄海岸边。我想，这里难道没有范仲淹的遗泽吗？盐城拥有江苏最长的海岸线、最大的沿海滩涂、最广的海域面积、最长的宜港岸线、最丰富的能源资源、最深的开发腹地，这些"最"的资源、名声以及难以估量的前景，可以告慰范仲淹了吧？

范仲淹虽渐行渐远，却越来越高大。《范公堤》描述的尽管只是他的一个片段，但展示的已如一座高峰。山太雄伟，一般人登到半途就乏力了，那么，仰望一下，哪怕遥望一下，也是好的。

本文发表于2020年7月13日《北京日报·理论周刊》文史版，
原题为《范仲淹："有史以来天地间第一流人物"》，
作者时任河南大学历史文化学院教授

欧阳修：从读书人到政治家

赵冬梅

“明主之吏，宰相必起于州部，猛将必发于卒伍”，语出《韩非子·显学篇》，强调基层历练对于高级人才培养的重要性。一个宰相没有实实在在的基层工作经验，终归还是要差很多的。

北宋名臣之中，欧阳修的体会一定是极深的。在那个以锦绣文章博取进士科名、以进士科名决定官场前途的时代，欧阳修实在是太出类拔萃了。所以，他很年轻就进入中央成为皇帝的文馆侍从，本来不可能再有基层县政经历了。他三十岁出任峡州夷陵县（今湖北宜昌）令，则全然出于政治迫害，是当权者排斥异己的结果。然而，这段县令经历，后来却被欧阳修终生视若珍宝。

▲欧阳修（1007—1072年），字永叔，北宋政治家、文学家。他领导了北宋诗文革新运动，开创了一代文风。在史学方面，也有较高成就。图为《三才图会》所载欧阳修像。

欧阳修初到夷陵，想要找一本《史记》或者《汉书》来打发时间，可是搜遍了夷陵县衙和私人书橱，竟然一无所获。《史记》和《汉书》是当时最常见的历史书，夷陵之偏僻落后，由此可见。联想到首都开封的繁华舒适，欧阳修倍感凄凉。但是，接下来所发生的事情，则让欧阳修彻底忘掉了个人的不幸。

找不到书，欧阳修只好拿了“陈年公案”反复阅读，结果却读出了一身又一身冷汗。但见其中冤假错案不可胜数，“无中生有的，颠倒黑白的，徇私枉法的，灭亲害义的，无所不有”。欧阳修惊呆了，夷陵这样一个荒凉偏远的小县竟然如此，那么，整个宋朝又当如何，是可以想象的。他放下卷宗，对天发誓：从此之后，对待任何事情都绝不敢马虎！就在那一刻，欧阳修完成了从读书人到政治家的伟大跨越。

欧阳修后来官至副宰相。他晚年回顾夷陵的经历时，曾说，到今天三十多年了，我遍历中央和地方，甚至做到了三公，都是拿“不敢马虎”这句话来自励的。今天别人看我，都以为我是因为文章写得好才有这地位；我看我自己，谅必是当时在夷陵那一句誓言的回报啊！

欧阳修做过开封知府，他的前任是著名的包青天包拯。包拯的作风是“以威严御下，名震都邑”，的确是“黑脸”的。欧阳修的作风却是“简单平易，一切按道理来，不追求赫赫之名”。有人劝他向包拯学习，欧阳修回答说：“每个人才能脾气不同，不能强求一律。”这是个很谦虚的说法。事实上，欧阳修对于地方官的“治民”施政，有着独到而深刻的见解，他认为，治民就像是医生治病。有的医生派头极大，说得天花乱坠，可是药到病不除，远不如衣着简朴、言语木讷而药到病除的。治民，不管他的才干是否出众、政策措施是否漂亮，但民称便，即是良吏。

判断一个官员是否是良吏好官的唯一标准，是老百姓是否觉得方便，这就是欧阳修的政绩观。这种政绩观的结果就是不求政绩。欧阳修当过好几个州的长官，从来没有像样的政绩，也不求声誉，治理风格宽松简单，不扰民。曾经有人向他请教“为政宽简而不荒废事务”的秘诀，欧阳修回答说，我所说的宽，是不苛刻急切地去满足上司的要求，我所说的简，是不要烦琐细碎什么都管。那么，欧阳修宽简治民的效果如何呢？“所至民便，既去民思”，在任时老百姓觉得方便，离任后老百姓怀念。

作为当时的文坛领袖，很多晚辈后生慕名求见，欧阳修也乐于接见，然而，他从不谈文章怎么写，却喜欢讲做官的道理。为什么呢？用欧阳修自己的话说，“文章止于润身，政事可以及物”。“润身”是指增强个人修养，“文章”的作用其实也止于“润身”——当然，作为文章大家，欧阳修完全有资格这么说，那是他的谦虚，也是他的骄傲。所谓“政事可以及物”，是说政府的决策、官员的行为会影响治下每一个老百姓的福祉，所以，拥有行政权力的人必须审慎，“对待任何事情都绝不敢马虎”——这是欧阳修践行终身的誓言。

本文发表于2015年2月16日《北京日报·理论周刊》文史版，
原题为《县令欧阳修》，
作者时任北京大学历史学系副教授

司马光与苏东坡的友谊

莫砺锋

北宋哲宗元祐元年（1086年）七月初二，众大臣在朝中商议役法。宰相司马光主张废除王安石变法时确立的“免役法”，恢复从前的“差役法”。时任中书舍人的苏东坡认为免役法利弊参半，而且已经实施多年，只要革除其弊端即可，不一定要彻底废弃。司马光执意不听。东坡觉得司马光过于固执，散朝后气呼呼地回到家中，连声呼曰：“司马牛！司马牛！”司马牛本是孔子弟子之名，但是东坡此时并非用典，而是指责司马光脾气倔强，有如犟牛。此事的是非曲直究竟如何呢？

▲司马光（1019—1086年），字君实，北宋政治家、史学家、文学家。宋神宗时，反对王安石变法，离开朝廷十五年，主持编纂了编年体通史《资治通鉴》。图为《三才图会》所载司马光像。

司马光本是与东坡同进同退的政治盟友，也是识拔东坡的前辈大臣。早在熙宁二年（1069年），司马光就推荐“文学富赡，晓达时务，劲直敢言”的东坡为谏官。两年后，司马光又上书神宗，自承“敢言不如苏轼”。东坡终生与司马光保持着亲密的关系，尤其是在旧党失势之时，两人互通声气，以节义互相勉励。

可是，东坡反对新法，完全是出于公心。当新法正在势不可当地推进时，他力挽狂澜，坚决反对。但一旦时移势异，新法遭到全面废除时，东坡又挺身而出，呼吁保留其中的合理部分。元丰八年（1085年），新党失势，司马光东山再起，就像当年王安石雷厉风行地推行新法一样，司马光也以同样的热情和效率废除新法，从本年七月罢保甲法始至次年八月罢青苗法止，一年之内，新法被全部废除。东坡就在此时离开黄州贬所返回朝廷，并升任中书舍人。按理说久遭贬斥的东坡应该额手以庆了，可是他却力主对新法也要择善而从，反对司马光废除免役法。

当年王安石的新政把差役法变为免役法，废除以前按户等轮流服役的劳役制度，改成由官府出钱募人充役，原来承担差役的人户则按等缴钱，称为“免役钱”，就样做于公于私，都方便易行。但是免役法同时又规定，原来不承担差役的城市坊郭户、农村里特别穷苦的未成丁户、单丁户、女户以及官户、寺观等也要缴纳数量减免一半的“助役钱”，这就对社会上最穷苦的若干人户有所损害。长期担任地方官并曾贬居黄州四年多的东坡对此洞若观火，所以他认为“差役、免役各有利害”。既然如今免役法已经施行近二十年，吏民都已习惯，东坡就主张“尽去二弊而不变其法，则民悦而事易成”。可是司马光根本听不进任何不同意见。最后免役法还是被废除了，但东坡这种一心为公、不阿权贵的凛然风节则永垂史册。

与东坡形成鲜明对照的是蔡京。蔡京当时任职开封府，当他获悉司马光有意废除免役法时，便看准机会进行投机，竟在五日之内命令开封府属县的百姓千余人以充差役，以此证明差役法之可复，来向司马光献媚。司马光未察其奸，称赞蔡京说："使人人奉法如京，何不可行之有？"司马光做梦也不会想到，八年之后支持新党恢复免役法最卖力的也是蔡京，而十六年后诬称司马光为"元祐奸党"之首恶，且亲自书写"元祐奸党碑"碑文的也正是蔡京！

东坡与司马光的交谊建立在共同的政治信念的基础上，他们之间的争论堪谓君子之争，政见的分歧并未损害他们的友谊。就在二人争论免役法之后两个月，司马光病卒。东坡不胜悲痛，先作祭文曰："呜呼，百世一人，千载一时！"又作行状，除了缕陈司马光的政治功绩外，特别表彰其崇高品行："公忠信孝友，恭俭正直，出于天性。自少及老，语未尝妄，其好学如饥渴之嗜饮食，于财利纷华，如恶恶臭。诚心自然，天下信之。"又作神道碑，叙司马光东山再起的晚年事迹曰："公来自西，一马二童。万人环之，如渴赴泉。……为政一年，疾病半之。功则多矣，百年之思。"三篇哀吊之文都对司马光的功绩、人品给予极高的评价。所谓"司马牛"者，不过是二人交往过程中转瞬即逝的一个小插曲而已。

本文发表于2020年1月6日《北京日报·理论周刊》文史版，原题为《政治与友谊——关于司马光的"司马牛"称呼由来》，作者时任南京大学文学院教授

王安石：中国古代官员中的一股清流

范立舟

穿着饮食，从不在意

王安石变法，激起各利益攸关方的思想和情绪的反弹，在对王安石及其事业的批评意见中，最为刺耳的则是对王安石人格与人品的反面看法，尤其以苏洵所写的《辨奸论》最具代表性。

▲王安石（1021—1086年），北宋时期政治家、文学家、思想家、改革家。熙宁二年（1069年），被宋神宗升为参知政事，次年拜相，主持变法。王安石潜心研究经学，著书立说，创“荆公新学”。图为清朝上官周《晚笑堂画传》所载王安石像。

《辨奸论》中使人印象深刻的是对王安石生活习性的刻画及通过这样的刻画暗示王安石的“不近人情”。比如，《辨奸论》里暗示王安石衣垢忘浣，面垢忘洗，其实，这一点并非完全出自毫无依据的面壁虚构和不着边际的造谣。

王安石性情简率，不事修饰，衣服垢污，饮食粗恶，从不在意，甘守淡泊，排斥虚华。王安石在出任参知政事（副宰相）前，曾与友人一同到寺庙里洗澡，友人偷偷地给他准备了一件新衣服，并把他的旧衣服拿走了，等到王安石出浴，友人的随从就将新衣服拿给他穿上，但没有告诉他实情。王安石很自然地就穿上了，却没有任何异样的表情。

王安石在饮食上的表现更是让人忍俊不禁。王安石做了参知政事后，有人讲他喜欢吃獐肉干，王安石的夫人听说后就很困惑，说王安石平日对饮食从来不挑挑拣拣，怎么突然喜欢吃獐肉干，就问负责王安石饮食起居的随从是怎么回事。随从回答说相公每次吃饭不吃别的东西，只吃獐肉干。王安石的夫人就问，吃饭时你们把獐肉干放在哪个位置，随从回答说放在最靠近筷子的地方。王安石的夫人就说，明天吃饭时你们把别的食物放在靠近他筷子的地方试试。后来果然靠近筷子的食物吃完了，獐肉干却剩下了。大家这才明白，王安石对食物并没有特别的喜好，什么东西放在他跟前他就吃什么。

王安石招待亲属，饮食也很俭素。王安石当宰相后，亲戚的一个儿子到京师办事，顺便拜访了王安石，王安石请他吃饭。第二天，他穿戴整齐去了，心里想着宰相必然是好酒好肉地款待自己。然而日头过午，王家的随从端上了一些烧饼和蔬菜，还有少许的酒和烤肉，接着马上就上了米饭，旁边放置着菜羹。他因为与王安石有亲戚关系，平时又颇为骄纵，只吃了几枚烧饼，而且只吃烧饼的中间部分，却把烧饼的四周留下了，王安石神情自若地将他吃剩下的烧饼的四周都吃了。此人因此感到非常惭愧。

专心工作，俭约生活

王安石用心太专，不是沉思于学术，就是用心于政事，对生活细节完全是粗线条处置，以至于有人看他生活太简朴，怀疑是他伪装的。这就有些以小人之心度君子之腹的味道了。其粗线条的生活态度，也包括他的个人卫生习惯，比如很长时间不洗澡，衣服脏了也不及时浣濯。原本，王安石这种俭约的生活作风和专心致志的工作态度，是被当时人赞许的，“性不好华腴，自奉至俭，或衣垢不浣，面垢不洗，世多称其贤”。

自苏洵《辨奸论》一出，尤其是变法全面铺开后，随着反对的声浪越来越高，士大夫阶层对王安石的评价越来越低，逐次趋向人身攻击。他们把王安石看作有异于人类的动物。王安石年轻时，身上的皮肤像蛇皮一样，他的几位舅舅看不起他，暗地里议论王安石说，这个家伙今后也想做官吗？朝廷内士大夫对王安石的丑化更加恶毒，傅尧俞说王安石出生的时候，有一只獾进入了他的房室，过了一会儿又不知所终，所以王安石的父母给他取了一个小名叫獾郎。有一位官员问当时的道士王仔昔，王安石为什么没有后代？王仔昔说，王安石是天上的野狐精，怎么会有后代？獾与狐都是小型哺乳类动物，但都被用来诋毁王安石的人格。对所要贬损的对象从外貌上进行丑化，是古代政治斗争常采取的手段之一。但是直接将政治对手指斥为不是人类，就未免太过分了。

黄庭坚虽然反对王安石变法，并因此而遭到贬谪，但是他对王安石本人的学识和道德水平却既欣赏又敬佩。他曾说：“余尝熟观其风度，真视富贵如浮云，不溺于财利酒色，一世之伟人也。”

讲求自律，修身讲求“内得于己”和“自治”习惯的养成

王安石虽曾位极人臣，尊荣无比，但却简朴低调。熙宁九年（1076年）第二次罢相后，他回到南京居住，起初还有个“判江宁府”的官衔，但他一直没有到知府衙门去视事，到第二年六月，他连这个官衔也辞掉了。他在江宁府城东门到钟山的半道上为自己建造了住宅，晨暮诵读不辍，过着山林隐士和乡间老翁一般的清平生活。平日骑一头驴，带着僮仆游览山中寺庙。想进城，就乘小船，未曾乘马和乘轿。所居之地，四面没有人家，那座房子也不过仅能避风遮雨，又没有围墙，看上去就像一座旅舍，有人劝王安石修建垣墙，他以沉默做答复。

元丰八年（1085年），王安石生了病，以舍宅为寺，宋神宗赐名报宁寺。又过了一段时间，他的病痊愈了，就在江宁府城中租了几间屋居住，竟然没有再建屋宅。

受过苏轼“乌台诗案”牵连，受变法派政治打击的王巩有过一段关于王安石晚年生活的记载，其大意是：王安石回到金陵，居住在钟山脚下，出门就骑一头驴。我曾经拜访过他，我退出以后，看见他骑驴而出，一个随从牵着这头驴，我问王安石准备到何处去，他回答说，如果随从在驴的前面，就听从随从的意见，到哪里去都行；如果随从跟在驴的后面，就“听从”驴的意见。出门后，或坐于松石之下，或访问田野耕凿之

家，或入寺庙。随行的时候也带着书，或骑在驴背上读，或小憩时诵读，用一条布囊装着十余块饼，自己吃完了，就让给随从吃，随从吃完了，就给驴吃。遇见田野间人持饭奉献的情况，王安石也欣然接受。

在宋代官僚阶层中，三妻四妾实为常见，但王安石无姬妾、无侍女，亦不储家妓，在官邸相府也没有营妓和官妓。夫人吴氏曾经为他买了一位侍妾，当他了解到事情原委（“妾之夫为军大将，部米运失舟，家资尽没犹不足，又卖妾以偿”）后，通知了她的丈夫，令其夫妇相聚，并且赏赐给他们不少钱财。以上这段记载，出自对王安石人格及其事业百般诋毁和丑化的邵伯温之手，尽管邵氏极力丑化王安石，但对王安石的素养，有时也不得不做出另一番解释：“王荆公天资孝友，俸禄入门，诸弟辄取以尽，不问。”

王安石重德轻色，在北宋士大夫中显得特别突出。一次，王安石经过扬州，他的朋友刘敞做地方官，强留他住几天。晚上宴会时，刘敞把官妓叫出来歌舞，王安石神色大变，坚决不肯就座。刘敞与他辩论很久也无法说服他，只好去除官妓的陪伴，王安石这才落座。

王安石为人严谨，将人的品德、操守、气节纳入修养功夫来考量。节制欲望、以理统情在王安石看来是提升精神境界之必有途径。他讲求自律，主张“圣人内求”，修身讲求“内得于己”和“自治”习惯的养成。“圣人内求，世人外求。内求者乐得其性，外求者乐得其欲。”

王安石终身保持着好学的精神，宋人一向予以高度评价，即便是他的政敌也都不否认。他酷爱读书，即便在寝食之间都手不释卷。有一天，王安石大会宾客，他忽然大笑，人们诧异而问其故，原来是他突然想到了《周易》两个卦的意思。这种对知识的痴迷，难道不是世间最宝贵的精神吗？

对自己所从事的事业拥有坚定信念，有排除一切阻力的勇气和高风亮节的操守，以及好学不倦的精神和廉洁自律的态度，王安石不失为中国古代官员中的一股清流。

本文发表于2018年4月9日《北京日报·理论周刊》文史版，
原题为《以理统情：王安石的自律与内求——
从政治对手的评价看王安石日常生活的廉洁》，
作者时任杭州师范大学国学院副院长、教授

王安石写给宋仁宗的建言书

韩毓海

列宁把王安石称作11世纪伟大的改革家。王安石在发动改革之前担任的职务，恰好是三司度支判官，就是财政官。他在担任三司度支判官的时候就写下了中国历史上重要的政治治理文献《上仁宗皇帝言事书》，写在宋神宗的爷爷宋仁宗的时候。他在其中提出的思想，也就是后来经常被大家传诵的名句："夫合天下之众者财，理天下之财者法，守天下之法者吏也。吏不良则有法而莫守，法不善则有财而莫理。有财而莫理，阡陌闾巷之贱人皆能私取予势，擅万物之利，以与人主争黔首，而放其无穷之欲，非必贵强桀大而后能如是，天子犹为不失其民者，盖特号而已耳。"很显然，他把财政、税收、国家的预算看得很重，没有钱是办不了事的。大家都讲三代之治，但三代之治的时候，大家都很穷。而现在不同了，没钱办不了事，抓不住财权，是

▲王安石（1021—1086年），北宋政治家、文学家、思想家、改革家。《上仁宗皇帝言事书》是王安石创作的一篇奏书，要求对宋初以来的法度进行全面改革，扭转积贫积弱的局势。图为南薰殿旧藏王安石像。

要丢江山的。

因此，在《上仁宗皇帝言事书》中，王安石开头就说到，宋代最大的问题是什么呢？皇帝是一个好皇帝，您简直可以比尧舜，简直比尧舜还辛苦。为什么国家治理得一团糟呢？原因就是国家没人才。可是，每天这么多的人才在考试、选拔，怎么就没人才呢？他说，因为我们选拔人才的方式不对。人才的教、养、取、任皆不得其法。

怎么叫教不得法呢？他说，现在最主要的问题就是国家的财政、税收、司法和军事。可是，我们现在教的都是课试文章，学的都是文章词赋，让一帮只会考试的人来治理国家。他们会写材料和作诗，会考试，会谈思想，但是，他们不懂政治、经济、财政、司法。所以说，教不得法。因此，必须废词赋明经，扫除课试文章，建学校。

养，他认为也不得法。他说，财政归于中央，于是中央有钱了，就养了大批的官员，官员系统搞得很复杂，文武分开了，官与吏也分开了，历代从没有像宋代养这么多官。他说既然有这么多官员，再多的财政也担负不起那么多的办公费用，于是，官员的薪赋很低，还不断地降薪。可官员也是人，他也要嫁女、娶妻、丧葬。官员正常收入仅够糊口，根本就不能做个体面人。没有一定的物质保障，让官员做到公正廉洁，不容易。

取，他觉得也很有问题。他说历朝历代都是选拔有能力的人，简言之，按照能力，择贤而用，但宋代却是一切都按程序走，每一个职务都要干过，每个台阶都要待过。实际上这样选拔出来的干部，每一个工作都没干会，或者说，他什么都会一点儿，其实什么都不会，因为干一段时间就调走了。既然选拔就是走程序，那么官员只要不干事，就不会犯错误，于是按部就班升上去的，大部分是庸人。

任，他觉得也不得法。对官员，没有一个科学的考核办法。科举考出来的人治国理政水平很难加以检验。加上为了防止专权，官不久任，导致地方治理出现一系列问题。

因此，王安石认为宋代的根本问题是在顶层，官员队伍不够专业化。如果说改革要做顶层设计，顶层设计的核心是什么呢？就是要进行专业化。就是按照干实事的标准，去改革组织路线。

再一个就是王安石说的“养”的问题，宋代以来，因为皇帝处心积虑，解散基层的社会组织，用王夫之的话说，就是“解散天下休息之”，所以，国家办事只能依靠官员，只能依靠官僚系统。结果，官员的队伍越来越庞大，而工资却越来越低，它又是国家办事唯一依靠的力量，掌握着权力，怎么能不腐败呢？

到了宋代，官僚阶级就算彻底形成了，它与皇权国家之间是对立的，皇帝要控制官僚，而官僚就用腐败和不作为来反抗，因为社会没有自组织能力，所以，官僚不作为，国家机器就运转不良，从而形成了恶性循环。

本文发表于2016年2月22日《北京日报·理论周刊》文史版，
原题为《王安石眼中的官员不作为》，
作者时任北京大学教授

苏东坡：处理公共危机显才智

刘金祥

诗人苏东坡曾经长期担任地方官，为政期间善于处理公共危机且成就斐然，既为贫苦百姓消除了祸患，又为宋朝建立了功业，赢得了良好口碑和传世名声。

苏东坡在密州担任知州时，曾亲自指挥并率领当地大小官员参加捕捉蝗虫的活动，有效控制了给众多农户带来严重危害的蝗灾。在颍州担任知州时，针对夏季水灾不断、秋季旱灾连绵、冬季雪灾接踵的不利局面，苏东坡体察民情、赈济救灾、兴修水利、抓捕盗贼，同时接连上书朝廷，乞请减免灾民赋税，发放救灾钱粮，保一方百姓祥和与平安。在颍州期间，苏东坡详考地形，搜集数据，征询民意，反复论证，起草了《申省论开八丈沟利状二首》《奏论八丈沟不可开状》并上奏宋哲宗，最终阻止了劳民伤财的开八丈沟这项有百害而无一利的巨大工程上马。在苏东坡跌宕起伏的宦海生涯中，徐州抗洪无疑是他处理公共危机的典范之作。

宋神宗熙宁十年（1077年）四月，洪水到达徐州境内；八月二十一日，境内上游的曹村决堤，洪水一泻千里。这次洪水灾害是一件百年不遇的公共危机事件。

由元朝宰相脱脱主编的《宋史·苏轼传》记载了苏东坡徐

州抗洪的事迹。文中写道："河决曹村，泛于梁山泊，溢于南清河，汇于城下，涨不时泄，城将败，富民争出避水。轼曰：'富民出，民皆动摇，吾谁与守？吾在是，水决不能败城。'驱使复入。轼诣武卫营，呼卒长曰：'河将害城，事急矣，虽禁军且为我尽力。'卒长曰：'太守犹不避涂潦，吾侪小人，当效命。'率其徒持畚锸以出，筑东南长堤，首起戏马台，尾属于城。雨日夜不止，城不沉者三版。轼庐于其上，过家不入，使官吏分堵以守，卒全其城。"

▲苏轼（1037—1101年），号东坡居士，世称苏东坡，北宋文学家、书法家、美食家、画家，历史治水名人。苏轼是北宋中期文坛领袖，在诗、词、散文、书、画等方面取得很高成就。图为赵孟頫所绘东坡小像。

在如此重大的公共危机中，徐州城没有被洪水吞噬，这与苏东坡的智慧、才能、人格有着直接关系。

一是凭借苏东坡恪尽职守的担当精神。面对特大洪水这一重大公共危机，苏东坡没有胆怯、没有退却、没有迟疑，他没有忘记自己是一州之长，更没有懈怠知州的职责，而是勇毅果敢地肩负起自己的责任和使命，这种职业操守和担当精神是战胜公共危机的先决条件。

二是依靠苏东坡迅即果断的行事品格。洪水将至未至之时，苏东坡未雨绸缪，立即组织力量派遣下属，分段负责，包干到人，责任到人，严防死守；劝阻城里一些准备出逃的富人和百姓，并下死令任何人不准出城，擅自出城者杀无赦；动员国家禁军三千多人参与抗洪筑堤；制订加固城外堤坝修筑和城墙墙体的规划方案，并组织人力物力迅速予以实施。面对汹涌洪水，苏东坡亲临最危险的城墙地段，从容镇定地指挥军民加厚墙基，加高墙体，在短时间内使防御工程加长至九百八十七丈，加高至十丈，加宽至两丈。苏东坡经过自家门口而不入，废寝忘食、殚精竭虑，洪水围城四十五天，苏东坡就在堤坝上劳累了四十五天，直到黄河回归故道，向东在海州附近入海。

三是依仗苏东坡真诚坦率的沟通能力。苏东坡发动徐州城内的居民有钱出钱、有物出物、有力出力，团结一致、齐心协力地抗洪救灾。动员出逃的富人进城回家并告诉他们："只要我苏东坡在，绝不会让洪水进入徐州城。"苏东坡动用朝廷禁军参与抗洪时说道，现在洪水即将冲毁徐州城，事态非常紧急，你们是武卫营我无权调动，但是希望你们帮助我共同抗击洪水。武卫营头领立即回答，徐州危在旦夕，虽然没有朝廷的命令，但现在也不能顾及太多，苏大人不顾个人生命安危，我们禁军理应出力，共保城池。于是徐州军民联合起来共同抵御洪水。洪灾结束之后，苏东坡又争取朝廷的资金支持，进一步加固徐州堤坝和城墙，以防范今后更大洪水。

苏东坡徐州抗洪事迹充分说明其遇事不慌、遇难不惧、遇险不惊、遇危不乱，在紧急关头能够冷静镇定地处理公共危机；有力表明苏东坡秉持以民为本、心系苍生、情牵民胞、与民共甘苦同生死的人本主义情怀。苏东坡处理公共危机的态度、操守和担当，值得我们学习和借鉴。

本文发表于2020年8月24日《北京日报·理论周刊》文史版，
原题为《“吾在是，水决不能败城”——
苏东坡处理公共危机的典范之作》，
作者时任黑龙江省中国特色社会主义理论体系研究中心研究员

李东阳：明代官场逆淘汰中的孤臣

刘绪义

逃避不了便一身当之

正德元年（1506年）十月的一天，内阁首辅李东阳与刘健、谢迁三人一起上疏乞求退休。但是武宗皇帝批准刘、谢二人离职，却独留李东阳。接下来，他要一个人面对宦官刘瑾。他并非没有力争，他前后打报告二十多次要求退休，无奈皇帝不批。

逃避的原因很简单，朝廷中宦官专权，武宗信任刘瑾等八个宦官，形成太监集团刘党，他们分据要津、矫旨妄为、迫害忠臣、贪赃枉法，朝政日坏。刘健、谢迁二人辞职，就是前不久他们三人谋划铲除阉党失败的结果。

刘、谢去后，刘瑾等人更加肆无忌惮，朝中正直之士都秉承正邪不两立的态度，要么选择离开，要么被刘瑾放逐。刘瑾的亲信纷纷跻身高位，李东阳既要防范刘瑾等人随时找碴儿迫害，又要承受士林对他的舆论巨压。

▲《点石斋画报》描绘的古代官场。

是的，别人可以离开，但他不可以，一则因为他是“旧臣”，帝后都不愿意让他抽身离去；二则因为他是托孤之臣，既受先帝之恩，又有武宗皇帝信任，是众望所归，“海内名士，多出其门”，连刘瑾对他都有所忌惮。他当然明白，官场逆淘汰现象已有千年历史了，劣质淘汰优秀，小人淘汰君子，平庸淘汰杰出。但他早在读《唐书》读到武后篡位，狄仁杰和褚遂良采取两种截然不同的态度时写道：“狄仁杰事高于褚遂良，死天下之事，不若成天下之事。”

既然逃避不了，干脆以一身当之，与国家同休戚、共命运。李东阳一边和刘瑾等人周旋，虚与委蛇，沉着应对，一边力挽时弊，保护朝中部分没有被驱逐的“良币”，为国家保存一点元气。

与狼共舞，补天捧日

李东阳以孤臣之身与狼共舞长达四年，倘若没有他，刘瑾一党难保不像天启年间魏忠贤那样。魏氏得势仅三年，为祸之烈惨于刘瑾十倍。这足以看到李东阳的作用。

一是忍辱负重，委曲求全。跟狼共槽，李东阳知道必须给他们一点好处，作为士林领袖、文坛领袖，刘瑾他们也有借重他的时候。正德三年（1508年），马永成等“八虎”党羽为了炫耀门庭，掀起了一股为祖先造大坟、搞盛祭之风，请李东阳写祭文。刘瑾想利用宗教蛊惑人心，在京都朝阳门外创立了玄真观，也请李东阳撰写碑文。李东阳都答应了，在文字里为他们歌功颂德，损害的只是个人声誉，同时也稍稍减轻了阉党对他的敌意。

李东阳见刘瑾坐大，朝臣中又多其党羽，为了增强自己的力量，李东阳先后引王鏊、杨廷和入阁参与机务。刘党中有一个叫张彩的，深得刘瑾欢心，李东阳为了缓和敌意，有一次特意和杨廷和屈尊至张府，邀他外出观花。张彩居然不露面，很久后才派一仆人转告："你们请先行，我随后就来。"李东阳无可奈何地对杨廷和说："张彩是把我们看作办事官啊。"

同时，刘瑾在内乱政，作为内阁首辅，李东阳只好在外想办法弥缝补救。刘党中的焦芳入阁前任吏部尚书，入阁后想兼摄部事，刘瑾多次派人与李东阳商议。李东阳咬定"无此例"，予以回绝。刘瑾听后也没有办法。

刘瑾表面上尊重李东阳，但背地里一直想找到他的碴子，好在李东阳办事谨慎、处置机谋，让刘瑾没有空子可钻。

二是潜移默夺，保全善良。正德二年（1507年）闰正月，刘瑾将尚宝司卿崔璇、湖广副使姚祥锁于长安左右门外，将工部郎中张玮铐在张家湾，计划铐一个月。刘瑾用的大枷重一百五十斤，受刑者熬不了几天。李东阳力争，最终使他们得免于难。

正德三年（1508年）六月，一天退朝时，不知是谁在御道上丢下一封匿名信，信中历数刘瑾等人的罪状。刘瑾获知后，罚百官跪于奉天门下，到傍晚，将三百余人送镇抚司究问。又是李东阳力争："匿名文字出于一人，其阴谋诡计，正欲于稠人广众之中掩其形迹而遂其诈术也。各官仓卒拜起，岂能知见？况一人之外，皆无罪之人，今并置缧绁，互相惊疑。且天时炎热，狱气熏蒸，若拘挛数日，人将不自保矣。”他要求先将众官释放，再来破案。刘瑾此时也听说这封信可能是出自自己人之手，不好深究。

同年，总制三边都御史杨一清奉旨修筑边墙，刘瑾恨杨一清不依附自己，便给他安了个“筑边靡费”的罪名而将其下狱。经李东阳等力救才得以释放。

这些不仅仅是救人一命那么简单，可以说既保全了朝廷的精英，又阻止了劣币驱逐良币这一逆淘汰现象的蔓延。哪怕只有一个正臣在，就保存了一线希望。

三是巧借人力，智除刘瑾。正德五年（1510年），宁夏藩王朱寘鐇以诛刘瑾之名起兵叛乱，没几天就打到了陕西。武宗闻讯心急如焚，却又毫无主张，只得与李东阳研究对策。李东阳趁机推荐启用被贬的杨一清任提督军务，派张永为监军。

杨一清也是湖南人，“楚地三杰”之一，李东阳于他有救命之恩。张永虽是阉党，但早已跟刘瑾不和。于是李东阳与杨一清密议，劝他结交张永，与之合力同心，先平叛乱，再锄阉党。根据二人筹划，平定叛乱之后，由张永回朝复命，趁机向武宗面奏刘瑾阉党妄图篡位的不法“十七事”逆罪。武宗大悟，传旨将刘瑾逮捕入狱，并从他家中抄出龙袍、玉玺等谋反罪证。

铁证如山，理当伏诛。岂料武宗却令其“谪居凤阳”。李东阳闻讯甚急，担心日后刘瑾被再次启用，马上让科道官员揭发刘瑾罪恶，武宗才决定将刘瑾凌迟枭首，阉党被一网打尽。事后杨一清送给李东阳一句话："宾翁补天捧日无迹。"

非议无损清节

刘瑾伏诛后，李东阳并不轻松。"声名高与山斗齐，伴食中书日已西。回首湘江春草绿，鹧鸪啼罢子规啼。"昔日那些"正人君子"讥讽他的诗句，"伴食宰相""不如归去"等嘲讽和侮辱还没有消去，言官又追究他与刘瑾的关系，甚至把他列为刘瑾党人。李东阳生活在欲辩无辞的环境中，虽然朝廷肯定了他的功绩，死后谥为"文正"，但时人报以非议，后来个别史官仍然给他负面评价。

这连著名的狂人李贽都看不下去了，他痛斥对李东阳的非议和攻击"真是放臭屁也"。

李东阳立朝五十年，上救乱政，下援善良，清节不渝。官至尚书的张邦奇目睹李东阳昔日取中的一位士子做了外官，朝觐回京，让仆从送来两帕四扇。李东阳说，扇可留下作画，帕多有什么用？就留下扇，将帕还给人家。致仕后，杨一清备酒肴祝寿，李东阳看到酒器是金子铸成的，吃惊地问："杨公也有这种宝贝？"杨一清听了非常惭愧，从此不敢再用。

李东阳退休后，求他诗文、书法篆印的人常常挤满屋子，他就靠此来谋生。有一天，已感疲倦时，夫人又捧进来不少纸墨，他不想再写，夫人一见，笑着说："今天待客，可以没有鱼和菜吗？"李东阳一听，倦意顿消，欣然命笔。

李东阳死后，家徒四壁，儿子早亡，多亏门生故吏捐助，方能下葬。做了十八年内阁大臣、六年首辅，却两袖清风，靠卖字画才能待客，明代官僚谁能与之相比？

本文发表于2016年11月14日《北京日报·理论周刊》文史版，
原题为《明代官场逆淘汰中的孤臣》，
作者时任长沙税务干部学院教授

张居正："救时宰相"，矢志改革

刘志琴　樊树志　熊召政

梁启超曾说："明代有种种特点，政治家只有一张居正。"很多人都想了解历史上真实的张居正是个什么样子。

张居正的历史评价

拥有二百七十六年历史的明王朝，有过能人辈出、群星灿烂的辉煌，可梁启超在《中国历史研究法补编》中却断言："明代有种种特点，政治家只有一张居正。"给予张居正这样高的评价，不仅是看重16世纪的明代出现了中国历史上的宰相之杰，更在于张居正确有过人之处。明末学者刘芳节自述他阅读张居正遗集的心情是："手舞足蹈而不能已。"盛赞这是"千古奇人，千古奇书"。张居正若非有极大的思想魅力，不足以赢得后人如此倾倒。

▲干国家事，读圣贤书。
——海瑞

历史人物是复杂多面的，张居正当然也不例外。他既是无所畏惧的改革家，自诩"嫌怨有所弗避"；也是一个权势显赫的首席大臣，惯于玩弄权谋术数的政客。刻画这样一个人物，忽略任何一面都不可能接近历史真实。当时人已经注意到他的两面，《明神宗实录》对他的盖棺定论，一方面肯定他的政绩："成君德，抑近幸，综名实，清邮传，核地亩。"另一方面也指出他的过失："偏衷多忌，小器易盈，钳制言官，倚信佞幸。"

▲张居正（1525—1582年），明朝政治家、改革家、内阁首辅，辅佐明万历皇帝朱翊钧推行"万历新政"，史称"张居正改革"。图为清人所绘张居正像。

张居正得到皇太后李氏与小皇帝朱翊钧的充分授权，得到司礼监掌印太监冯保的密切配合，"代帝摄政""宫府一体"，得以独断专行。凭借这样的权力与地位，大刀阔斧推行改革，雷厉风行。时人把这种久违了的政局称为"朝下令而夕奉行""中外淬砺，莫敢有偷心"。因此，改革取得了显著成效，无论是迫使官员不敢懈怠的"考成法"，还是清理欠税、增加财政收入的"清丈田亩"，以及把"一条鞭法"推广到全国，促使赋税徭役货币化，都收到了以往罕见的成效。嘉靖以来政治颓靡、财政亏空、边防废弛的局面，得到了改变；国力不断下滑的颓势，得到了遏制。这就是张居正改革为人们所津津乐道的原因。

张居正出身贫寒，凭着自己的努力和才华，从秀才、举人、进士，官至内阁大学士。在万历朝初年当了十年首辅，协助十岁的小皇帝，推行改革（史称“万历新政”），把衰败、混乱、几近崩溃的明王朝，治理得民富国安，人们称颂他是起衰振堕的“救时宰相”。“救时”是很高的评价，这不仅表明他在王朝颓败之际是一位临危制变的大政治家，更以威震一世的非常举措，彪炳史册。他的功绩，堪与商鞅、王安石并称为我国封建社会初期、中期与后期最具盛名的三大改革家。

张居正被冤后啼笑皆非的结局

王安石和张居正的改革与商鞅变法不同的是，他们都属于同一体制内部的革故鼎新。王、张都使得国库转亏为盈，摆脱财政危机，诸多创制都在后世得到延续和发展。然而王安石遭受抨击七百年，直到19世纪才得到公允的评价，而张居正身后虽然被诬蔑，家属罹难，但对他的赞誉却不绝于史。即使在他被诬之际，有的为他立碑称之为“社稷之勋”；有的刊刻遗集，自行出版；有的抚文追思，怆然泪下。令人玩味的是，为他平反的不仅有他的支持者，还有被他打击、与他结怨的反对派，这还不止是一两个人，而是一批人，更令人始料不及的是，当初因为不同政见被张居正杖打致残的都御史邹元标称赞张居正：“功在社稷，过在身家。”面对张居正，他竟然怀抱内疚，声称“奚愧矣！”拖着一条拐腿为昭雪张居正奔走呼号。这不能不使人惊叹！

论人品和学问，张居正并不在王安石之上，王安石郁郁而终，反对派犹追打不息，被谤七百年之久。而张居正被冤的身后，不仅有支持改革者的辩诬，还招来一批反对派的追思，哀叹世上已无张居正！是喜耶？悲耶？这种令人啼笑皆非的结局，在中国改革史上前所未闻。

张居正创造了以政治改革推动经济改革的成功范例

王安石是一代大儒，他的品行、文采、清廉冠绝一时，可他是个书生，他一上阵就实施青苗、均徭等新制，进行经济改革，可他没有一个得力的班底，依靠的仍然是腐败的官府，再好的政策也经不起贪官的上下其手，例如青苗法，本是为减轻农民高利贷的负担，取消私贷，统一由国家发放低息贷款，然而原定的一年二分利，一经转手，成为半年二分利，层层加码，弄得国贷比私贷还凶猛，好心办了坏事，给反对派提供了口实，致使改革困难重重，弄得农民怨声载道。张居正改革之所以能长驱直入，所向披靡，关键是他周围有一批得心应手的人才，组成学有所长、术有专攻的班底。张居正改革首先出手的是整顿官府，考察名实，淘汰冗官污吏，然后再清丈田地，抑制土地兼并，推行"一条鞭法"。人们称誉这是"既不减额，亦不增赋，贫民之困以纾，而豪民之兼并不得逞"，得到民众的由衷拥护。十年新政，前五年官僚体制改革，后五年经济改革，创造了以政治改革推动经济改革的成功范例，相比之下王安石却无此大手笔。张居正取得这样大的成效，是由于其改革明确提出近民便俗的主旨，以惠商利农的政策，使新政取得预期成功，这是超群出众的见解，也是他与王安石变法有不同结局的思想渊源。

“与狼共舞”推动改革

近年来，有史家认为，万历初年的中国政坛，李太后、张居正与冯保三人构成了牢不可破的权力铁三角，这个说法有一定道理。李太后虽然贵为皇母，但出身寒微，懂得民间疾苦，她对儿子管教非常严格。冯保精通古琴与书法，是太监中难得的儒雅之士。他是小皇帝的大伴，小皇帝对他非常依赖。此人最大的毛病就是贪墨成性，但也能够识大体。张居正在三人中，是真正的灵魂人物。推行改革，没有三个人的合力是不可能成功的。但李太后与冯保二人，不可能有什么创见。相反，他们还各有私欲。张居正总能做到既满足他们的私欲，又不至于让其私欲过分膨胀，并以此换来他们对万历新政的支持。

对于一个伟大的政治家来讲，既要讲操守、气节，也要讲变通、交易，有时候，要有舍弃操守而进行交易的勇气。张居正与冯保之间就是这样，冯保有时收受大批贿银而希望张居正给某人升官，张居正不但没有抵制反而尽量满足。这一点，日后成了人们攻击张居正的口实。但放在当时那种特定的情况下，张居正实在没有更好的办法可以选择。

中国古代士人，历来重操守而轻事功。如果操守与事功不产生矛盾，则都能做到慷慨任事。如要为完成事功而有损于操守，则多半会回避或干脆挂冠而去。注重操守原也无可厚非，但若每个人都洁身自好而不肯为国家建立事功，则国计民生的大事就无人承担了。这是因为，自古至今的官员队伍中，从来就是善恶忠奸搅和在一起。恶者为求一己之欲，从来不择手段、不顾道德；若善者一味死守道德底线，则如何与恶者抗争，如何建立事功？儒家将立德放在人生的最高层次，其次是立功、立言。因此，中国的读书人便以立德为最高追求。但毋庸讳言，报效国家的人首先应当有立功的思想，然而事实却相反，很多人过不了这一关，不肯"与狼共舞"。

张居正一旦登上首辅之位，不但长袖善舞，还打破道德观而"与狼共舞"。窃认为，万历新政之所以成功，作为改革领导人，其素质是关键中的关键。当然，"与狼共舞"不是同流合污，而是曲尽其巧的权宜之计。

不拘一格用人才

张居正的用人经验，概括起来是八个字：重用循吏，慎用清流。

作为改革家来说，"与狼共舞"固然痛苦，与清流共事亦觉艰难。所谓清流，即奉道德为圭臬，宁可事做不成也决不肯损害个人名誉的人。张居正上任之初，为了稳定政局，起用了一批元老级的人物充任六部堂官。这几位都有明显的清流倾向。依靠他们推行改革，显然不切实际，但张居正初登首辅之位，根基未稳，还得依靠这些清流领袖帮助他稳定局势。张居正的改革拉开序幕后，这些人果然想不通、看不惯，于万历三年（1575年）前都相继离去。

循吏是指那种不计个人得失、毁誉而只希望把事情做成做好的官员。但是，由于当时的官场以清流居多，张居正的用人标准与整个文官系统的道德标准和利益诉求大相径庭，因此受到的压力也最大。

自主政之后，张居正告诫吏部："良吏不在甲科，甲科未必皆良吏。"这句话用今天的语义解释，即会考试的不一定会当官，高学历不等于高水平。清代龚自珍说过"不拘一格降人才"，这是文人论政的话。张居正作为政治家，奉行的是"不拘一格用人才"的策略。我想，正因为他做到了这一点，万历新政才能够获得成功。

身后人亡政息

张居正身上少有温良恭俭让，少有宽厚仁恕，多的是独断专行、咄咄逼人。不少赞成改革的官员，也批评他过于严厉，过于操切。他讲究权术与谋略，甚至在权力斗争中堂而皇之地玩弄阴谋诡计，手法老练圆熟，可以不顾颜面，不顾舆论的非难。

作为一个改革家，当时人谓张居正治学"最称严核"；治家"教子极严"；治国"有才有识，故能担荷宇宙，勿徒以极臣相拟"。在风云际会中形成他刚毅、深沉、傲然、机警的品格，充分展示了他卓尔不群的风采。然而，他骄横、专断、喜奢华、偏好阿谀奉承之词，致使他用人选才失误，加速了身后的人亡政息。

其实，张居正对历代改革家的厄运并非无动于衷，晚年的他"亦自知身后必不保"，但仍然矢志不移。早在他事业鼎盛之时，即做出这样的预言："大抵仆今所为，暂时虽若不便于流俗，而他日去位之后，必有思我者。"这真是不幸而言中，在他满门查抄后不久，就有人叹息："恩怨尽时方论定，封疆危日见才难。""日久论定，人益追思。"到了新政被颠覆，国势急转直下，各种矛盾爆发，不改革就没有出路之时，人们急切地盼望再出现一个磊落奇伟之士，扫除廓清天下之患。无情的现实是，世上再也没有张居正，对张居正的怀念就是在无可奈何情况下的呼唤。

历史嘲讽的不是张居正改革，而是断送改革的封建专制主义体制。

本文发表于2010年5月10日《北京日报·理论周刊》文史版，
原题为《"救时宰相"张居正》，
作者刘志琴时任中国社会科学院近代史所研究员，
樊树志时任中国明史学会顾问、复旦大学历史学系教授，
熊召政为《万历首辅张居正》编剧

龚自珍："狂"得妙趣横生

王开林

《清史稿·龚巩祚传》对龚自珍的评价只是一语带过："巩祚（龚自珍又名巩祚）才气横越，其举动不依恒格，时近俶诡……其文字骜桀，出入诸子百家，自成学派。所至必惊众，名声藉藉，顾仕宦不达。"这段话总的意思是：龚自珍的才名妨碍了他的仕途。清朝到了嘉庆、道光两朝，已开始加快脚步走下坡路，朝野官绅柔媚取容，明哲保身。似龚自珍、魏源、汤鹏那样的不羁之士，对世故圆滑深恶痛绝，因此矫枉过正，言行怪诞，必然令人侧目。

在科举考试中，大才子落魄落榜者多，顺风顺水者少，在以诗赋取士的唐朝，杜甫尚且屡试不第，久困场屋。龚自珍才华横溢，但他并不擅长撰写那种"万喙相因"（千篇一律、千人一面、千口一声）的八股文，若要找寻出路，谋求政治前途，又不得不"疲精神耗目力于无用之学"。龚自珍总共参加了四次乡试，才中举人；参加了五次会试，直到三十八岁那年，才勉强考取殿试三甲第十九名，"赐同进士出身"。据《龚定庵逸事》记载：龚自珍会试时，墨卷落在王植的考房，王植认为这名考生立论诡异，于是边读边笑，忍不住笑出声来，温平叔侍郎从邻近的考房循声而至，检看这份考卷后，他用断定无疑的

▲《定庵全集》是清代龚自珍创作的别集，表现了对清王朝腐朽统治的不满和批评，对庸碌无能的官僚充满厌恶之情，强烈要求个性解放，追求理想，对后世影响很大。

语气说："这是浙江卷，考生一定是龚定庵。他生性喜欢骂人，如果你不举荐他，他会骂得极其难听，天下人将归过于你。依我看，还是将他圈中为妙。"王植心想，龚自珍名噪天下，被他指名谩骂可不是好受的，除了生前遭人戳背脊骨，说不定还会遗臭万年，反正取舍予夺之权操持在我手中，这回就成全这位狂生算了。放榜揭晓之日，有人问龚自珍他的房师是谁。龚自珍笑道："真正稀奇，竟是无名小卒王植。"王植听说后，懊恼万分，他一个劲地埋怨温平叔："我听从你的建议举荐了他，他也考中了进士，我却仍旧免不了挨骂，我做到这样仁至义尽，他到底还要如何？"

清代的殿试以书法为重，龚自珍的翰墨马马虎虎，单为这一条，他就跻入不了鼎甲、二甲之列，点不了翰林。龚自珍的官运可谓平淡无奇，四十六岁在礼部主事（从六品）任上封了顶，再也没有任何升迁的迹象。

龚自珍恃才傲物，自我感觉一贯良好，但他对已经成名的前辈还算尊重。他在写给秦敦夫的信中说："士大夫多瞻仰前辈一日，则胸中长一分丘壑；长一分丘壑，去一分鄙陋。"二十六岁时，他把讽世骂人的文章结集为《伫泣亭文》，恭恭敬敬地送给当时著名学者王芑孙过目，说是请教，实则是等着对方极口赞誉。可是事与愿违，王芑孙的批评虽然委婉，却并不客气：“……至于集中伤时之语，骂坐之言，涉目皆是，此大不可也。”他还对症下药：“不宜立异自高。凡立异未能有异，自高未有能高于人者。甚至上关朝廷，下及冠盖，口不择言，动与时忤，足下将持是安归乎？足下病一世人乐为乡愿，夫乡愿不可为，怪魁亦不可为也。乡愿犹足以自存，怪魁将何所自处？……窃谓士亦修身慎言，远罪寡过而已，文之佳恶，何关得失，无足深论，此即足下自治性情之说也。惟愿足下循循为庸言之谨，抑其志于东方尚同之学，则养身养德养福之源，皆在乎此。虽马或蹄啮而千里，士或跅驰而济用，然今足下有父兄在职，家门鼎盛，任重道远，岂宜以跅驰自命者乎？况读书力行，原不在乎高谈。海内高谈之士，如仲瞿、子居，皆颠沛以死。仆素卑近，未至如仲瞿、子居之惊世骇俗，已不为一世所取，坐老荒江老屋中。足下不可不鉴戒，而又纵心以驾于仲瞿、子居之上乎？”

世事多半难如愿，龚自珍满以为王芑孙是一位当代嵇康，会对他惺惺相惜，却没想到冷水浇背，只收获满纸规劝。他年少气盛，如何听得进逆耳诤言？一怒之下，把文集撕成碎片。及至而立之年，龚自珍阅世渐深，《咏史》诗中便有了“避席畏闻文字狱，著书都为稻粱谋”的痛切之语，早年棱角已被磨平了许多。

龚自珍俯视一世，很少有人能入他的法眼。据况周颐《餐樱庑随笔》记载，龚自珍曾嘲笑自己的叔父龚守正文理不通，甚至嘲笑自己的父亲龚丽正也只不过半通而已，可见他多么自负，多么胆大，完全不讲情面。

有一回，龚自珍拜访身为礼部尚书的叔父龚守正，刚落座，叔侄尚未寒暄数语，守门人就进来通报说，有位年轻门生到府中求见。来人新近点了翰林，正春风得意着呢。龚自珍识趣，只好捺下话头，暂避耳房，外间的交谈倒也听得一清二楚。龚尚书问门生最近在忙些什么，门生回答道，也没啥要紧的事情好忙，平日只是临摹字帖，在书法上用点功夫。尚书夸道："这就对啦，朝考无论大小，首要的是字体端庄，墨迹浓厚，点画工稳。若是书法一流，博得功名直如探囊取物！"那位门生正唯唯诺诺恭聆教诲，龚自珍却忍不住在隔壁鼓掌哂笑道："翰林学问，不过如此！"话音一落，那位门生颇感窘迫，慌忙告辞，尚书则勃然大怒，将龚自珍狠狠地训斥一番，叔侄间竟为此闹翻了脸。

狐狸吃不到葡萄，便说葡萄酸，其实也很可能认为它格外甜。龚自珍未入翰林院，受到的刺激还真不小，后来，他干脆让女儿、媳妇、小妾、宠婢日日临池，而且专练馆阁体。平常，若有人说到翰林学士如何了不起，他就会嗤之以鼻地挖苦道："如今的翰林，还值得一提吗？我家的女流之辈，没有一人不可入翰林院，不凭别的，单凭她们那手馆阁体的毛笔字，就绝对够格！"瞧，他这半是讽刺半是牢骚的话说得有多滑稽。你认为这是狂吧，他也真是狂得妙趣横生。

龚自珍撰写过一副对联："智周万物而无所思，言满天下而未尝议。”这种证悟法华三昧的话，他只是说说而已，又如何能收敛狂性，归于禅悦？龚自珍只好认命，做个诗酒风流的名士感觉也不坏，至少比那些削尖脑袋苦苦钻营的硕鼠们活得更潇洒，也更快意。

本文发表于2016年5月30日《北京日报·理论周刊》文史版，
原题为《龚自珍“狂”得妙趣横生》，
作者为湖南省作家